鉄道日本文化史考

宇田 正 著

思文閣出版

目次

序章　「文化の鏡」としての鉄道

Ⅰ章　鉄道初体験と近代への文化的覚醒

Ⅲ章　鉄道の発達と伝統文化的契機

Ⅳ章　国民教育と鉄道の役割

Ⅴ章　地域社会と鉄道・駅

序章　「文化の鏡」としての鉄道

鏡像のントロピーと文字の変形

鉄道文化と近代社会――鉄道日本文化史への試論――

はじめに

それは[1]、こよなく澄明な北欧の陽光がこぼれる秋の一日、ストックホルム市のシティ・ホールの旧い建物の礎石に刻まれたSLのレリーフをしみじみ撫でることから始まった。

次いで、同市の地下鉄オーデンプラン駅に併設された都市交通博物館を訪ね、かつて市内の鉄道馬車を曳いていた馬の墓標まで存置されているのに心うたれる。さらにノルウェイへの汽車の長旅の途中、下車したキルナ駅の構内には、鉄道工夫がレールを担いでいる群像のブロンズの顕功碑があったし、終点のナルヴィク駅の裏手の丘にも鉄道工夫の銅像が立ち、それはミニチュアにもなってこの町の土産品として売られてもいた。

先年、自分の取組んでいる日本鉄道史研究の進め方に何等かの学問的示唆をもとめて、西欧大陸各国の鉄道の歴史的資料収集・保存の実態調査に主眼を置き、スウェーデンを振出しに約一ヶ月、彼の地をもっぱら「鉄道で」旅して廻った私は、いたるところで目にした風景のなかのそうしたレイルウェイ・モニュメントに心動かされ、各地に設置された鉄道交通博物館の数の多さと、そこに蒐蔵された鉄道に関する大小各種の参考品や史料・記録・文献類の質と量のすごさに圧倒されて、目からウロコの落ちる思いであった。

その旅でいくつか歴訪した鉄道交通博物館のうちでも、オランダのユトレヒトの博物館（Spoorwegmuseum）は、とくに私にとって印象の深かったものである。

それは、ユトレヒトの街はずれの閑静な地区にあって、鉄道線路に沿うて敷地を占め、その一角に古風な駅舎スタイルのこじんまりした建物があった。玄関を入った正面ホールは、歴史的な機関車のいくつかの精巧な模型の展示室で、模型のひとつひとつがガラスケースに収められている。ホールの奥はそのまま裏側の鉄道線路に面しており保存用車庫となっていて、本線から側線を何本か引き込んで古典的ＳＬが八輛並んでいた。奥に向かって左手の展示室は、現代のオランダ国有鉄道の技術水準を示すいろいろな展陳がなされており、とくにその中心は二〇メートルくらいはあろうと思われる長い直線の線路模型を用いての電車の運転・制御のデモンストレーションである。私の訪ねた日がたまたま日曜日だったからか、家族連れの見学客が館内にあふれ、一日に数回行なわれるデモンストレーションには老若男女が熱心に碧い瞳を輝かせていた。コントローラーを操作しながら説明する老係員は、駅長あがりというタイプの毅然たる老人で、抑揚をつけてそのメカニズムを解説する口調や態度にはなかなか威厳と貫禄があり、大勢の見学客を完全に心服させつつ理解へと導いているようであった。彼の発するオランダ語を全く解し得ぬ私にも、いつのまにかその老係員と模型の電車が文楽の人形遣いとその人形のように感じられたのである。

さて、右手の展示室には、ひろく鉄道に関する historical objects の尨大なコレクションが並べられている。このコレクションは質的な多様性と網羅性、したがって量的にも尨大なその豊富さによって、すくなくとも私を圧倒するだけの内容をそなえていた。

およそ鉄道の歴史を偲ばせ、その発達をかたどる種々の品物、その内訳としては鉄道に関する何らかの記念的、記録・史料的なもの、または造型として鉄道をモチーフとし、デザインにとり入れた美術的、工芸的、装飾的ないし実用的なありとあらゆるものが、幅ひろく、奥ふかく収集、整理、展示されているのである。具体的には、鉄道建設やその経営に関する古い公文書・記録・文献類、鉄道関係功労者の肖像、車輛・駅舎・線路・鉄橋など諸施設の写真・見取図・設計図、古い鉄道業務用器材・用具・装具類、古い乗車券片、鉄道路線図、時刻表、ダイヤグラムなど直接に鉄道業務に関係のあるものはもちろん、それ以外に鉄道をモチーフとする絵画・版画・ポスター、郵便切手、カード、シールなど、またはガラス細工、金属製や木製のプレートや置物、玩具・遊戯材料、あるいは鉄道をデザインにとり入れた絵皿、茶碗など陶磁器、ナイフ、スプーン、シガレットケース、灰皿、指輪、メダル、ブローチ、バッジ、ネクタイピン、ボタン、ネッカチーフ、ハンカチーフなど日常の実用品にいたるまで、実に徹底的に収集が及んでいた。それも、ただたんにオランダの鉄道に関するものだけに限られてはいない。「東京八ツ山下海岸蒸気車鉄道之図」という題の広重えがく錦絵を絹布に刷ったものが掛物に仕立てられ出陳されているのを見て、私は驚きを禁じ得なかった。また、壁面にとりつけられた大型のファイリング・パネルにさまざまな国の鉄道をテーマとした版画が約一二〇枚収められ、そのなかに小林清親、一曜斎国輝、川崎巨泉らの作品が何点か含まれていたことも、私には思いがけぬ懐しさであった。いずれにせよ、さして広くもないこの展示室の中の「鉄道文化」史料とでもよぶべきものの多様にして豊富な実体をまのあたりにして、私はふかく感動したものである。

　しかし、その旅の日々からすでに二十余年が過ぎ、その間にわが国の鉄道事業をめぐる社会的・経済的状況は、私が目にした西欧市民社会に根づいている鉄道文化の認識の厚さ・深さとはほど遠いかたちで厳しさを深めてきたのである。とりわけ公共交通体系の基幹たるべき当時の国鉄を筆頭にして、およそわが国の鉄道事業の監督行政主体あるいは所有経営主体のそれぞれの側で、鉄道そのものの存在意義についてきわめて単眼的・「経済的」な価値判断が安直に、そして今やあさましいまでにまかり通るようになった。そうした動向を反映して、鉄道の「斜陽化」などという情緒的なイメージが無責任にマスコミを通じて増幅されることにより、鉄道問題の本質にたいする誤った認識が拡大再生産されつつ今日に到っているが、その反面、かつてわが国の鉄道が社会生活や国民の意識の近代化のために有形無形に果たしてきた文化的役割については、何故か従来とも近代日本史学の「正統的」立場ではそれほど積極的に評価されないままであった。

しかしながら、そうしたわが国鉄道の文化史的な評価こそは、まさに鉄道建設を枢要な一環として推進されたわが国近代化の歴史的展開論理の解明にきわめて有効な視角となるばかりでなく、より実践的な意味で、いまやわが国の鉄道事業一般の当面する閉塞的状況からの活路を切り開くために必要な「発想の転換」を、歴史的追体験を通じてうながす力になるとさえ思われる。

本稿では、そうした考察の手はじめとして、二昔以上も前の自分のヨーロッパ大陸鉄道の旅での内的体験をあらためてよびさまし、彼の地における「鉄道文化財」とでもいうべきものへの人々の思い入れの深さ・広さと思い較べつつ、それとは反対に「鉄道文化」という認識を未成立にとどめたわが国の近代社会の特質を、以下の論述において明らかにしたいと思う。

一 「文明の利器」・「文化の鏡」

さて、いわゆる経済的先進諸国においては、一部の例外を除き、公共的交通機関としての鉄道が、軒並みに「斜陽化」の一途をたどるようになってから、すでに久しい。

かつて明治～大正期の文豪鷗外森林太郎も「十九世紀は鉄道とハルトマンの哲学とを齎した」(2)と述べたように、近代においてたしかに鉄道は人類の物質的進歩の面を象徴する輝かしい存在であった。しかし二〇世紀に入るや間もなく鉄道は、あらたに陸上交通界に参入してきた自動車による道路交通の急成長におびやかされ、しだいに公共交通における独占的ないし主導的な地位を揺るがされるようになった。

とくに第二次世界大戦後のわが国においても、産業経済の高度成長にともなう輸送需要の大量化・多様化、輸送経路の複雑化など、陸運市場の構造変動のなかで、旅客や貨物の流れがしだいに鉄道部門から道路や空路に転移しつつあったが、鉄道は依然として公共的交通機関としての役割からその施設やサーヴィスの整備拡充をつよく求められてきた。その結果、国・公営であると私営であるとを問わず、鉄道事業は一般的に投資の過重な圧迫と経費増大および収益減少によって経営の行詰まりに直面することになったのである。

沿線の住宅地開発、ターミナル百貨店経営への進出など、大都市圏有力私鉄各社に見る鉄道輸送を中軸とする多角的なサーヴィス産業への再編成や、昭和六二年四月に断行された国鉄の「分割・民営化」路線の選択は、そうした陸運市場の変動のなかで鉄道事業が生きのこるための対応戦略にほかならなかった。

そして、いまや鉄道という公共交通サーヴィス体制が、国家経済や国民生活との関わりにおいて如何にあるべきか、その在り方がきびしく問われているのである。

わが国において、鉄道が明治維新後いちはやく欧米先進国から導入され、いわゆる「文明の利器」のシンボル的存在として、わが国内政治・軍事・社会・経済の近代化のために果たしたデベロッパー的役割は、まことに大きいものがあった。しかし、その導入以後すでに一世紀を越えたこんにち、鉄道は後発の自動車や航空機に国内交通市場のシェアを大幅に奪われ、とりわけ産業輸送における主導的役割を失なっている。社会全般に高度な技術革新の進展するなかで、鉄道交通システムには、「文明の利器」としてのかつての輝かしいシンボル性をもはや求むべくもない。そして、そのこと――鉄道が国内輸送経済上の最も有効な手段でなくなったこと――だけから、鉄道のもつ社会的存在意義を軽視、過少評価して、鉄道を「時代遅れ」の交通機関として非情に切り捨てようとする企業経済の単眼的認識や、あるいはＳＬ全盛時代の鉄道の「過去の栄光」に眩惑されて問題の本質を直視せず、ただ情緒的に鉄道への挽歌をうたい上げようとする社会的ムードも、なかなかに根深い。

その原因については、後に詳しく述べるが、そもそもわが国への鉄道導入の当初において、「文明の利器」というように、鉄道がもっぱら陸上交通近代化のすぐれて有効な手段として認識され受容されたところに、問題の原点があるとみてよい。なぜ、わが国では鉄道が「利器」＝手段としてしか認識されなかったか。それは、わが国にとって鉄道というものが陸上交通の歴史的体験の中から主体的につくり上げられたものではなく、欧米先進国とくにイギリスの陸上交通文化ないし技術史の展開のなかで開発・改良された技術的成果だけを、みずからの伝統的な交通文化の流れとはまったく断絶的に、新奇な輸送手段としてただちに実用化することだけを念頭に置いて、そっくりそのまま買取ったものであったからである。

「利器」＝手段は、その機能的メリットが減少、滅失したとき、「鈍器」として錆びるにまかされ、やがて用を廃される。鉄道を、すぐれて有用な手段としてのみ安易に受容した日本人の精神構造では、国内交通市場における鉄道の支配力・競争力が弱まり、事業としての経済的メリットが減じてくると、それを弊履のごとく見捨てることもうなずけよう。手段の発達・革新を追求するあまり、性急な「使い捨て」をも辞さぬ日本人には、鉄道のもつ文化的な存在意義を問いなおすだけの精神の余地は見当たらない。

しかしながら、いかなる手段であれ、それは目的と結びついて原因を作り、つねに何らかの結果を生み出す。わが国の鉄道も明治初期の導入・建設・開業以来すでに一世紀を超え、その間、全国各地を結ぶ輸送サーヴィスを通じて直接、間接に社会や人心に大きな影響を及ぼしつつ、ひいては近代固有の文化現象をひき起こし、あらたな文化価値を生み出してきたことは、まぎれもない歴史的事実である。そして、そのことは、鉄道開業以後のすべての日本人がひとしく共有する体験でもあったといえよう。

たとえ、当初はわが国の社会生活や経済活動の近代化を推進する手段としての機能性においてのみ重視され、導入された鉄道であったにせよ、その後現実に鉄道建設と輸送体制整備が重ねられるにつれて、輸送機関としての本来の機能的役割が強化されるとともに、そうした鉄道システムそのものが客観的に文化の一枠組として、しだいにわが国内社会のあり方や、日本人の感じ方考え方との間に深い関わりをもつに至った。

たとえば、わが国にはじめて鉄道が開業したことにより、それを運営・利用する局面で日本人は前近代の「刻《とき》・半刻《はんとき》」という大まかな時制から、「分」ないしは「秒」きざみの細かい西洋の時制へと時間認識の改革をせまられたが、そのことは「時は金なり」という新しい価値観に立つ資本主義経済体制に適応できるパーソナリティの大量的創出につながった。また、戦前からわが国有鉄道の事業組織に一貫して見られた「国鉄一家」ないし国鉄の「大家族主義」の理念は、いうまでもなく旧時代の日本の家族制度において支配的であった統合原理を、巨大化した国鉄の人的組織に擬制するものにほかならなかったのである。

このように、鉄道とは、近代固有の綜合的技術体系のひとつとして、一般に国内社会の政治的統合や国民経済再編成に即物的な効用をあらわすとともに、それと関わりをもつ社会の動きや人間のいとなみを通じてその国の文化にさまざまに働きかけつつ、同時にその文化によりみずからを規定される社会的装置にほかならない。

技術体系として見た鉄道の工学的構造は万国に共通普遍のものであるが、現実に特定の国土の歴史的条件下に建設・運営される鉄道は、それが立地する国土の文化体系に組込まれてしまう。そのことは、たとえばヨーロッパ大陸などのように二つの国土の間が国境を越えて国際鉄道ルートでつながっている場合、直接的に比較しやすいので容易に納得できるだろう。かつてフランスで在外研究中の桑原武夫がドイツへ鉄道旅行をした時の紀行文によれば、

同じ事なのに、ドイツ領へはいると、汽車は急に滑らかに走り出す。振動は半減する。スピードは変ってはいない。線路の基礎工事が堅牢にできているのだ、恐らく労賃に関係があるのだろう。(3)

と、仏・独両国鉄道の間で汽車の乗心地の一変することが指摘された。さすがに合理主義者・プラグマティストらしく、桑原はその原因を鉄道労働賃金の較差、つまり経済の問題に帰しているが、もとよりそれだけではなく、この両国民にそれぞれ固有な文化的諸条件、たとえば民族性や労働観のちがいによって根底から規定されたものであることは明らかであろう。

わが国の鉄道の場合、駅における列車の発着時間の「秒」単位の正確さを実現せしめた要因の一つは、そうしなければ、過密ダイヤグラムのもと、限りある容量の線路上での列車の安全運転が出来ないという、国内社会における都市部の過密化現象であるのと同時に、そうした社会的状況に対応して精密な「筋引き」(ダイヤグラム作成)や「綱わたり」的運転をマスターする、日本人独得の器用で繊細な「手」仕事の文化の伝統に根ざすものであるともいえよう。

わが国においても、鉄道は、社会・経済の近代化の歴史的展開のなかで、「文明の利器」として外面的に大きな機能を発揮するとともに、一方ではそれが日本人の内面的なるものとふかく関わり合って、近代日本社会の性格

を規定する独自な文化的状況をつくりあげてきたのであり、しかも今なおつくりつづけているのである。

　ここで、一般論を展開すれば、鉄道の外面的機能との関わりによって内面的に規定された文化的存在としての近代人が、経営主体あるいは利用主体として、鉄道という機能的存在のあり方に関わってそれを外面的に規定していく――こうした相互規定関係が循環的に重ねられることによって、鉄道は「文明」としての機能と、「文化」としての性格との二重構造性を帯びるものとなる。すなわち、鉄道は「文明の利器」であるとともに「文化の様式」ないしはそれを映す「鏡」として、綜合的に把握されるべきものなのである。

　ところが、すくなくともわが国においては、さきにもふれたように、鉄道のあり方をめぐる論議は、政治・経済の指導者層から一般世論にいたるまで一様に「文明の利器」としての一面的な価値判断に立つものが、おそらく創業以来、そしてとくに近年に至ってより一層大勢を占めるようになっている。

　しかも、そのような世俗的認識、俗流的解釈にたいしてつねに批判的であるべき「学問」の立場、とくに近代日本史の「正統」派の見地でも、歴史的実在としてのわが国の鉄道については「文明の利器」という一元的把握から、その即物的機能ないし数量的実績の評価にとどまり、前にも述べたように「文化」として認識することにはきわめて消極的であった。

　しかしながら、わが国の鉄道のありかたについてすぐれて「現実」的な問題としてとり上げる場合においても、それが一世紀を越える歴史をもつことにかんがみ、その近代史的展開において鉄道が果たした「文化」としての役割の認識をもあわせて綜合的に把握することにより、正しい判断への糸口が見出せるであろう。

　従来、不当に閑却されてきたそうしたわが国の鉄道の文化史的な認識は、「学問」＝近代日本史学の立場にとって、まさに鉄道建設を枢要な一環として推進されたわが国近代化の歴史的展開の、論理的解明にすぐれて有効な視角となるほか、国民の交通生活というより実践的な次元で、現実に国内の公共交通体系とくにその基幹たるべき鉄道事業の当面する隘路を切り開くために必要な「発想の転換」を、歴史的追体験を通じてうながす契機になるものと考えられる。

二 「鉄道文化」概念とその歴史的形成

はじめに述べたように、私がかつて西欧各国の鉄道交通博物館をいくつか歴訪し、その収集・展観の実態にふれて眼を開かれたのは、彼地の市民社会では一般に「鉄道は文化である」というコンセンサスが確立していることであった。平たくいえば「鉄道文化」とはどういうものなのか——ここで一応の概念内容をコメントしておこう。

近代人によって開発または導入された鉄道輸送サーヴィスが、それ以前の社会における旅客交通・貨物運輸・情報交換の秩序を一変せしめたことにより、近代人をとりかこむ外部的環境はもとより、その内面的状況までもが近代社会に固有な政治・経済体制に適合するよう改造されるに至った。鉄道のそうした幅広く底深い「革新」的機能を通じて、多様かつ綜合的に構築された近代社会固有の価値体系、ないしそれに規定された人間の思考様式と行動類型、すなわち鉄道の開設と発達とを直接の契機として新たに歴史的に形成された近代人の感覚と認識および行動の体系とその外的表現とをすべてひっくるめて「鉄道文化」の範疇に含めてよかろう。

鉄道は自らを創造した近代社会に、広い意味での文化的影響を及ぼしてきている。さきにも、森鷗外の記述を通してふれたように、鉄道は人間社会にきわめて大きな物質的進歩をもたらしたと同時に、それが人間の内面に及ぼす影響の大きさからして、近代思想界の大革命をうながした一九世紀の代表的な哲学と対置して同等の重みをもつ近代社会の文化的メルクマールとして、西欧では評価されているのである。

しかしながら、わが国では、鉄道の役割についてそうした「文化」としての評価はほとんど見られないのであった。わが国での鉄道の役割再評価の代表的文献たる『本邦鉄道の社会及経済に及ぼせる影響』（鉄道院、全三巻、大正五年）においても、その書名や構成が示すように社会経済史ないし産業史的記述に尨大なページの大半が費され、文化史的記述はわずかに巻末近い一章を割いて補論的に取扱われた程度にとどまっている。

一般にわが国の鉄道に関する歴史的学問領域としては、近代日本史あるいは本邦交通史といった専門研究分野がある。そのうち近代日本史の領域では、近年ようやく政治史・社会経済史または経営史の視角から鉄道をとり上げる研究がふえてきたが、文化史的な視角からの固有な研究分野は未開発であり、通史的な記述において「文明開化」の手段としての鉄道の役割について最小限の言及が見られるにすぎない。また従来の交通史学は、おおむね前近代の水陸交通諸制度を「交通文化」として考察対象にとり上げているだけで、近代に固有な交通手段たる鉄道については元々関心もうすく、交通文化史としてとらえる問題意識を持合わせていなかった。したがって、私などが、学界の片隅でささやかな仕事に取組んでいるくらいで、近代日本における鉄道の文化史的視角からの研究分野、いわば「鉄道文化」史学は、久しく開発途上に進みあぐねていたのである。

ところが近年、そうした学問的状況にたいし、専門外の技術畑から一石を投じた論文[4]があった。それは、電気鉄道工学分野の第一線研究者による「鉄道文化」についての総論的・技術論的な問題点の整理であり、鉄道趣味誌に発表された啓蒙的文章であるが、学問的にも示唆に富むと思われるので、以下私の文脈のなかでその論文の趣意を紹介しよう。

鉄道が、その固有な輸送機能を実現する工学的技術の綜合化された体系として、物理学・機械工学・土木工学・電気工学・金属工学・通信工学など、広汎な自然科学の諸成果の一大集成であることから、自然科学の分野においては従来とも本格的な学問研究の対象であったことは、周知のとおりである。しかしながら、それら自然科学の成果としての工学的技術の諸体系の綜合された、すぐれて物質的な人工環境ともいうべき鉄道が、ひとつのシステムとして現実社会の仕組みの中に、その固有な機能的役割を帯びてセットされることによって、その機能を実現すべき具体的な鉄道建設・輸送事業運営・貨客の利用といった諸局面を通じて広汎な人間の社会的行動と結び付き、そのダイナミックな効果は社会の構造や全体的活動に大きな影響を及ぼす。ここで鉄道は、たんに自然科学の分野のみにとどまらず、社会科学の分野にも深くコミットするものとなる。

いうまでもなく、鉄道というシステムは、人間の主体性においてその技術化・制度化・実用化・効率化が進められる結果、近代に固有な人工の「自然」＝工学技術的社会環境として構築されるが、同時に鉄道システムという環境の力は、あたらしい記号の体系ないし情報の装置として、その社会に生きる個々の人間の意識や感覚、生理の構造をふかく規定し、一種のシンボルとして人間の行動を導くようになる。すなわち鉄道は、近代社会に固有な記号の体系・情報システムないし文化シンボルとして人間の内面的生活にも広くふかい影響をインプットし、それらの「文化」としての多様なアウトプットをうながすといえよう。ここに至って鉄道は、人文科学の分野にも大きくかかわる「文化」的実在となる。

ここで、論者の文章を引いてみよう。

環境と人間との係わりかたを「技術」と呼ぶことにすると、鉄道という技術は、物質的環境を人間の外につくる自然科学とりわけ工学的な技術であるとともに、社会的環境に人間を織り込む社会科学的な技術であり、情報的環境を人間の内にひろげる人間科学的な技術でもある（略）。鉄道は、人間の文化造営物であるというべきである。

従来の近代日本史における鉄道の学問的評価に当たって、とりわけ文化論的・人間科学的視点が欠落していたことを考え合わせれば、一般論の形ではあれ、工学技術の専門家である論者がこうした問題整理をこころみたことは、なかなかに示唆的である。つまり、本来鉄道がそなえる技術的・社会的・文化的各機能は三位一体のものであり、その原点としての「技術」の何たるかをよく識る論者にとって社会的・文化的な視点との綜合把握は、ごく自然なことなのであろう。

さあれ、このように鉄道を文化的技術の体系としてとらえ、その社会的機能を媒介として近代人の内面的生活に定着された大量かつ多様なコンセプトやイメージを総括して「鉄道文化」という学問的チャンネルをつくり、近代社会における鉄道の役割についての歴史学の立場からの認識を深めることは、たんに学問研究そのものにとって有益であるばかりでなく、ややもすれば歴史的再検討をおろそかにして誤った方向に走りかねない現下の鉄道政策や鉄道経営の軌道修正のために、なにほどかの有用な示唆を与えるであろう。

三　日本人の鉄道観の形成とその歴史的特質

それでは、日本人の鉄道観の歴史的形成の特質を解明するにあたり、まず先進西欧におけるそれとの比較史的視点を示しておく。そもそも西欧市民社会において「鉄道は文化である」という認識が一般的に形成されたのは、どのような事情によるものかをさぐってみよう。

産業革命の進行にともない一八二〇年代のイギリスにおいて鉄道輸送システムが発明、実用化されたことによって、イギリス国内の公共交通体制は本格的な近代化の段階に入った。しかし、その輸送革命は一朝にして成ったのではなかった。前近代社会における先行的国内交通のあり方が、長い年月をかけて道路輸送とくに有料道路の時代から運河時代へと移行していくなかで、「陸《おか》運河」——この耳なれない言葉については次章であらためて述べる——とでもいうべき運営方式での鉄路走行へと過渡的な転化を経て、やがて「鉄道」としてそのスタイルを確立していく。その間に、多くの試行錯誤を重ねて歴史的年輪の厚味を加えつつ、鉄道は、いうなればイギリス人をはじめとする西欧の近代的市民精神の形成と歩調を合わせて「物心一如」に発達をとげてきたのであった。

つまり、西欧社会がみずからの交通史の伝統の歴史的な展開過程を主体的に進めていくなかで、鉄道輸送システムを営々と築き上げていったことから、西欧人は自己の歴史的再確認の一契機として、鉄道を文化としてうけとめられるだけの主体的条件をみずからの内に培うことができた。こうして、鉄道を文化として認識する社会的コンセンサスが形成されたのである。

ひるがえって、わが国ではその辺の事情はどうであろうか。その端的な表われとして、鉄道を含めた交通博物館のあり方に西欧社会のそれとくらべて質・量ともかなりのちがいがあるといってよかろう。すなわち、わが国にもいくつかのすぐれた交通博物館施設は存在しており、それらはみなそれぞれに、わが国の鉄道史や各事業体の鉄道輸送体制の発達諸段階を具現する代表的な機関車ほか各種車輛を主体として、その他運行関連設備など参考品や文献・資料を収集・保存しているものの、その内容を見るとおおむね鉄道の「技術的発達」の記録としての直接的対象だけに目を向けて、能事終れりとしている観を否めない。

「鉄道記念物」その他の現物史料や地図類（一二二〇〇点）・図面類（四一、八〇〇点）・文書（三三〇〇〇点）・写真（一一六、〇〇〇点）のほか美術工芸品（四三〇点）を収蔵するという、この種施設ではわが国最大の「交通博物館」

はさしあたり別格として、その他のわが国の鉄道関係博物館においては、社会・文化的な視角から鉄道の歴史的な意義を語り伝えるhistorical objects、すなわち近代化の過程における日本人一般の鉄道を中心とする交通利用の制度的側面や社会風俗の歴史的資料――鉄道その他の交通機関やその利用者大衆の態様・動向などを主題とし対象とした一般的な文献・広報印刷物・公私諸記録をはじめ、それらのイメージをモチーフとしあるいはデザインにとり入れた絵画・音楽や工芸作品、ないしは日用器具・雑貨・玩具類などの世俗的文化領域にまでは、その収集が拡げられていない。わが国でもようやく「鉄道文化財」という言葉が近年、市民権をかちとりつつあるが、その内容は古典的蒸気機関車など各種車輛や旧駅舎その他鉄道用構築物に限定して、鉄道技術史の発達の即物的成果だけを鉄道の「文化遺産」として格付けするものであり、上に述べたような鉄道関連、鉄道周辺の文化の諸様式・諸器物まではカバーしていないのである。

したがって、それらをも含めた「鉄道文化財」コレクションの多様性・綜合性をそなえた西欧各地の鉄道博物館にくらべて、わが国のそれは一般的に質・量とも遜色のある感をぬぐいがたい。しかし、それはかならずしもわが国の鉄道関係博物館のスタッフの伝統的な怠慢の結果ではあるまい。むしろ、その原因は、先に述べた近年の鉄道問題への日本人の対応の姿勢とおそらく根を同じくしているもので、要するに日本人の「鉄道文化」にたいする一般的な関心の低さというところにある。そして、その問題の根は、わが国における近代社会の形成論理の特質にからまるものにほかならなかったのである。

西欧並み、いやそれ以上に近代社会の形成過程において鉄道の役割や影響の大きさを体験しながら、日本人はなぜ鉄道について西欧人に共通して見られるような「文化」としての多様かつ綜合的な認識を一般的に持っていないのであろうか。それは、わが国における陸上交通の近代化の歴史的事情に起因すると考えられる。

そもそも、明治維新を契機とするわが国の政治体制や社会経済の近代的変革の重要な一環として、国内交通の局面ではとくに貨物の大量輸送について鉄道がその役割を担うべきものとされた。かくて鉄道建設の国家的プロジェクトが維新政府により早々に策定され、明治五年（一八九二）には新橋・横浜間の京浜線が開業を見たものの、それは世界史的な視点からみて各国別蒸気鉄道開業順位上、第四〇番目という(5)、きわめて後発的なスタートであったのである。

この鉄道開業順位の絶対的な遅れに反映されるように、わが国は近代化路線を後発的に選択したため、当時の国際的勢力関係に伍して欧米先進国水準へのより速かな到達を目標に、国政全般の近代化政策を促進する必要に迫られていた。ここにおいてわが国に特徴的な近代化の一般的特質が醸成されることになったのである。

日本の近代文化の規定要因について、現代の一評論家によれば、わが国におけるカルチュアの「『この性急な摂取は、勢ひカルチュアの文化面、文明面を、カルチュアの教養面、個性面、培養面からひき離してとりいれるという結果にならざるをえない』ところの、近代日本文化の外来性の宿命に求めている。『花を根からひき離し、成果を方法からたち切り、既成（ママ）品として舶載する』ほかなかったというわけである(6)」。その一例として、人貨の大量移動を急速・円滑・確実に実現することにより社会経済の動きを活性化するとともに、政治・軍事上の支配力を強化する国内交通制度の近代化についても、わが国は、みずからの伝統的陸上交通方式の漸進的改良という階梯を踏み固めていく時間的余裕がなかった。欧米列国のわが国内への鉄道事業進出などによる植民地化の危険性にいち早く対処するために、自国の陸上交通の制度的・文化的伝統とは断絶したかたちで、まったく新規かつ異質の交通文化たるイギリスの鉄道システムを最初から「一式取り揃え・組立て済み」の形で導入するという、いわば安直な（もちろん別の面では多くの難関があったが）速成路線を日本は選択したのである。

すなわち、イギリスの場合に見られるような、国内交通文化の長い伝統に根ざした近代的輸送方式＝鉄道への「進化論」的な展開やその試行錯誤を通しての自己教育という社会的体験が欠落していることから、わが国にとって鉄道は導入の当初から「舶来の既製品」であり、伝統的な日本人の精神・感覚や社会構造にとって不整合・不消化のまま、ただきわめて有用な「文明の利器」「開化の便法」として受容されたのであった。

国内社会・経済の発達テンポとの整合性を無視したこのような性急な鉄道交通整備計画については、国内の有識者からの批判もあった。たとえばイギリス学派の開明思想家鼎軒田口卯吉は、わが国が欧米諸国にくらべて経済発展の面で大きく遅れていることを強く意識しつつ、明治政府が強行的に推進しようとしている欧米レベルの「鉄道」建設をわが国の実勢では時期尚早とし、国内産業振興と地方市場圏の整備拡大に直接役立つ「木道馬車」程度の新交通施設によって漸進的な経済発展の策をとることを主張した。(7)しかし、そうしたオーソドックスな経済近代化論は、明治政府の西欧式近代国家の短期促成という政策の一環たる鉄道建設事業のリーダーであった鉄道庁長官井上勝も「現下の勢にては広軌にて百哩造るよりも狭軌にて百三十哩も造る方、国利尤多からん」(8)と述べたように、「質よりも量」的拡大を選択せざるをえぬ日本資本主義の後進性によって押切られてしまったのであった。

このような歴史的制約条件のもとに、わが国にとって鉄道は「ある日、突然に」在来の陸上交通ないし国内水運の体系を揺るがせるものとして登場し、わが国の交通史の長い伝統を断絶せしめるかたちで国内人貨輸送体制の近代的再編成プロジェクトとして、その路線建設が、まず政府事業の方式で、国庫財政難に苦しみながらも徐々に進められ、次いでそれを補い代位する民営事業のかたちでルートを伸ばしていった。そして鉄道創業の二〇年後の明治二五（一八九二）年度には、その営業粁が官設鉄道八八六キロ、私設鉄道二一四二キロと、あわせて三〇〇〇キロを超えるに至ったのである。

その間、日本人は鉄道というものについて、みずからの内に歴史的基盤を欠いた、たんなる舶来の「乗り物」「車」つまり交通手段として、その大きな実用的特長だけをつよく意識し、経済的メリットによってのみその存在を認識するならいとなった。いいかえれば、日本人は鉄道の既成システムとしての導入とその急速な普及発達なかで、しだいに日々の生活上それとの関わりを深めつつも、現前の即物的イメージとくにそのサーヴィス効果の大きさに眩惑されて、それを「文化」として受けとめる主体的条件を熟成させるに至らぬまま、たんに「文明の利器」としての所与の条件に功利的に対応していくという姿勢しか身につけることができなかったのである。

そうして日本人は、鉄道を新規な非伝統的陸上交通システムとして、そのメリットの大きさを重視すればするほど、その複雑なメカニズムやノウハウを修得・消化・改良する方向にのみ関心と努力とを傾注してきた。その方向において、わが国の鉄道政策や事業運営の当事者たちは、鉄道導入後の一世紀あまりその技術化体制の整備・拡充・再開発の戦略に全力を投入した結果、技術水準ではこんにち世界をリードするまでのすぐれた達成を示すに至っている。わが国の鉄道関係博物館の一般的な展観方針が、どちらかといえば技術的進歩の側に傾斜し、その工学的成果を強調するのも、その一つの反映であろう。そうした考え方はまた国民一般にも及んで、日本人の間では鉄道を問題とするとき、それが「輸送機関としてどの程度経済的であるか」という効率主義的価値判断に基づくきわめて一元的な認識しか育たなかったといってよい。

このような、鉄道にたいする日本人の一般的関心の経済的有用性・即物的功利性への偏重は、かつて明治中期から大正期、さらに昭和戦前期までの時代、すなわち鉄道事業が成長ないし成熟しつつあった段階において、鉄道そのものを有利な投機・利権対象として功利的に認識する社会的ムードにつながった。その結果、何回かの私鉄投資ブームがおこり、とくに明治中期においてわが国の証券市場は鉄道株式取引の伸長に支えられて確立したともいわれる(9)。しかし、そうした鉄道功利主義的エートスがエスカレートする時、戦前しばしば政・官・財界を汚染した鉄道疑獄などの社会的スキャンダルとして露呈することになり、また、とくに政友会内閣による党略的な鉄道政策の放漫、不経済な展開ぶりもマイナスにはたらいて、鉄道事業そのもののイメージを低下させた。

さらにまた、わが国の鉄道が、すぐれて早い時期から軍事輸送に、後年それが外延化して植民地支配に、その高い機動性と効率性とによって政治的に重視され、その目的に沿って整備・強化の動きも見られたが、この面での鉄道のいとなみは反「文化」の範疇に含まれるものでしかなかった。

近代日本人に特徴的なそうした鉄道功利主義や鉄道輸送「軍事化」の動向は国民の間に鉄道をたんに外的手段としか見ない価値判断をはびこらせ、それはまさに「鉄道文化」の対極的概念として、わが国における鉄道認識をきわめて特殊に規定するに至った。日本人の近代化の内面的体験を通じて、鉄道というものを「文明の利器」「開化の便法」としての一元的価値観から解きはなし、近代人の主体的形成にかかわる「文化」の契機または様式として認識する動きはほとんどなかった。その結果として、近代日本における鉄道政策あるいは鉄道事業運営の展開のなかで、鉄道がつねに時の権力や資本により政治や経済に奉仕する「道具」として取扱われていく間に多くの矛盾が積み重なり、近時のわが国内交通をめぐる社会的シンドロームとして噴き出すことになったものといえよう。

鉄道を、たんに便利・有用な手段として、その機能性およびそれと深くかかわる経済的効率性だけからその社会的存在価値を論断するのではなく、私たちの近代社会を多元的・綜合的に特徴づけた「文化」の一環として、その歴史的展開のなかで見直していく。このようにして、現下のわが国の鉄道問題を認識する視点を「鉄道文化」史の古くかつ新らしい象限にシフトさせることにより、それらの問題へのより適正な取組みにも有効かつ生産的な発想が生まれるのではなかろうか。

四　日本の近代化と鉄道の文化的関与

前節で述べたようにわが国への鉄道の「既製品」としての導入体験が、近代日本人の鉄道認識を「手段」的体系として特殊に規定する一方、鉄道それ自体の客観的な機能が日本人の内面において、近代社会の主体的形成に適合すべく、伝統的な意識の変革を一般的なかたちでうながしていったことは、いうまでもない。また、そうした日本人の内面的な近代化のプリズムを通して、鉄道があらためて近代的な感覚や心情の表現における多彩な文化的イメージ、シンボルとして展開していったことも見のがしてはなるまい。

たとえば、次章でくわしく述べるように幕末期備後国福山藩阿部家の中級家臣であり儒官・兵術家という伝統的社会の代表的知識人であった江木鰐水（一八一〇～一八八一）が、維新後の明治六年五月九日、京浜間官設鉄道に乗って「汽車」旅行を初体験したことから、それまでは西洋の学問を通じて概念として知りつつも疑問に思っていた地動説の原理をはじめて納得できたことを述べている[10]。これぞまさしく、鰐水一個人の体験というよりも、彼の現身をかりた伝統的日本人の近代的宇宙観への「コペルニクス」的転回を意味するものであったといえよう。

現代のわが国の第一線絵本画家安野光雅（一九二六～）は、そのエッセイ[11]の中で自己の幼時体験に照らして「汽車はゆりかごとしてもすばらしい。おかあさんの押してくれる乳母車にくらべてまるでちがう。速さもちがうし、ゆれ方もちがう。けたたましい音をたて、煙を吐き、窓ときたら町から村、村から海と、景色をいろいろにとりかえて見せてくれる。汽車のような乗物ができるまで、人間はこのような視界を経験したことはかつてなかった」（傍点引用者、以下同）と述べつつ、「しかし、汽車に対して、わたしのように郷愁のあろうはずもない若い人たちまでも、ひかれるというのはなぜだろうか。……まだ、この種の乗物に一度も乗ったことのない子どもたちさえも、汽車が好きだというのはなぜだろうか」と自問する。そして「それは鉄だから、というのは理由にならないだろうか。汽車は黒い鉄でできている。鉄は金のように華麗ではない。銀のように高貴ではなく、赤銅のようにエリート意識もない。質素でたくましく、それに、人間の歴史に最も古くかかわりあってきたのが鉄であった。……鉄を力あるものとしてあがめ、鉄に霊魂を認める民族もあるということだが、我々の心のどこかにも、鉄に対するおそれと親しみを感じる何かが、ひそんでいるのではないかと思う。このいい方は実証的ではないが、人間が生まれながらにして乗物にひかれるのはなぜか、と考えるとき、鉄のもつふしぎな力のことを思わずにはいられない」と、重要な指摘をしている。

安野のこの指摘は、ほぼ半世紀も前に日本民俗学の開拓者柳田国男がその著書[12]の中で次のように述べていることと、はるかに照応するところがあって興味ふかい。すなわち、「所謂、鉄の文化の宏大なる業績を、たゞ無差別に殺風景と評し去ることは、多数民衆の感覚を無視した話である。例へば鉄道の如き平板でまた低調な、あらゆる地物を突き退けて進まうとして居るものでも、遠く之を望んで特殊の壮快が味はひ得るのみならず、土地の人たちの無邪気なる者も、共々にこの平和の攪乱者、煤と騒音の放散者に対して、感歎の声を惜しまなかったのである。……兎に角にこの島国では処々の大川を除くの外、斯ういふ見霞むやうな一線の光を以て、果も無く人の想像を導いて行くものは無かったのである」。

鉄という力強いメタリックな素材から構成された鉄道のメカニックなシステム（つまり蒸気機関車と線路）自体

が強大な生命力、たのもしい推進力あるいは前進志向や脱出願望のシンボルとして人々の心を惹きつけたことはたしかであった。より正確には鋼鉄製の機関車のイメージには、近代以後の工業化社会に生きる人々の内面にねむる原体験として、かつて鉄道と連動しつつ近代的機械工業確立の契機となった産業革命のダイナミズムをよびさますキーワードが刻みこまれているのである。そしてまた鉄道線路が、はるかに遠い大地の果までも光りつつ延びていき、その上を汽車が人々を乗せ貨物を積んですばらしい速さで駆けて行くその実用的機能は、人々の旧来の生活的空間意識を拡大し多様化するとともに、空間距離との相対的時間感覚を大きく短縮せしめることになった。

さらに、鉄道が社会的システムとして成立し運営されるためには、人々の生活的時間意識の変革が必要となる。先にも述べたように、旧時代以来、日本人の日常生活上の時間単位は「小半刻」（三〇分）を最少としていたが、鉄道の開業以後は列車の運行制度に同調してその単位を「分」（六〇秒）にまで細分化しなくてはならなくなり、やがて鉄道利用機会の一般的増大によって「分」さらには「秒」の時間意識が日本人の間に定着していった。このことについては、原田勝正の早い指摘がある。(13)

こうして、鉄道システムの導入により旧来の伝統的社会の文化的価値基準が解体され、近代社会に組込まれた日本人は、以後現実に鉄道体験を重ねつつ空間的・時間的意識の変革をうながされることにより、近代的統一国家の政治・経済体制に適合すべく、文化的に「改造」されていったのである。あたかも、それの近代日本文学における一証言として作家志賀直哉は、わが国資本主義の確立期を背景に、その経済機構の一歯車の人格化としての近代ビジネスマン的人間像を、汽車通勤という鉄道システムとの関わりにおいて、その短篇小説のひとつ(14)に描出した。その作中の一節には、主人公（つまり作者）と現在一流会社の月給取となって張切っている学校時代の旧友の滝村という青年との久しぶりの邂逅での印象が、「如何も新橋から二十五分で来る汽車の乗客らしい。日本でも一分一秒という時間に値段が出来たのかしらと思はせるやうな歩き方である。滝村はたうとう別れの挨拶を忘れて往つて了つた」と述べられている。鉄道とは、まさにこうした人間類型を内面的に拡大再生産しつつ、外面的にはそれらの大量の人的エネルギーの合理的・合目的的配置活用のための輸送を担うところの近代的経済文化の一機構といってよかろう。とくに、わが国の近代社会の形成・発展の歴史的論理の解明に当っては、鉄道システムの担う集団的社会化促進という役割を、より「文化」的な把握によってひろく見直していかねばなるまい。

次に、鉄道は上述のように近代社会に適合的な種々の文化体系を内的・外的に構築してきた反面、その急速な普及・発達の過程で前近代・伝統的社会の文化体系を理念として否定し去ったばかりでなく、現実の社会的機能を通じてそれらの実体を徐々に破壊していったのである。とりわけ、鉄道が異質な文化システムとして進入してきたわが国で近代史的観点からその問題をいちはやく指摘したのは、さきにもふれた日本民俗学の柳田国男であった。柳田の所述に依るまでもなく、わが国は古来、沿岸航運や河川舟運が、自然的・政治的制約の多い陸上交通に代位して重要な役割を担いつつ発達をとげ、全国各地の廻船ルートに当たる港市や河口・川岸の港が栄え、物資の流通のみならず文化交流の拠点としてそれぞれ独自な地方文化を根づかせていた。

ところが、近代に入って鉄道が全国各地に建設されるようになると、それら在来の水上輸送ルート依存の物流の動きはしだいに陸上輸送ルートに転移するようになり、とくに鉄道の発達・伸長の「結果として沢山の港は無用になつた。浜に起らうとして居た幾つかの産業は退いた。今でも汽車に恨を含む寂れた津といふものは多いのである」[15]。往昔は、陸上の交通とくらべて「海の方にはもう一段と濃い人情が結ばれて居た。色町の先づ港に起つた理由なども一つであつた。……紀州志州と伊豆の鼻、安房と石巻などの近かつたこと……船の数が第一甚だ多く、従うて人の関係も繋がつたからである。……それが汽車が出来て海を尋常の障壁の如く見なければならぬといふことは、損失以上の寂しいことであつた」(16)。青森県西津軽の十《と》三《さ》湊《みなと》は中世の昔から日本海沿岸航運の物貨・文化交流のターミナルとして繁栄を謳われたが、近代に入って津軽半島の山地を横断する軽便軌道が開通して「それが十三潟の岸の林の木材を、陸で青森の方へ運び出すことになると、もう十三の浦へは一艘も船が来ぬやうになつて……千年来の恋の泊りが、今や眼前に於いて一朝に滅び去らんとして居る」(17)と、柳田は歴史的な港市の文化的廃滅をなげく。湖水・河川舟運についても、鉄道との市場競合ははげしく、とくに「川舟の交通ばかりは、汽車と拮抗して負けないといふ場合は一つも無かつた。河川の改修で水筋を整理してくれたが、堤防が高くなつて町と岸とが分れたものが多い。さうして片脇を鉄道が通るやうになると、町の形が先づ変つてしまつて(川舟交通は)もう以前の働きは出来なくなる」(18)のにともない、沿岸地域の社会経済構造の変動は旧来の河港・川岸の歴史的文化を呑みこんでしまう。それ以後は、鉄道の運び込む都会風の近代文化の影響が住民生活における地方的色調をしだいに稀薄にしていく。鉄道がもつこうした伝統的・地方的文化にたいする反文化的な特質もまた見過ごしてはなるまい。

ただし、鉄道はつねに在地・旧来の伝統的文化にたいし反文化として一方的に規定者という立場であるわけではなく、むしろ一般的には、鉄道という新文化が持込まれた個々の国土ないし地域においてそれが定着していく過程で、旧来の伝統的・歴史的文化による逆規定を受けて、それぞれ固有な文化的性格を帯びていくものと考えられる。第Ⅲ章でくわしく述べるように、柳田国男の指摘によれば、わが国の鉄道は、すぐれて「巡礼本位」(19)ともいうべき方針のもとに発達し、「消費・レジャー型交通」手段という性格を帯びている。つまり、伝統的社会における日本人の旅の一般的方式としての「巡礼」が、近代日本人の旅行行動心理を先験的に規定していることを大前提としなければ、大衆的交通事業としての鉄道システムは成立しないからである。このことから、わが国の鉄道という近代的交通文化体系は、「巡礼」という前近代の宗教的行動文化によって原理的に逆規定され、それと「習合」したものであるといえよう。

如上いろいろ述べてきたが、わが国の鉄道のあり方と近代社会との歴史的関連を考察するにあたり、「文化」的範疇において多面的に接近できる研究フィールドはまだまだ広く開拓できると思われるので、今後はいっそうこの方向での取組みを進めていきたい。

鉄道再生に向けての文化的再認識——結びにかえて——

かつて欧州各国を鉄道から鉄道へと乗り継いで旅して廻った私自身の体験からしても、各国の鉄道には、たとえ国境を越えてレールはつながり相互に列車の乗入れはあっても、やはり乗心地・旅客サーヴィス・運行ダイヤグラム・沿線風景・乗客の表情や肌ざわりなど、それぞれの国家や民族固有の持味というものが感じられる。それというのも、鉄道はその国が歴史のなかで形成してきた文化を多面的かつ綜合的に映し出す鏡のようなものであり、そこに把えられるさまざまなイメージの裏面には、鉄道に関わる歴史的あるいは現実的な諸問題と取組むうえできわめて有用なキーワードを読み取ることができるのである。

私たちが今後わが国の鉄道の歴史や現状について考察するとき、世俗的に横行する「文明の利器」ということき一元的価値判断で片付けることをせず、「文化の鏡」としての鉄道の歴史的位置づけに立って問題に取組むことにしたいと思う。

わが国も、鉄道開業については後発的であったが、それ以後すでに一世紀を超え、質・量ともに世界の鉄道大国のひとつとなった。当初、イギリスからの「一式取り揃え・組み立て済み」の「借り物」であった鉄道も、それなりの文化的蓄積ができたのである。

しかし、その間、鉄道の先端技術や経営効率ばかりを追求して、他の「鉄道文化」的価値をかえりみることがなかったことから、わが国の鉄道という「文化の鏡」はすっかり表面が曇ってしまい、自分の真実の姿を正確に認識することができなくなっている。

鉄道という「文化の鏡」の曇りをぬぐい取ることは、鉄道を国民文化の社会的一体系として再認識することである。そのために「鉄道文化」に関心を深め、その具体的対象物や関連する諸情報・史料を発掘・収集・保存・整理し、その公共的活用への体制づくりを進めなければならない。そうした「鉄道文化財」を通じて、また「鉄道文化」的視角による歴史的研究業績の積み重ねによって、「鉄道文化」を近代社会の歴史像のなかに正当に位置づけ、次の世代に「鉄道文化」を伝えていくための教育的プロジェクトの構想を、早急にうち出したいものである。

(1) 筆者自身にとっての「鉄道文化」への開眼体験をさす——宇田正「西欧の経済史的点描と市民社会の印象」(追手門学院大学経済学会『追手門経済論集』八巻一〜三号、昭和四八年七月・八月および同四九年三月)。
(2) 森鷗外「妄想」(『鷗外全集:第八巻』、岩波書店、昭和四七年、一一〇三頁)。
(3) 桑原武夫「独逸紀行(ノート)」(『フランス印象記』弘文堂、昭和一六年)。
(4) 小山徹「文化としての鉄道」(『鉄道ピクトリアル』三一巻一号、昭和五六年一月)。
(5) The Railway Gazette, "Directory of Railway Officials & Year Book 1966~1967" (日本国有鉄道編・刊『日本国有鉄道百年史:第一巻』昭和四四年、六頁)。
(6) 宮内豊「Culture の行方」(岩波書店PR誌『図書』昭和五九年八月)。

（7）内田義彦「明治経済思想史におけるブルジョア合理主義」（『経済主体性講座』第七巻・歴史Ⅱ）。
（8）井上勝「日本帝国鉄道創業談」（『子爵井上勝君小傳』）。
（9）野田正穂『日本証券市場成立史』（有斐閣、昭和五五年）。
（10）宇田正「明治初期わが国一知識人による鉄道体験」（『追手門経済論集』九巻二号、昭和四九年一一月、本書第Ⅰ章に収録）。
（11）安野光雅「汽車は鉄でできている」（『空想工房』、平凡社、昭和五五年、傍点引用者）。
（12）柳田国男『明治大正史：世相篇』（『定本柳田国男集：第二四巻』、筑摩書房、昭和六三年）。
（13）原田勝正『明治鉄道物語』（筑摩書房、昭和五八年）九一～三頁。
（14）志賀直哉「無邪気な若い法学士」（『志賀直哉全集：第一巻』、岩波書店、一九九八年、一二五～一三三頁）。
（15）柳田国男、前掲書。
（16）同右書。
（17）同右書。
（18）同右書。
（19）同右書（本書第Ⅲ章参照）。

Ⅰ章　鉄道初体験と近代への文化的覚醒

明治初期わが国一知識人による鉄道体験——江木鰐水の日記から——

はじめに

かつて森鷗外が「一九世紀は鉄道とハルトマンの哲学とを齎した[1]」とのべたのは、前者（鉄道）によって同世紀における人類の物質的達成を、後者（ハルトマンの哲学）によってその精神的達成をそれぞれ代表させて対置したもののように考えられる。しかも、一般に物質的達成といえども、その知的構築にあたっては何らかの精神的な基盤・支柱が不可欠であろうし、またその現実的な効用はおのずから同時代の人々の意識を何らかの形で規定せずにはおかぬものであろう。そうした意味で、はじめの鷗外の言葉をよく吟味すれば、たとえば鉄道という近代の輸送施設・交通体系は、産業革命を先導した科学的合理主義の土壌にふかく根ざしていなければならなかったし、一方その革命的な機能と実効とによって、ハルトマンの哲学と併び称されるような深甚な影響を同時代の精神の領域におよぼしたといえるのではあるまいか。

もちろん、そうした一般論は、「東洋の道徳、西洋の芸術」・「和魂洋才」というような便宜的把握からもっぱら先進欧米の物質的達成だけを受け入れようとした維新前後の日本人の姿勢からすれば、精神的な基盤こそが物質的達成の支柱であるという点だけはあてはまらないとしても、すくなくとも「文明開化」の実体として当時わが国に舶載された科学技術上の新機軸の数々が、それらを生んだ風土とは異質なこの国の伝統的な精神構造にも、それなりに大きな変革を迫るものであったという歴史的体験については、まさに妥当する。そして、その象徴的ともいうべき一例が「鉄道」であったことは、いうまでもない。

すなわち、文明開化・富国強兵の国是を推進する強力な物的手段として、開国後いちはやくわが国に紹介され、維新政府によって早期に建設に着手された「文明の利器」(物的手段)としての鉄道が、同時に日本人の精神の近代化を促進するもの(心的契機)でもあったという二元的視角から、筆者がかねてより構想している日本近代史の展開の論理のなかに鉄道の役割を位置づける作業の一環として、さしあたり本稿では、鉄道創業期という事情を背景とした当時の一知識人の「鉄道体験」を紹介し、いささか考察を加えてみたいとおもう。

一　江木鰐水の鉄道体験と『地動説』原理感得の契機

本稿でとりあげるのは、幕末期備後福山藩の儒官・兵術家であり維新廃藩後は在野の殖産興業家として郷国のために活躍した鰐水・江木戩《ゆき》(以下鰐水と略記する)その人である。

はじめに、鰐水の経歴などについて関係文献[2]により大略を紹介しておこう。

鰐水は幕藩制封建社会も末期的段階に入った文化七年(一八一〇)一二月二二日、安芸国豊田郡戸野村の里正福原藤右衛門貞章の三男として出生した。母の繁は備後国沼隈郡山手村の藤井氏の出である。鰐水は、はじめ貞通と名のり、また健哉、のち繁太郎と通称した。やがて文政二年(一八一九)、一〇歳の頃より兄に就いて四書五経の素読を始めるが、あたかもこの年一〇月一六日、時の幕閣の老中職として江戸在府中の福山藩主阿部正精の子として、後年鰐水もその眷顧をうけた阿部正弘が生まれている。その後、文政六年(一八二三)、一四歳にしてはじめて備後国福山に出て、藩の医官五十川義路（号萩斎）の子義集（号簑川）に就いて医術を学び、のち義路の娘道（のち政）と結婚して、かつて福山藩の先封水野家の医官であった江木玄朴の娘が五十川氏に嫁したあとに男系がなかったため絶家となっていた江木家を嗣ぐことになったのである。

その間、文政八年（一八二五）、九年ごろ儒医野阪完山に就いて医術を修め、また同一〇年には『刪定傷寒論』を筆写するなど、由緒ある医家江木氏を興すべく努めながらも、その志はようやく医術にあきたらず、まもなく天保元年（一八三〇）京都に遊学して頼山陽の門に入り本格的に儒学を修めることになった。なお、この年九月、妻政と死別している。また、戩という名と晉才という字《あざな》はその翌年に師山陽から撰び与えられたものである。やがて同三年九月、山陽が歿したので翌年早々に大坂に移り篠崎小竹の門に入ったが、この在坂修学時代に中斎大塩平八郎としばしば接触している。その後同六年、江戸に出て古賀侗庵の門人となり、儒林の諸家と親しく交わり学業にはげむとともに、清水赤城に就いて長沼流の兵法を学んだという。

天保八年（一八三七）二月、阿部正弘は襲封して藩主となり、その抜擢によって同年一一月、鰐水は江戸の藩校弘道館の講書を命ぜられ五口俸を給せられ、やがて同一二年に至って儒官に登用、十口俸を給して江戸在勤を命ぜられることになった。しかもこの年九月、旧師山陽の遺稿が新刻刊行されたが、それに付載された鰐水撰文の山陽先生行状の一文によって、彼の文名は世に謳われることになったのである。

その間、藩主阿部正弘は幕閣において奏者番・寺社奉行を歴任して天保一四年（一八四三）老中に列せられるとともに、翌弘化元年には海防掛、同二年には海岸用向取扱を命ぜられたが、これはいうまでもなく当時ようやく鎖国日本の周辺をおびやかしつつあった外国勢力の動向に対処するものであった。同三年一一月、蘭学御用の内命を受けた鰐水は、同じ年、海防三策を立案し、また海岸防禦調練の意見を徴せられたりしたが、こうした彼の意見や献策は、同年老中阿部正弘が軍艦製造の急務を説いたこととふかくかかわっていたものとおもわれる。この頃から鰐水はとみに軍事・兵学にその精力を傾注するようになった。嘉永元年（一八四八）一二月上下格に昇任、同三年一二月、軍者（軍学師範）を命ぜられ、同六年初めには江戸奥勤となり上下格三人扶持の加俸により一三人扶持を給せられることになったが、あたかもこの年六月、ペリーのひきいるアメリカ軍艦が浦賀に来航して鎖国体制破綻の端緒となった。翌安政元年（一八五四）二月二五日、鰐水は横浜に赴いて再度来朝したペリーとわが方との交渉の状況を視察している。たまたまその前年に落成した江戸藩邸内の文武誠之館に次いで、この年国元福山にも藩校誠之館が建設され、翌二年より開講となり、鰐水は福山誠之館の儒学教授として藩士の子弟の教育に任ずることになった。

なおまた、鰐水はさきに弘化三年（一八四六）、蘭学御用を命ぜられて以来、『西洋海上砲術全書』を会読したり、高島秋帆と交渉をもったりして、洋学にも心を用いた。すなわち「嘉永以来攘夷説沸騰す。鰐水独り之を非とし、又長沼流の兵学時に適せざるを悟り、専ら訳書を以て洋法を講ず。洋学の藩に盛なる鰐水尤も力あり(3)」と伝えられる所以である。

その後鰐水は藩主正弘の歿後、正教・正方・正桓の三代に仕え、元治元年および慶応元年の二度の長州征討に出陣し、さらに明治元年戊辰の役には長州軍の福山来攻に対峙しよく防戦した。その秋九月、福山藩の軍事参謀として函館戦争に従軍し五稜郭における戦闘にも参加している。

明治二年（一八六九）二月、藩主阿部正桓は版籍奉還を申し出て、同年六月それが許可されて福山藩知事に任ぜられた。翌三年一二月福山藩兵学校の改革にともない、鰐水は兵学校教官を免ぜられるに至る。時に鰐水、齢六一歳であった。以後、鰐水は民間の有志として活躍、とくに明治四年七月、廃藩置県を端緒とする郷国・郷党の動揺、福山地方の衰勢に対処するには士族授産、産業開発にしかずとして、後に述べるように養蚕業の振興・水利水運の施設推進・塩田開拓などに意を用い当局に建策し結社を起すなど、在地の産業育成上大いに尽力するところがあった。

その間、嗣子健吉（三男）が明治四年一一月二六歳で病死したあとを、さきに政府より選抜されてアメリカ合衆国に留学中の四男高遠が継ぎ、同九年コロンビア法律学校を次席で卒業して父鰐水をよろこばせた。

明治一〇年（一八七七）一月、鰐水は一家を挙げて福山を去り東京に移住したが、これは齢七〇に垂《なんな》んとする彼自身にとって、もはや世間的な再出発というよりは、むしろその児孫のための新しい生活設計であったのであろう。しかし運命は、滞米中であった嗣子高遠を明治一三年（一八八〇）六月、齢三二歳にしてニューヨーク市で客死（自殺）せしめ、失意の鰐水も翌一四年一〇月八日、七二歳をもってその生涯を閉じたのである。

なお、鰐水のはじめの妻政が子なくして歿したあと、その兄五十川義集の娘亀（のち年《とし》）が後妻となり鰐水の後半生の伴侶として、よく七男をなし、鰐水におくれること凡そ一四年、明治二八年（一八九五）六月二六日、七二歳をもって終った。

明治六年（一八七三）二月八日、鰐水は福山を発ち、海路により神戸経由で東京に赴いた。この旅行は、彼の医術の師（であり且つはじめの妻の兄にして後の妻の父にもあたる）五十川義集の嗣子義則の遺児基（鰐水にとっては姪）が、明治三年秋以来、彼の四男高遠とともにアメリカ合衆国に留学中病を得て同五年一〇月に帰国し、東京において加療中であるのを見舞かたがた、在京の友人知己に再会し、新首都の景況に触れようとするものであった。

同月一六日、鰐水は東京に着きその日のうちに病床の五十川基を見舞ったところ、基はすでに死期の近いことを自覚して遺言をし、そのあと二三日の間はしばらく容態がもち直したかと思われたが、二二日ついに死去した。

翌二三日、基の遺骸は藩主阿部家の菩提寺西福寺に葬られた。三月に入ってからは、鰐水は近親の死からくる欝を散ずるためもあって、在京の友人たちとしばしば都内各地に遊んでいる。

やがて五月九日、鰐水は帰国の途に就くこととなり、関藤藤陰等に見送られて人力車に乗り込み、品川をさして出発、途中福沢諭吉をその家に訪ねた。これは、鰐水の四男高遠およびその姪五十川基を通じてかねて好誼をかわしていた福沢に挨拶をするためである。この時、鰐水はついでに慶応義塾を見学してその規模の広大さに感服し「諭吉非有学才而已、有経済之才、築此塾、費一万金余、而徒手弁之、且旁持奥平旧知事公之経済」(4)と日記に誌している。

このあと、鰐水は品川に着き、そこから、その前年に開通したばかりの京浜間官設鉄道を利用して横浜まで行くことになった。この時生まれてはじめて汽車に乗った体験を鰐水は二冊の日記にそれぞれ詳しく書きとめているので、ここに原文のまま紹介しよう。

……出塾到品川東蒸気会社、而待須臾、蒸気到、乃駕、々即発、其駛如馳、鉄路別為路、在駅後瀕海之地、陥凹如壕、出駅村落、遠近之山、遠近之樹、挟車而走、不知車之走、近者急走、瞬息瞥過、遠者稍緩、車外如騒動天、雖有渓岳、疾徐大小皆走、而持静者車也、而其実車外皆鎮静、山也者万古不動、樹亦植大地、皆万古不動、今只車動、故似動非動也、因此知地動説之是、二里許置休憩舎、至此車小憩、実非憩、品川憩所、品川左右之者、待于此而乗車、帰品川者、到此下車也、戳従品川乗車、須臾到横浜、五十川阿孀・斎藤二介、同行之人、三所乗車、一時到横浜、……(5)

……品川之東、蒸気車休憩所小待焉、蒸気車乍到着、々車有上中下三段、毎段異□□(ママ)戳坐中段、為二歩(分)二朱、上中皆有腰床、下則衆人雑座、狭隘不可横臥、僅容膝而已、而其膝不得屈伸自由也、既入車、須臾発、嗟乎、戳二十年前、彼理之来於横浜、観気車之雛形及伝信機、何知、二十年後駕此車、々之走一脉三間許、入車不覚車之馳、只見両側屋宇・林樹・山岳之走、而遠者徐、近者急、々者追、徐者而過、更換変化、車中常静、車外騒動、瞬息変化亦奇哉、常疑地動之説、因此悟覚地動之説有理、鉄道多避街衢、在其左右品川、鉄道在瀕海之地、高処鑿開為隧道、所々置休憩所、非為休憩、品川休憩所、品川左右之者待于此、而乗于此、帰亦至于此、従車下去、車止則下者下、乗者乃上、即発、不休息、息《(衍カ)》凡一時一往還、一日為十二往還云、従生麦村埋海通、道頗偉、高田《(島)》某所為、故称高田《(島)》街、七時前到横浜気車局、……(6)

（傍点引用者、以下同）

すなわち、鰐水にとって生まれてはじめての汽車搭乗という体験を、別々の日誌において二回にわたり書きとめたものであって、記述内容の精粗はあるにしても（とくに後引の描写は当時の車内の雰囲気を生々しく伝えている）、その印象なり感想にはもとより共通したものがある。たとえばその一例は、停車場の役割を実地の観察から了得したことなどであるが、より一そう興味ぶかいのは彼がこの一回の乗車によって「地動説」の原理を実感において理解したということである。

汽車の中に静坐している自分は動かないようであり、車窓の外の山川草木はみだりに動くべからずして目のあたり動いているように感じられる。しかし実は、動いている汽車に乗っている以上、自分自身は動かずして動いているのであり、車外の天地万物こそ「動クニ似テ動クニ非ザルナリ」と知覚するに及んで、鰐水はゆくりなくも、かねて聞き知りながら疑念をもっていた「地動説」の原理——日夜われわれの頭上を動き廻っていると見える日月星辰は実は地上のわれわれとの相対的な関係では動いているのではなく、動かざること山の如しと不動のたとえにもひかれるこの大地がわれわれを乗せて動き廻っているという論理と、彼自身が列車内での体験から得た認識とがあたかも符合するところから、はじめてその説の是なることを納得したという次第であった。

周知のように、一六世紀前半においてポーランドの天文学者ニコラウス・コペルニクス（一四七三〜一五四三）がルネッサンス期の人間主義哲学に特有な「調和の原理」を天体運動にも措定し、かねて中世教権（ローマ公教会）の公認学説としてスコラ神学により支持されていたプトレマイオスの天動説の矛盾に対決し、科学や思想を中世的な神聖や権威の桎梏から解放してあらたに地動説の体系を建設したことは、近代的宇宙観・世界観のかがやかしい樹立として、世界歴史の発展的「転回」への一大契機となったものである。とくに、コペルニクスが地動説を提唱するにあたり、直面した反対派の批判を克服すべく、彼がその著述『天球回転論』（De Revolutionibus Orbium Coelestium, 1543）において示した大胆な断案は、彼の地動説を支える天才的な着想であるとされる。すなわち、「地球が自転せば、地上の物体は残らず投げ出されて了ふに相違ないと云ふ古代人〔プトレマイオスを意味する〕の反対説は不可である。巨大な天球が廻転すれば、それこそ天体は何処かへ飛ばされて了ふに相違ない。何故なら恒星天が自転すると仮定した時の実速度は、地球が自転すると考へられる実速度より、数百倍も大きいからである。地球が自転してゐても地上の事物が投げ出されないのは、地も水も空気も凡て地球も一緒に運動してゐるからだと考へれば一向差支へはない[7]」。

たまたま『天球回転論』の公刊と同じ一五四三年（天文一二）八月、九州種子島に漂着したポルトガル船により鉄砲が伝来したことを端緒として、わが国の歴史も中世から近世への発展的「転回」を迎えることになるが、それ以後盛んになったヨーロッパ世界との接触、文物の東西交流のさまざまな動きのなかで、西洋流天文学について見れば、キリシタン宣教師たちを通じてわが国に紹介されたものはいうまでもなくカトリック教会公認の天動（地球）説の域を出ぬものであった。

ヨーロッパにおいてはすでに時代遅れとなりつつあるこの天動（地球）説でも、わが国古来の占星術的性格のつよい東洋流天文学にくらべると理論構成がはるかに緻密かつ合理的であったため、わが国の学者の中には西洋流天文学の優越性をみとめる立場もあったと思われるが、やがてキリシタン禁制・鎖国という政治的状況の転換からキリスト教の教義と結びつく学説そのものの直接公然たる祖述ははばかられ、むしろその理論的メリットを東洋流天文学体系の中に融合しようという動きがみられた。「要するに江戸中期には西洋流天文学説は東洋古来の天文暦学と併存し混在しながら、知識層のあいだに浸透していったが、蘭学が勃興して地動説が紹介されるまでは、それは在来の宇宙観を変革するだけの決定的優位を占めることはできなかったのである(8)」。

やがて八代将軍吉宗の治世下、享保期に入って商品経済が発展し、年貢米に立脚する幕藩財政が行きづまり封建的支配の動揺が激しくなりつつあるのに対処して、殖産興業の道を拓くために自然科学の成果を利用しようという体制側の要請から実学が奨励されることになり、これに関連してオランダを窓口とする西欧諸科学の研究が脚光をあびるようになった。まず、禁書制度の緩和によりキリスト教と無関係な自然科学書の大部分が解禁され、漢訳された西洋の天文暦法・数学・測量術・地理学などの文献が輸入され、あるいは直接オランダ人を通じて西欧の新知識を摂取しようとする官民の学者・知識人も輩出するに至った。こうした蘭書解読・研究の積み重ねは、本格的な蘭学の勃興をうながし、前野良沢・杉田玄白らの『解体新書』という医学上の一達成として結実するまでになった。

蘭学勃興の機運は、当時西洋文物の唯一の門戸であるという地の利と、オランダ語を取扱うという職務上の便宜からして、長崎通詞という語学官僚グループのあいだにも大いに高まったことはいうまでもなく、たとえば蘭日辞典の編纂に着手した西善三郎、オランダ医学を修得して外科の一流派を興した吉雄幸左衛門（号耕牛）などが挙げられるが、彼等に伍してオランダ通詞として在任し、天文学・航海術・地理学・暦学など多くの洋書を翻訳する職務のなかで、コペルニクスの地動説をわが国にはじめて紹介したのが、本木良永であったとされている。

本木良永、享保二〇年（一七三五）六月二一日、長崎通詞の家に生まれ、通称栄之進、のち仁太夫と改め、寛延元年（一七四八）口稽古、翌年その父仁太夫良固の跡を継いで稽古通詞となり、のち小通詞を経て天明八年（一七八八）大通詞に進んだが、やがて寛政六年（一七九四）病気により退職し、同年七月一七日、六〇歳をもって死去した。

良永はその生涯でかなり多くの蘭書の訳業をのこしているが、そのほとんどは通詞としての専門的職務の一環として幕府要路からの依頼などによる「与えられた仕事」という性格をもち、彼自身の知的関心の赴くままに主体的にそれと取り組み何からの評価をくだすというたぐいの「研究」ではなかった。たとえば彼は安永三年（一七七四）に訳出した『天地二球用法』において「天文達識ノ人天ノ中心ト三光ノ運行ヲ思惟スルニ二説アリ、其一曰、地球ハ天ノ中心ニ居リ不動ニシテ七曜恒星ハ地球ノ円周ヲ運転スト。其一ハ太陽ハ常静不動ニシテ地球ハ五星ト共ニ太陽ノ周郭ヲ旋リ恒星天ハ凝住シテ不動ナリトス」として天動（地球）説と地動説を併せて掲げ、のちそれを老中松平定信の依頼により改稿詳述した『星術本原太陽窮理新制了解天地二球用記』（寛政四年（一七九二））においてもその両説を示し古学と新学として対比するにとどまっている。「本木が天文書を読んだ外に、自ら実測をなしたことは、伝えられてゐない。……主（ママ）ら読書訳文にのみ尽したやうである。……元来が命を奉じたる和解《わげ》であり筆者の心の儘の著訳と異なり、……天文書を読むも、文字の意義を知るに忙しく、所謂推歩測量には及ばなかったと思はれる。それは自ら他の天文方の役目であった」[9]。こうした良永の学問はその門人志筑忠雄にうけつがれ相当の進展をあらわしたが、彼等の学問には幕府の造暦体制に translater として従属奉仕するというありかたからして「長崎系天文学に共通な限界」[10]があったとされる。良永の心血をそそいだ訳業の大半は幕府天文方の参考資料文献として秘蔵され一般には公けにされず、彼の名そのものもその死とともにいつしか忘れられ、地元長崎においてすらかえってその足跡は埋没し、彼の三代後の本木昌造がわが国近代活版印刷の開拓者として夙にその名を謳われていたにもかかわらず、良永の事績を物語る資料が発見されたのは実に明治四四年（一九一一）の秋のことであった。

しかし、すでに良永の訳業はわずかながら世間に流布しており、また間接的なかたちでその業績は一般に伝えられて、司馬江漢や山片蟠桃等市井の知識人の著述のなかで地動説がひろく紹介されることになり、幕末期の日本人の天文学的世界観をしだいにあらためつつあった。

こうした動向は、安政開国以後西洋の文物・新知識の導入紹介が幅ひろく公然となされるようになって、いっそう促進されたとみてよかろう。維新前後のわが国の知識人にとって地動説はもはや耳新らしいものではなくなっており、その原理の概念的な理解は、洋学に関心のある人々を中心にこの国の読書階級にひろまりつつあったのである。

明治改元あってすでに六年、かつて幕府の造暦体制の下では正当に評価されなかった地動説も、すでに維新政府による明治三年（一八七〇）の天文暦法の大学所管化・星学局の編成にはじまる西洋近代天文学に立脚した編暦行政の理論的大前提となっていた。いうまでもなく当代一流の知識人の一人として鰐水もまた、地動説については常人以上の頭脳的認識を有していたであろう。しかもその鰐水にして、地動説の原理を心底から是なりと了解し得たのは、実にその最初の鉄道体験によってであったことは、前掲の彼自身の日記に二回にわたりくわしくしるされたとおりである。私は、鰐水という一人の人間の内的体験における鉄道と地動説との結びつきに、ふかい興味をおぼえずにはいられない。

二　幕末維新期日本人の鉄道認識とその限界

一八二五年（わが国の文政八年）イギリスにおける世界最初の創業から十数年を出ずしてすでに欧米各国において陸上交通上の革命をもたらしつつあった鉄道というものを、日本人が知る最初の契機となったのは、幕末長崎在オランダ商館から幕府に毎年提出していたいわゆる『和蘭陀風説書』ないし『別段風説書』（ただし天保期以後のもの）であったとされる。これによって幕府要路の人々は開国以前すでに鉄道をはじめとする欧米文明の諸事情にかなり通じており、このことはやがて嘉永七年（一八五四）ペリー来航の際、彼等と接触したアメリカ人をして「日本の高官達は……科学上の一般原理と世界地理上の諸事実にも無知ではなかった……。又合衆国に関する彼等の質問によって、吾が国の物質的進歩に関聯した諸事情についても全く無知ではないことが判った。……彼等は又地峡横断の運河がもう完成したかどうかとも訊ねた。これは恐らく当時建設中のパナマ鉄道のことを指して云ったのであらう。兎に角彼等はそれが両大洋を結びつけるために行れてゐる事業たることを知ってゐた[11]」と言わしめるまでに、日本人にたいする彼らの先入観をあらためさせることにもなった。

このほか、幕末期何人かの漂流日本人たちによる先進国の文明風俗の見聞報告や、長崎へ舶載された外国文献を翻訳し科学的原理に基づいて解説した書物（たとえば嘉永七年刊行された『遠西奇器述』〈第一集〉）などによって、鉄道に関する情報がもたらされたのである。

こうした風説や見聞ないし科学情報というレベルを越えて、実物的媒介により当時の日本人の鉄道への認識を一挙にかつ一層確実なものにしたのは、嘉永六～七年にかけて軍事力を背景に直接開国を求めてわが国へ来航したロシアとアメリカの使節団により、それぞれ展示された蒸気車の模型とその運転のデモンストレーションにほかならなかった。すなわち、嘉永六年（一八五三）七月、長崎に来航したロシア使節プチャーチンが持参した蒸気車模型は、たまたま八月二四日佐賀藩主の命を受けて同藩の検使一行がロシア軍艦を訪問した際、一行中の藩士本島藤太夫、同製錬方中村奇輔の眼前で運転され「小さな機械が蒸気を吐きながら走る様を、口あんぐりで彼等は眺めてゐた」[12]が、やがてこれを契機に佐賀藩では開化の一事業として自らの手で蒸気車模型を製作するまでになった。これに約四ケ月おくれて翌年一月四日、幕府の使節川路聖謨《としあきら》ら幕吏一行がやはりロシア艦上で応接の際、蒸気車模型の運転を見せられて、つよい印象を与えられたようである。

しかし、日本人としては最初の実見体験として、このロシア軍艦上で彼等に供覧されたのは「円台に回走する七寸ばかりの蒸気車の雛形」[13]であり、また「シッホク台の上にて、回しみせたり、五寸ばかりもあるべし」[14]という玩具程度のものであったのにたいし、嘉永七年一月、再度浦賀に来航したアメリカ使節ペリーによってもたらされた蒸気車模型一組は、アメリカ大統領から日本国幕府の将軍への贈物となっていただけに、はるかに大きく立派なものであった。その模型は同年二月一五日陸揚げされて組立てられ、横浜応接所裏の地に軌道線路も仮設されて、同月二三日から何回かにわたり幕府の応接掛の役人をはじめとする多くの日本人の眼前で運転された。それは五五ミリの軌間をもつ円周軌条の上を、長さ二四二四ミリ、横幅一五一五ミリの炭水車付きの蒸気機関車が、長さ三四八五ミリ、横幅二一八二ミリの客車を牽いて一時間二〇マイルの速度で走るものであったという[15]。

この蒸気車模型は、たんなるmodelというよりも、むしろ実物をすこし縮少したといってよい位のかなり大きなものであり、かつその装置一式が実物同様に精密に製作整備されていたが、なお大人を車内に乗せることは出来かねた。ところが、その模型が何回目かに運転された二月二六日、アメリカ使節応接掛林大学頭の家塾長河田八之助があえてその車体の屋根の上にまたがって試乗するという出来事がおこった。

……その客車は極めて巧に製作された凝ったものではあったが、非常に小さいので、六才の子供をやっと運び得るだけであった。けれども日本人は、それに乗らないと承知ができなかった。そして車の中に入ることができないので、屋根の上に乗った。円を描いた軌道の上を一時間二十哩の速力で真面目くさった一人の役人がその寛かな衣服を風にひらひらさせながらぐるぐる回はってゐるのを見るのは、少からず滑稽な光景であった。彼は烈しい好奇心で歯をむいて笑ひながら屋根の端しに必死にしがみついてゐた……[16]

河田のこの行動を契機として、以後それにならう者が続出したようである。ペリーに随行して来た記録係フランシス・ホークスの報告からうかがうと、「日本人はこの不思議な乗物に乗ろうと決心した。レールが敷かれるとすぐ彼らは一乗りするために何時間も行列をつくって待った。『客車の収容限度内に人数を抑えることができず』、…『彼らは屋根に上ったり』端にしがみついたりして、勢いよく軌道を回った。着物は風になびき、『喜びのあまり口をほころばし』汽笛が鳴るたびに、彼らは熱狂的な叫び声をあげた[17]」。

さて、当時江戸の福山藩邸奥勤となっていた江木鰐水は、同年二月二五日横浜に赴き幕吏とアメリカ使節団との折衝の状況を視察し、件の蒸気車模型をまぢかに見たことは、さきに掲げた明治六年の日記中の回想としてふれてあるとおりである。しかしながら、現存する『江木鰐水日記』中に嘉永七年当時の日記にあたる部分を欠いているために、より直接的なその所見・印象をうかがうことができないのはやむをえない。

この蒸気車模型は、その後伊豆韮山代官江川太郎左衛門（当時幕府海防掛勘定吟味役格）の手によって江戸城内に移され、将軍以下幕閣の高官たちの眼前で運転されることになり、その場に臨んだ人々につよい感銘をあたえた。

鉄道にたいする日本人の関心はようやく高まりを示し、諸藩においても蒸気車模型の製作は安政二年（一八五五）の佐賀藩をはじめとして薩摩藩・福岡藩などで見られたし、また長州藩や加賀藩では外国製の蒸気車模型を入手して運転をおこなうなどの動きがみられた。

しかし、そうした模型のレベルを脱して、実物の蒸気鉄道としては、安政五年(一八五八)長崎の飽ノ浦においてオランダ人の手により敷設され運転されたのが、わが国最初の事例と推測されている[18]。また文久年間から慶応の初期にかけての間に同じ長崎の大浦海岸においてグラバー商会の手により軌道が敷設され、イギリス製の蒸気車(小型機関車に二輛の客車を連結したもの)が公衆の面前で運転され、住民も乗せていたことがほぼ確認されている[19]。

幕末期日本人の鉄道体験としては、以上述べたほかに、開国以後の対外折衝のため幕府の命を帯びて欧米へ派遣されたわが使節団の人々や、また藩命を受けあるいは密出国により渡欧した留学生のグループの場合を逸してはなるまい。それらは、当時の日本人としてはすぐれて高度な知的水準にある人々の体験や観察であっただけに、その見聞・学習を通じて彼等がわが国に大量に鉄道知識・情報を導入し、同胞を啓蒙するところ大きいものがあったからである。

たとえば、万延元年(一八六〇)「日米修好通商条約」批准書交換のため渡米した外国奉行新見豊前守正興を正使とする使節団の副使村垣淡路守範正の『遣米使日記』をはじめとして、一行中の有志の手により『航米日録』(玉虫左太夫誼茂)・『航海日記』(柳川当清)・『米行日記』(佐藤秀長)・『奉使日録』(村上伯元)など、それぞれの旅行日記において鉄道についての観察や感想をしるしたものが遺されることになった。また、文久二年(一八六二)条約締結国への儀礼訪問のため渡欧した勘定奉行兼外国奉行竹内下野守保徳を正使とする使節団の場合にも『遣欧使節航海日録』・『尾蠅欧行漫録』などの記録を通じて鉄道に関する情報がつたえられたのである。なお、幕府の外交路線がしだいにフランス寄りになるにつれて、文久三年(一八六三)外国奉行池田筑後守長発一行、慶応元年

（一八六五）同柴田日向守剛中一行、同三年（一八六七）民部大輔徳川昭武一行がそれぞれ使節団として渡仏しているが、このうち柴田剛中に随行した岡田摂蔵の『航西小記』、徳川昭武に随行した渋沢栄一の『航西日記』にはそれぞれ途中スエズ地峡で蒸気鉄道に搭乗した印象を書きとどめている。

以上のうち、とくに竹内下野守保徳一行に通訳翻訳掛として随行した福沢諭吉は、その後『西洋事情』を著述して当時の欧米文化の先進的な実情を詳細に紹介し、慶応二年（一八六六）刊行されるや文明開化の啓蒙書として広く世に迎えられたが、とりわけ同書（初編巻之一）中に「蒸気車」の項[20]を立てて、鉄道の車輌・軌条など施設面の具体的な説明に加えて、鉄道という近代的交通機関の社会的・経済的役割の大きさについて強調してあるために、これが当時幕末維新期の日本人一般に鉄道を認識させる有力な契機となったといえよう。

さらにまた、上述幕末留学生グループのうち、文久三年（一八六三）五月、同藩の同志数人とともに密出国し渡英した長州藩士野村弥吉（井上勝）がロンドン大学において鉄道建設・鉱山開発などの技術を習得し、明治元年（一八六八）一一月帰国ののち、わが国における鉄道事業について、その初期建設・創業時から最高指導者としてその発達普及に献身したことは、あらためて述べるまでもないであろう。

以上要するに、幕末維新期においてすでに日本人は、さまざまの機会にいろいろなかたちで鉄道についての体験や情報をわがものとしてその認識をふかめつつあった。

しかしある意味では、それは直接外国人と接触する機会にめぐまれた幕府の高官・外交当局者か雄藩の先覚的な武士あるいは学者・知識人など、要するに当時の一にぎりの支配者・教養人クラスに属する日本人におおむね限られていたといえよう。

また、たとえ福沢諭吉のような西洋文明紹介者・啓蒙家たちの書物が、たとえばその『西洋事情』が版を重ねて一五万部、偽版をあわせると三〇万部といわれるように、ひろく国内読書界に普及し一般に新知識として受容されたとしても、それは所詮、近代国民教育制度整備確立前夜の、一部知識階級だけの文字・読書を通じての間接的な認識にとどまっていた。

そして、日本人一般に、鉄道の実物的・直接的体験の機会が開かれるのは、やはり明治五年（一八七二）の新橋・横浜間を嚆矢とする鉄道の開業でなければならなかったのである。

三　鰐水の鉄道体験の意義と評価

私が、江木鰐水の『日記』からうかがい得たその鉄道体験を重視するのは、まず、それが明治初期の平均的な日本人——市民レベルにおけるものであるからである。鰐水はすでに明治三年（一八七〇）一二月、福山藩兵学校教官を免じられており、翌四年七月の廃藩置県に動揺する郷国の再建をはかって士族授産・産業開発のために官民の間の斡旋や調査に奔走する地方の一有志家にすぎなくなっていた。彼はもはや封建時代の特権階級の一員ではなく、いまや士族とはいえ一介の民間人として、もとより官命を帯びての出張でもなく私用を弁ずる旅の帰途、たまたま多くの乗客に伍してはじめて「陸蒸気」に乗ったのである。

わが国の公共的交通機関としての鉄道は明治五年（一八七二）五月七日、品川・横浜間の単線鉄道が一日二往復で仮開業されたことに事実上はじまったが、その後新橋・品川間の線路建設が完工して、同年九月一二日の歴史的な開業式の翌一三日から、新橋・横浜間二九キロメートル——中間に品川・川崎・鶴見・神奈川の四駅——の一般旅客営業が開始され一日九往復の旅客列車が運行されるようになった。同路線に投入された車輛はすべてイギリス製で、明治五年末において機関車一〇輛、客車五八輛、貨車七五輛を擁していた。客車の乗車定員は上等一八人、中等二二人、下等三〇～三六人となっており、新橋・横浜間の大人運賃は上等一円一二銭五厘、中等七五銭、下等三七銭五厘、四歳以上一二歳未満の小児はその半額であった。正式開業の九月一三日から同月一八日までの六日間の輸送人員は二一七〇八人、収入七九〇三ドルとイギリスの雑誌“The Railway News”（一八七三年一月一一日付）は報じている。[21] 翌六年五月一日、旅客列車は一日一二往復に増便された。鍔水の日記にも「蒸気車、毎日十二往来、一秒時為三間」[22]と見える。彼はその増便後間もない五月九日、品川駅から中等車に乗込み、横浜へ赴いたのであった。

わが国において、鉄道の開通創業を見て以来、この革命的な近代の公共交通機関が、日夜その現実的・即物的効果を通じて、久しく伝統的な社会・文化の中に生きてきた日本人の感覚や認識のうえにいかなる影響を及ぼしたかという問題は、わが国の「近代化」の歴史的意義をよりふかく問いなおすひとつの手がかりとなるであろう。しかしながら、従来この国における鉄道史の記述においては、むしろ創業前史として西洋近代文明の象徴たる鉄道との接触の機会と新知識としての受容とによる精神的インパクトが、国家的盛儀としての鉄道開通式の国民的感動のうちに昇華してしまい、それ以後は政治・経済上の国家的統一のシステムまたは公共的大量高速安全な交通機関としての役割の実現が強調されるか、あるいは文明開化の一景物として象徴化されるにとどまっている。そして一般人の日常的な体験のレベルにおいて現実の鉄道開通のもたらした効果・影響についてはかえって看過されていたきらいがある。

私は、もとより鉄道創業をたんに維新政府功業史・明治国家建設史の一環として、ないし文明開化の一景物として把握するのではなく、いわんやまた幕末段階の偶然的・例外的・限定的なケースとしての鉄道情報との接触ないし実地体験を重視するよりも、やはり実際の開業以後のより一般的・日常的大量現象としての鉄道体験のほうに、日本の「近代化」における鉄道の普遍的な意義をより多く見出し得ると判断した。その意味で、本稿でとりあげた鰐水の乗車体験は、創業期の鉄道を利用した人々の一般的・日常的レベルにおけるもの、すなわち日本人乗客大衆の一人としてのものであると同時に、当代第一級の知識人としての彼自身の観察を内包しているところから、きわめて重要なものであると思われる。

あえていうならば、私は、鰐水その人が、鉄道に関してその実際的効用を積極的に唱道するいわゆる先覚的啓蒙家流ではなかったからこそ、かえってその鉄道体験の記述にそれなりの真実性・客観性があるものとして評価したいのである。それは、ひさしく伝統的な文化・価値体系の中に生きてきた類型的な一日本人が、鉄道文明の実現を契機として体験した内的革命を証言するものであるからにほかならない。鰐水がはじめて汽車に乗って、はからずも地動説の理を感得したということは、彼の現身をかりた伝統的日本人の近代的世界観への「コペルニクス」的転回を意味するものではあるまいか。むしろ鰐水の鉄道体験は、彼個人にとってよりも、伝統的日本人の認識の体系の「近代化」という、より一般的な次元において重要なのである。

その一方、鰐水その人にとっては「嗟乎、戠二十年前、彼理之来於横浜、観気車之雛形及伝信機」（『日記』前引）という開国当時の僥倖ともいうべき見聞も、たんに往時の回想の一断片にすぎず、あらためて二〇年後の実際の鉄道初搭乗時の開眼的体験も、ついに彼をして「鉄道宗」の信者たらしめるには至らなかった。むしろ、鰐水をよりつよく捉えたのは、その汽車から降り立った横浜の「碧海蒼田須臾之事、今変為繁華之街衢、今繁華為皇国交易場第一、神戸不及也(23)」という発展ぶりであり、その象徴ともいうべき瓦斯灯の光輝と水道施設とであった。そして、瓦斯灯については「気灯属驕奢之具(24)」、「為非急務(25)」と判断する一方、水道施設については「如水日夜所用、人間必用之品、故横浜之偉挙、非気灯、在導玉川之水注之浜街(26)」と高く評価し、それが未完成ながら「若成就学之、処々之水論可起也、若此水道而成、其功在気灯之上数等[27]」と述べている。鉄道や瓦斯灯よりも、水道水利施設にたいする鰐水のこうした関心の深さは、かつて藩政時代末期、福山藩による殖産興業政策の一環としての新田開発事業の一部が維新廃藩以後に持越され[28]、いまや彼みずからそれに挺身しつつある郷土産業振興計画にかかわっているという問題意識の切実さからであろう。

その後、同五月二六日、福山に帰った鰐水はふたたび桑樹栽培・養蚕教授所の運営・農業水利その他、士族授産・地元経済開発のために各方面に精力的に奔走することになったが、とくに翌々月の七月中旬に至って、福山の第一四区の地に大製糸所を経営するという計画をあきらかにした。すなわち「福山ハ養蚕ニ於テ、天地ノ二利ヲ得タリ（略）此利ハ実ニ人力ニテハ決シテ難得モノニテ、天地自然ノ恵ニテ、其地ニ備ハル利ナリ、蒸気車・伝信機等ノ奇巧ハ、奇妙天功ヲ奪エ𪜈、人力ニテナス可、只養蚕天地二利ハ、人力ニテハ決シテ難得、自然ト天地ノ其処ニ恵ム公利ナリ、天地恩恵ノ公利ヲ基儘ニ空シクスル事、天ニ背ナリ、此ハ人力ヲ可尽所ナリ[29]」として、およそ八八〇〇人余にのぼる旧福山藩の失業士族のために生計の方途を拓く目的をもって、まず恵まれた水利を活用して大型の水車を設置し、廃城後の福山城本丸の地に存する既設建物を転用して養蚕・製糸所とする計画であり、あわせて城北の小丸山において鰐水もかねて関係していた「趣法桑」を福山養蚕教授所付属とされたい旨当局に出願している[30]。

鰐水の陰陽連絡交通ルート構想——結びにかえて——

要するに、鰐水に代表されるような、伝統的な価値体系を拠りどころとする幕末維新—明治初期の平均的日本人の意識においては、その鉄道体験は、たとえば地動説の学理の感得というコペルニクス的転回の一契機ともなりながら、「奇妙天功ヲ奪」うほどのその「奇巧」も所詮「人力」の限界内においてその可能性を拡大したにとどまるものとされ、「人力」はあくまでも「天地ノ二利」すなわち風土的・地理的要因の制約のもとにあるがゆえに、鰐水はむしろ「人力」をその与えられた「天地ノ二利」の開発活用に結びつけることにより以上の有効性を見出したのであった。こうした姿勢を当時の文明開化路線への反動と片付けることはあまりにも安易に過ぎよう。それは、まさしく維新直後の困難な財政状況下に、あえて急速な「上から」の産業経済近代化施策を官業経営を基軸にして推進しつつあった明治政府から、ほとんど積極的な援助を期待できぬ旧譜代藩の士族団がいまやみずからの力で生きんがための唯一の現実的な方途にほかならなかった。彼等は、旧藩時代より城下領内六郡の救恤慈善公益事業基金として機能していた「義倉」[31]の資金援助にすがり旧城地の払下げを受け、養蚕製糸業経営を企画し、城の濠において養魚を事業化することさえ考えたのである[32]。そして鰐水は、地元の民間一有志というよりも、旧藩時代以来の士族団の指導者としての使命感から、こうした授産事業の推進に労苦をいとわなかったのであった。

また、そうした地味な伝統的農村工業に基づく経済自立路線は、革新的資本設備たる鉄道や瓦斯灯などに象徴される中央大都市に重点的・偏重的な「上から」の近代化施策から疎外されたより多くの地方社会の停滞的状況下、在地の官民有志者クラスがひとしく選んだそれなりの「下から」の近代化の動きにほかならなかった。そして、それが近代化を志向するものであるかぎり、もはや旧藩国の意識の枠を越えた展望をもつものでなければならなかったのである。

明治という新しい時代を迎え、あらたな展望の下に郷国・郷党の経済の安定・発展を目指す鰐水としては、福山を中国地方中央部の商品流通圏の核都市たらしむべくその商権の強化につながる山陽山陰連絡輸送ルートをいちはやく開設する必要が痛感されたのではあるまいか。彼は、さきに幕末征長の役に石州方面戦線に従軍して三《み》次《よし》の地に陣営していた際、軍事的見地から探った「芸・石山河」の調査結果を補足して、未踏査の備後国北部の「山脈水理」をあきらかにすることにより、地形をトして芦田川・吉田川（↓江ノ川）二河川の間に陸上ルートを開き、それぞれの舟運を利用して日本海側と瀬戸内海側とを結ぶという大きな構想を抱くに至った。かくて、鰐水は、明治七年（一八七二）一月下旬より翌二月中旬までの間「吉舎・上下・坂根一帯之地」を現地調査してまわり「水陸相接舟車相済新路」の計画をまとめた。それによれば「新路ノ経ル処、市聚ノ地、郷田津石州三田ノ一・三次・吉舎・上下・府中・横尾・福山、七都会繁昌ヲ助ク、福山ヲ最トス、吉田・庄原・西城モ此ニ次、凡十ケ市」と、その経済効果が予想されている。[33]

ここですぐれて興味ぶかいのは、この時鰐水が描いた地方経済近代化の動脈ともいうべきこの陰陽連絡交通ルートのイメージが、はるか後年になって実現した国有鉄道（現在のＪＲ福塩線および同三江線）ルートの先取りとなっていることである。

たしかに、その『日記』に見るかぎり、鰐水はわが国での創業後間もなく鉄道を初体験してからあと、およそ鉄道という近代交通機関に関心を示さなかったようである。また、彼は鉄道初体験の翌年、あらたに陰陽を結ぶ水陸連絡による人貨交流の新路を計画しているが、これはかならずしも彼自身の鉄道初体験を直接の契機とするものではなかったと見てよい。

しかし、鰐水の死後幾十年を経て、その「新路」ルートにほぼ従って鉄道が実現したことから逆照射してみれば、彼が自身の初体験から感得した鉄道認識は、直ちに何らかの具体的実践に結びつくには時期尚早であったものの、やがて時機を得て国内陸上交通の近代化へと展開するだけの合理性を包含していたといえよう。とはいえ、鰐水がその初体験早々に構想した地方経済重点化ルートに鉄道が実現するのには、彼の歿後さらに数十年を要したのである。

(1) 森鷗外「妄想」(『鷗外全集：第八巻』、岩波書店、昭和四七年、二〇三頁)。
(2) 東京大学史料編纂所編『大日本古記録：江木鰐水日記・下』(岩波書店、昭和三一年三月) 解題・年譜、および浜本鶴賓編『福山の今昔』(立石岩三郎刊、大正六年四月)。
(3) 浜本前掲書、一七〇頁。
(4) 「明治四未日記二、同五年日記添、東京日記」(前掲『日記』) 一一七頁。
(5) 同右、一一八頁。
(6) 「明治六西帰過京摂日記」(前掲『日記』) 一五九頁。
(7) 原種行『近世科学史』(山雅房、昭和一五年) 三〇～四頁。
(8) 杉本勲編『科学史：体系日本史叢書一九』(山川出版社、昭和四二年) 一九三頁。
(9) 桑木彧雄「本木仁太夫良永の事績」(『科学史考』、河出書房、昭和一九年) 九八頁。
(10) 杉本編前掲書、二八七頁。
(11) 「ペルリ提督日本遠征記」(『日本国有鉄道百年史：第一巻』、日本国有鉄道、昭和四四年、八頁)。
(12) イワン・A・ゴンチャロフ「日本渡航記」(同右) 一四頁。
(13) 「鍋島直正公伝」(同右) 一三頁。
(14) 川路聖謨「長崎日記之一」(同右) 一三頁。
(15) 同右、一五頁以下。
(16) 「ペルリ提督日本遠征記」(同右) 一七頁。
(17) パット・バー(内藤豊訳)『鹿鳴館――やって来た異人たち――』(早川書房、昭和四七年) 二六～七頁。
(18) 『日本国有鉄道百年史：第一巻』二二～三頁。
(19) 同右、二三～五頁。

(20)『福沢諭吉全集：第一巻』（岩波書店、昭和三三年）三一五～六頁。
(21)『日本国有鉄道百年史：第一巻』一〇二頁。
(22)「明治四未日記二、同五年日記添、東京日記」（前掲『日記』）一一七頁。
(23)『日記』一六〇頁。
(24)同右、一一八頁。
(25)同右、一六一頁。
(26)同右、一六一頁。
(27)同右、一六一頁。
(28)福山水道史編纂委員会編『福山水道史』（福山市水道局、昭和四三年三月）五五頁以下。
(29)『日記』一八〇頁。
(30)同右、一八二～六頁。
(31)浜本前掲書、二六一頁、『日記』一九三頁。
(32)『日記』一九三～五頁。
(33)同右、二一〇～八頁。

【参考】「鰐水江木先生之碑」々銘

鰐水江木先生碑　後学　備中興譲館教授坂田丈平撰

　鰐水江木先生之墓在東京谷中三島中洲応嗣子保男請銘之頃門人相議曰中州所撰猶有逸事且先師仕福山藩三十余年学宗洛閩而通経済該兵法夙夜黽勉遺愛不鮮是宜表示于士人也請建碑福山城址旧藩主阿部伯及親戚故旧凡追思先生者咸嘉而捐資属丈平撰文丈平旧知先生義不得辞叙曰先生諱戩字晋才通称繁太郎鰐水其号又号三鹿原姓福原氏世住芸州豊田郡戸野村考与曾八君為里正先生其第三子也甫十四才来福山学医五十川菽斉刻苦数年菽斉器之妻以其女継通家江木氏之絶因冒其氏既而出遊修儒業在大阪師篠崎小竹在京師師頼山陽而在江戸師古賀侗庵又就清水赤城学長沼流兵法観戦迹地理于諸州名声漸著藩主良徳公辟籍士班給俸若干再修学江戸天保季年業成帰擢儒学教授旁開家塾久之公恢張学制先生与有力焉尋兼軍学師範嘉永中米利堅遣使来求通商時鎖国日久外情未審論者多主攘夷公方為幕府老中首席特召先生与一二臣備顧問先生素洞見海外形勢一日承旨傔従館伴竊

候使者動止益有所悟断然排攘夷説其後外交稍開而西洋学猶為世所斥先生独就訳書斟酌西洋銃陣法建議革新藩内兵制又命二子
往長崎学洋学識者称為通儒元治中長藩人騒擾京師幕府興師征之前後二役藩主亦従之先生毎参軍務時諸侯寝不服徳川氏隠然伏
禍機先生建議曰守備之本在牙城而吾城背徒恃竹樹遮蔽莫有防禦之設宜急築胸壁衆僉曰防敵之要在国境若初事退守士気沮衷胸
壁何為先生固執不動議遂見用躬運土石督工甚力未幾王師討徳川氏雄藩勤王者争発兵問諸侯向背而長藩兵猝囲福山未及応答潜
逼城後砲戦数合竟不得登以有胸壁也衆乃服王師尋討竄賊箱館藩兵奉命従焉人以先生老止行不聴渡海入険鞅掌踰歳賊降而帰官
賜賞禄頃之致仕朝廷徴擬大学教官謝老不出初先生筮仕後度友山岡源左衛門与倶登城南丘上望見山川慨然曰宿患未除吾老矣嘱
之吾子益封内自古以芦田川潰決及港湾淤塞為患故云先生感激以為己任爾来百方経画困而益勉人呼水狂不顧也及藩城廃始画用
溝池之計曰傍川鑿運渠以分流起府中至城之西北甲崎設一大閘引而経蓮池通之城溝川水有殺可以免潰決且得上游物貨輸積福山
矣濠与港接処更大其閘蓄洩以時噴水之力自能掃蕩淤泥矣港口沮洳墾而植桑麻或者塩其入足以充運渠修理矣備定工費支弁法及
規約屢建言管庁終不用後之任此間水利者有採以考歟先生起自布衣歴事四世進班番頭格既辞徴依嗣子高遠于東京以明治十四年
十月八日歿距生文化七年十二月二十一日享寿七十二前配五十川氏蚤亡継室以其姪生七男曰某曰千之進皆殤曰乾吉遊学獲病自
長崎帰亡曰賞士後改高遠以洋学名官至外務省一等書記官蚤世曰保男乾吉以下相及承世曰松四郎曰信五郎皆別家先生状貌清臞
長不盈五尺体健気壮夙以勤学称倦極凴机齁齁覚則復読同舎人未嘗覩其解衣就寝又喜凌険習労健歩驚人而天資真率不喜華靡不
設崖岸宜于親戚敦于師友講経導子弟勉用平夷語反復懇到聴者悦服恒言成業在勉強覩士卒怯怖者則曰坐不勉強耳勉強則死亦不
足怖称先師則曰為山陽不在才而在勉強語養生則曰流水不腐戸枢不蠹嗚呼先生以勉強立身以勉強終身宜乎其言之反復丁寧也所
著有客窻漫録山陽行状孫子注詩文集若干巻

明治二十七年十月

従四位伯爵　阿部正桓篆額

妻弟五十川左武郎書

井亀泉刻字

（裏面）

建碑費義捐人　市川又三郎

（ほか六八人）

（在福山城公園内）

維新政府官僚安場保和の鉄道初体験と日本鉄道会社の設立

はじめに

安場保和は、旧藩武士身分から明治維新を経て太政官政府の高級官僚として、幾つかの要職を歴任、のち各地の地方長官を勤め、内治の多方面に見るべき業績を挙げた人物である。しかしその治績の大きさにも拘わらず、その人物像はあまり世に知られていない。そこで本稿では、わが国の鉄道史の視点から安場の公的活動の主要な一面である私設日本鉄道会社の計画とその実現に至る同人の役割を明らかにしたいと思う。

本邦鉄道創業百年を記念して、鉄道の歴史に名を遺した先覚者内外五八二名の人物を顕彰する人名事典としての『鉄道先人録』(1)に記載された安場保和の記述は、次の通りである。

天保六年（一八三五）熊本藩士の家に生まれ、つとに横井小楠に学んで勤王の志厚く、王事につくして功あり。明治二年胆沢県、翌三年酒田県にそれぞれ大参事を勤め、五年一月岩倉大使に随行して欧米各国を巡遊し同年五月帰朝。のち福島、愛知各県令、元老院議官等を経て一九年二月福岡県知事に任ぜられる。この間、明治一一年には安川繁成、高崎正風らとともに東京・青森間鉄道の敷設を計画、ついで一四年二月には日本鉄道会社首唱発起人に選ばれて会社設立に力をそそぎ、ついに同年一二月会社成立するにいたる。こえて一七年六月上野停車場において鉄道開業式が挙行されるや『日本鉄道会社濫觴概記』を陛下に奉呈。また福岡県知事在任中の二〇年二月には九州鉄道会社発起人から提出された同社創立願書を内閣に申達するなど鉄道の発達につくした。

明治二五年七月愛知県知事、三〇年九月北海道庁長官を歴任。その間二五年には貴族院議員となり、二九年男爵を授けられる。なお伯爵後藤新平は彼の女婿である。

明治三二年五月二三日麻布一本松町の自邸において病歿。六四才。

わが国の鉄道創業期において安場が果たした先覚者としての役割の大きさは、こうした文献を通して一般的にも認知されているといえよう。

一　安場保和の鉄道関与と岩倉使節団への参加

安場保和は愛知県令在任中の明治一一年(一八七八)頃から、同志と共に東京・青森間鉄道の建設を計画し論議を重ね、政府への働きかけに奔走することになった。安場にとってその事業が日本の国家社会に果たすべき役割の大きさに加えて、かつて自ら胆沢県大参事・福島県令として治政上関わりをもった東北地方振興への強い思いが、彼をしてその計画の実現に向けて主導的に取組ませたものであろう。それが、のち明治一四年(一八八一)一二月に設立された私設日本鉄道会社である。それはやがて上野・福島・仙台・盛岡・青森間、日暮里・水戸・岩沼間および大宮・前橋間をそれぞれ結ぶ路線を柱とする関東・東北地方の一大鉄道幹線網となり、その後国有化され日本国有鉄道(現ＪＲ)東北本線・常磐線・高崎線その他として国内の貨客輸送に大きな役割を担うことになった。

いわゆる「良二千石《せき》」としてその人生の大半を全国各地方の治政に挺身した安場は、その職掌柄、地方振興上欠かせぬ施策として日本鉄道会社のほか九州鉄道会社についてもその設立に関わるなど、明治前期の地方長官としてはすぐれて鉄道問題に積極的に取組んだ人物であった。そのことを裏付ける根拠として、わが国における鉄道史研究上の基本文献の中でも第一級の古典とされる『日本鉄道史』（上中下三篇、鉄道省編刊、大正一〇年）が挙げられる。同書の本文中、安場保和に関する記述の所出は、その下篇付載の索引によれば次の通りである。

岩倉具視
　安場保和等ノ鉄道会社経営ニ関スル建議賛同（上篇三九八頁）
島　惟精
　安場保和等ノ鉄道経営発起賛同（同三九六頁）
深津無一
　安場保和等ノ鉄道経営発起ニ賛同（同右）
松平正直
　安場保和等ノ鉄道経営発起賛同（同右）
安場邸ノ鉄道起業相談会（同右）
安場保和
　東京青森間鉄道企画（同三九五頁）
岩倉右大臣ニ鉄道会社条令案其他ノ建議書ヲ呈ス（同三九六頁）
岩倉右大臣ヨリ鉄道経営ニ関シ諭旨ヲ受ク（同三九九頁）

鉄道会社創立発起人（同右）
日本鉄道開通式ニテ日本鉄道会社濫觴概況《ママ》奉呈（同七一六頁）
鉄道民設ニ関シ意見上申（同八四七頁）
九州鉄道創立願書ニ対シ添申（同八五三頁）
金辺鉄道取締役（中篇六七八頁）

山吉盛典
安場保和等ノ鉄道経営発起賛同（上篇三九六頁）

これが、政府部内の鉄道行政や民間の鉄道事業に専従していない人物としては、けっしてすくない数ではないのである。そこに、安場保和の公人としての事績における鉄道との関わりの深さが読みとれよう。

さて、わが国が、旧幕府による二百数十年に及ぶ鎖国政策のマイナス面として、西欧諸国の政治・思想・産業・技術の近代的進展に大きく遅れを取り、世界の大勢を認識していなかったことは否めぬ歴史的事実である。その結果、近代的統一国家体制の基幹的循環系統ともいうべき鉄道の実現についても、わが国はその創業年次の上で欧米各国に比して約半世紀後塵を拝し国別の順位では実に四〇番目と、西欧列強支配下の植民地国家群の下位に立つ有様であった。そうした近代化のハンディキャップを主体的に克服せぬかぎり、それは政治的独立・経済的自立の成否にも関わり、わが国は西欧列強の植民地的支配に貶される危険さえあったといえよう。

そうした局面を打開して明治維新の改革を推進した新政府の指導者たちは、わが国の近代化施策の第一着手として明治二年というすぐれて早い時期に鉄道の導入に踏み切り、曲折はあったが、明治五年（一八七二）九月に政府直営の形で新橋・横浜間鉄道の開業を迎えたのであった。

しかしながら、維新早々にして国政の全般にわたり急速に近代化の諸政策・施設を進めねばならぬ政府としては、その多端にして巨額の国費支出に対応すべき租税収入が伸び悩み、国庫は慢性的な財政難に陥り、そのために政府による国内要所の鉄道の建設が思うにまかせぬ状況となった。

こうした事態を重く見た国内官民の指導者有志の間から、民間資本を糾合して財源を作り、政府に肩がわりして重点的に民営鉄道を建設し、あるいは既設官営鉄道の払下げを受けて事業を運営しようとする計画が動き出してきた。その起業主体は、かつての旧体制下の家禄資産を近代的資本に転化して新経済体制下に延命を計ろうとする有力華族・上級士族グループであった。そのなかで、安場を中心とする士族有志者の動きが成功的に展開して、結果として国内幹線鉄道としてはわが国最初の私有鉄道企業である日本鉄道会社の設立・路線建設を実現し、それ以後の国内鉄道網の形成・発達の基盤の一角を造り、ひいては世界の列強に比肩すべき鉄道大国日本への前途を拓いたのである。

ところで、わが国の鉄道事業がそこに至るまでの長い道程のその当初において、明治の新政府の中枢に在ってイギリスを相手に鉄道導入の交渉に当っていた大隈重信（当時民部兼大蔵大輔）さえ、鉄道の「ゲージ」とは如何なるものか知らなかったという。他は推して知るべき日本人一般の鉄道認識のレヴェルに安場もとどまっていたと見てよかろう。しかも彼は維新早々に政府の中堅官僚の座を占めていたとはいえ、工部省の専門技術官僚のように鉄道に関する情報・知識に日常身辺に接しておのずから鉄道認識を深める立場にはなかった。その安場をして、数年後に、地方庁とはいえ長官という多端な任務のかたわら鉄道問題に主導的に関わらしめ、日本鉄道会社の設立に向けての運動に熱心に取り組ませた動機は何であったのであろうか。

それは、彼が明治政府に出仕して早々の明治四年から五年にかけて、時の右大臣岩倉具視を特命全権大使とするいわゆる「岩倉使節団」の一員として「随行」を命ぜられアメリカ合衆国に渡航し、サンフランシスコ近郊鉄道や大陸横断鉄道など各地の鉄道を初体験してその実態に触れ見聞を広め、彼なりの鉄道認識を深めたことと大きく関わっていよう。

安場（当時大蔵省租税権頭）が岩倉使節団に加えられたのは副使となった上司（大蔵卿）大久保利通の推挽によったとされるが、その人選については、そもそも明治政府に欧米使節団の派遣を最初に提言したグイド・フルベッキの意向が反映したという説もある。すなわち、「フルベッキは建言書の中で、頑強な保守派（「攘夷家」）を数名使節団に加えるよう提案していた。それによって使節団と彼らの思想の歩み寄りを図ることができると考えたのである。安場保和が一行に加えられた背景には、このような思惑が働いていたといえよう。彼はアラビヤ数字に慣れることがどうしてもできなかったし、自分の要望を表現することはおろかホテルの部屋を捜すことさえできない有様だった。もっとも安場は横井小楠の門下であったから、必ずしも反動的な保守派だったとは言えまい」[2]（マリウス・ジャンセン稿）。（傍点引用者、以下同）

たしかに、安場は同時代の森有礼あたりとくらべると、いかにも武骨な肥後の武士出身らしく欧風に馴染めぬ旧人物という印象はあったかもしれない。それゆえ「肥後横井派の古武士風のこの人物」「頑固な攘夷主義者の……多少でもその精神を緩和させるために使節団へ加えられた」[3]というような、いささかステレオタイプに過ぎるコメントを加える論者もいる。しかし上掲のマリウス・ジャンセンの記述も後半では筆致をやや転じているように、安場はまさに横井小楠の薫陶を享けてつとに西洋文明や合理主義を理解し得る精神的素地をその身にそなえていた。もちろん、安場は旧幕時代の教養階層たる武士の一人として、開国以来の西欧舶来情報の流入のなかで鉄道という文明の利器の存在について仄聞していたとしても、その具体的な実像や機能について十分に認識するに至っていなかった。しかし、安場が明治時代に入ってかなり早い時期に鉄道事業について関心を強めたという事実を解明する鍵として、やはり彼の師としての横井小楠の教化は重要な意味をもつ。

すなわち、岡崎正道（日本思想史）によれば、「（横井）小楠の西洋評価のポイントは、①科学技術の進歩　②民富拡大と民力保護という、内治における民本主義の実効（略）といったところである。（略）政治思想家としての小楠の終生の課題は、①富国の実現のために、西洋文明の成果を皮相的な技術修得に陥らずに受容すること」[4]がまず第一に挙げられている。こうした思想の持主たる小楠を師と仰ぐ安場であったからこそ、維新早々の生まれて初めての海外旅行でアメリカ合衆国に滞在中、近代科学技術の一集大成ともいうべき蒸気鉄道への搭乗を初体験し、その革新的な施設や合理的な運営システムないし公共交通サーヴィスの実態を目のあたりにして、いちはやく鉄道文明の利便性とその政治的有用性を認識し、新時代・新社会の交通機関として、近代化をめざすわが国内での鉄道の拡充の必要性に開眼したものといえよう。

ただし、安場自身は、訪米時の自分の鉄道初体験の所感や鉄道のメリットを認識するに至った内外の諸事情について、すすんで語ることはなかったようである。そこで、安場自身、その一員としておそらくアメリカ合衆国滞在中、日々行動を共にしたとみてよい岩倉使節団の一行の現地回覧中、とくに移動手段としての鉄道の利用実態や、その観察対象とされた事物について『特命全権大使米欧回覧実記』（久米邦武編述、岩波文庫版）により、以下においてくわしく追跡してみたい。安場保和における鉄道認識の形成という事実を確認するには、本人自筆の一次史料を欠く現在では、そういう方法で「手さぐり」するしかないと思料されるからである。

もともと明治二年（一八六九）五月、当時新政府の顧問フルベッキの提案により大隈重信を正使とする使節団として構想されていた欧米視察団派遣の計画は、まもなくその後の国内政情の動揺や政府部内の藩閥間の複雑な力関係のなかで結局、同四年九月二七日に太政大臣三条実美の諒解をかちとって岩倉具視みずから正使となる使節団として実施されることになった。翌一〇月八日付の特命全権大使・副使以下、翌一一月上旬にかけて使節団メンバー四六名（横浜出航当時）が順次任命され、その他の随従者や留学生を併せて総勢一〇七名という洋行大集団が結成された。

ところで、安場保和の場合、関係文献あまたある中で、使節団の理事官に任命された戸籍頭田中光顕の随行として位置付けているものがあるが、辞令面では次のようになっている。

租税権頭　安場保和

今般特命全権大使欧米各国へ被差送候ニ付随行被仰付候事

辛未十一月三日(5)

すなわち、辞令面では理事官田中光顕の名は見えず、より上級の特命全権大使（岩倉具視）直属の随行と明らかに謳っている。そして田中理事官の随行としては、これより先、一〇月二二日付で田中が理事官任命と同時に特命全権大使兼務を命ぜられたのに伴い、すでに同日付で安場の下僚たる若山儀一（租税権助）ほか三名が田中理事官の随行として発令されているのである(6)。この事実は何を物語るものであろうか。

当時の情況から推察すれば、一〇月二二日付で田中の理事官任命・会計兼務の発令に伴う随行者人事として、当初その筆頭に安場が挙げられていたのを彼が固辞したため、やむを得ず彼（権頭）の次位（権助）の若山が発令されたのであろう。そして、安場の本件固辞の事由としては、彼に特有の一種の生理的西洋コンプレックスに加えて、旧藩以来、肌合いの違う土佐閥のエリートでしかも自分より八歳年少の高官の下風に立つのを、そのプライドが許さなかったとも考えられる。

しかし、かねてより安場の人物・才幹をよく知る中央政府の最有力者大久保利通が、安場の使節団参加のために彼の翻意をうながすべく水面下で工作したようである。(7) 大久保は、安場という人物が、先述のように熊本藩では横井小楠門下の逸材として知られ、ただ欧化に熱心な開明派でもなく、さりとて頑迷固陋な守旧派でもないというバランスのとれた人柄に着目し、今回の外遊体験・見聞が安場の公人としての今後の人生を大きくつき動かす何等かのプラスとなることを見込んで、彼をつよく説得し、とくに岩倉全権大使直属の随行という異例の人事により彼を使節団の一員に加えたのであろう。大久保の慧眼はさすがというべきである。安場がその後半生に主体的に取り組んだわが国最初の鉄道事業民営化——日本鉄道会社創立に傾注したエネルギーの源泉は、ゆくりなくも岩倉使節団一行に伍して、アメリカ合衆国内の旅行中に日々実感として身につけた鉄道についての独自の認識にほかならなかったのである。

こうして、安場保和をその一行に加えた岩倉使節団全員四八名は、明治四年(一八七一)一一月一〇日昼まえ東京を出発、渡米便船の出港地横浜へ移動した。このとき一行は、すでに品川・横浜間に建設完工済みの官設鉄道(未開業)の臨時列車を利用しており、厳密にはこれが安場にとっての鉄道初体験となる。しかしこれは独立した体験事例ではなく付随的なものにすぎず、事実の軽重からみても本稿の主題たるアメリカでの鉄道初体験の歴史的重味の前には取り立ててあげつらうまでもあるまい。使節団一行は翌々一二日午前一二時出帆の「太平会社《ママ》」(パシフィック・オーシャン汽船会社)所属の汽船「アメリカ」により米欧回覧洋行の途に就いた。其後一路航海つつがなく、同年一二月六日午前一〇時アメリカ合衆国サンフランシスコに到着してアメリカの地を踏み、ただちに同地のグランド・ホテルに入った。(8)

以後一行のアメリカ国内における公的な活動・行事のための移動の事実の跡および随時の観察・所感を、本使節団の一員たる久米邦武（権少外史・大使随行）の筆に成る旅行記録『特命全権大使米欧回覧実記・第一巻』（岩波文庫版、一九七七年九月）に拠り、とくにその移動手段（交通機関）に留意しながら確認していきたい。そのことは、とりもなおさず、元々英語に不慣れなため、旅行中を通じて単独行動をとることなく、できるかぎり使節団の地域間移動や公的な訪問・視察の一行に伍していたと思われる安場保和の、旅行中の大まかな動静をその記録の行間・紙背からうかがい知ることにより、現地における彼の体験・見聞の内容をかなり事実に近いところまで推測できるものと思われるからである。

岩倉一行はアメリカ入国から数日後の一二月一二日、地元の有力者二人に招待され彼等の邸宅を歴訪するため郊外の地まで鉄道で往復している。その記述を次に抄出しよう。

○「カリホーニャ」州銀行《バーク》ノ長、「テ、オ、ミールス」氏、「ウリヤム、シー、ラルストン」氏、両名ノ招キニヨリ、朝八時四十五分ニ、南太平駅ヨリ、蒸気車ニ上リ、西南十七英里ヲ走リ、「シルップラック」村ニ至ル、「ミールス」氏ノ宅ハ此村ニアリ、駅舎マテ馬車数乗ヲ出シテ迎フ、此日大使ハ病ニテ辞シ、副使ヲハシメ……豪姓数十名同伴ニテ其宅ニ至ル、此《ここ》ニテ昼食《ロンチ》ノ享応アリ、……十二時ニ「ミールス」氏ノ家ヲ辞シ、……夫《それ》ヨリ「ベルモント」村ニ至ル、桑港ヨリ此マテ二十七英里《マイル》、「ラルストン」ノ宅ハ、此村ニアリ、……此ニ休息スルコト数刻ヲ移ス、○スヘテ都府ヨリ五英里《マイル》十英里《マイル》ノ近在ニハ、皆如此《かくのごと》キ豪家ノ荘墅《そうしょ》アリ……少シク房産田宅アルモノハ、私宅ヲ廓外ニ所有シ、此ヲ常居トシ、日々汽車馬車ニテ都府ニ赴キ、商務ヲ弁スルコト、欧米一般ノ常俗ナリ、○夫レヨリ馬車ニテ駅舎ニ帰リ、再ヒ蒸気車ニ上リテ、六時ニ旅館ニ帰ル[9]

当日はおそらく安場も同行し、彼にとって鉄道による移動の本格的な初体験をしたと見てよかろう。同時に、鉄道という新施設があればこそ、都市人士の職住分離という近代社会の市民生活の新方式がすでにこの国では実現していることを、彼自身にとってもまのあたりに認識する機会であったにちがいないのである。

その翌一三日には、セントラル・パシフィック鉄道会社から招請をうけて、サンフランシスコと対岸オークランド間の湾内航運と鉄道との、オークランドの大桟橋における水陸連絡輸送の実況を現場で視察する機会に恵まれた。そのこともまた、国土の構造こそちがえ、同じように国内輸送の局面で水陸連絡の事例が多かるべきわが国の鉄道の計画について、後年の安場の取り組みにつながる処が大きかったと思われる。すなわち、

> 九時ヨリ「オ、クランド」往返ノ波止場ニ至リ、……蒸気船ニ上リテ「オ、クランド」ノ長桟橋《サンバシ》ニ達ス、○此長桟橋ハ「オ、クランド」ノ海浜ヨリ、長サ一英里余海上ヘ打出シタル桟橋ナリ、始メ桑港ヨリ「オ、クランド」ヘノ渡船ヲハシメ、陸地ノ蒸気車ト同時ニ至ルコトヲ約セシニ、車ハ常ニ早ク、船ハ常ニ後《おく》レタリ、且此辺ノ海ハ浅淤《せんお》ニシテ、鑿濬《ホリサラヘ》ニモ費ヲ耗《ついや》スユエ、協議シテ此桟橋ヲ打出シタリ、○桟橋ノ首ニハ、広キ場屋ヲ水上ニ建テ、船車乗替ノ駅トナス、故ニ汽船桟橋ノ駅舎ニ着スルトキハ島上ニ着セシカト疑ヒツヽ、車ニ上レハ、橋架上ニ敷キタル鉄道ヲ走ルヲミテ一驚セサルナシ……陸ヨリシテ船、船ヨリシテ陸、只気輪ノ動キテ波浪ノ跳《おど》ルヲ見レハ、已ニ身ヲ水上ニ託スルヲ知リ、汽笛鳴テ車輪ノ轟クヲ聞テ、始メテ脚ヲ陸地ニ措キタルヲ知ル、桑港ハ百事草創ノ都府ナレトモ、亦如此ノ建設アリ、米欧繁盛ノ都府ハ更ニ思ヒヤラレタリ[10]

さらに同月一六日にもふたたび前出の富豪ラルストンに招かれた一行は郊外のベルモントの邸宅を訪ねて鉄道で往復している。久米の記述によれば、同家では「馬車ヲ蔵スル十余輛、以テ蒸気駅マテ送迎ヲナス」[11]とあり、市民社会の上層部に限っての陸上交通の近代化の一次的な達成がうかがわれる。

翌一七日に一行はサンフランシスコを出発し東部へ向かう予定が、前途の山岳地帯の大雪のため鉄道線路や道路が埋まったので、当分の間出発を延期するの止むなきに至った。

そこで、翌一八日はオークランドの有力者の招待に応じ木戸副使以下一行は先日と同様サンフランシスコから湾内を対岸まで汽船で渡り、鉄道に連絡して例の「長桟橋ヨリ邑（オークランドを指す――引用者）中ノ駅ニ至ル、約半時間行ナリ(12)」と気晴らしの小旅行を楽しんだ。さらにのち二一日、一行は馬具製造工場を訪ねたあと「太平海ノ郵船会所ニ至リ、水揚《ミツアケ》ノ倉庫(13)」を見学している。

このとき内外商品流通の現場で関連施設の近代的整備の実態をまのあたりにした久米邦武は、その『回覧実記』のなかで当日の視察対象について詳細に書きとめたあと、項を改めてサンフランシスコがアメリカ合衆国の西の門戸として発達した地政学的事情を総括的に述べている。とくに同地の港市としての発展の一要因に「落機（ロッキー――引用者）ノ山ヲ絶テ、鉄路ヲ架シタレハ、海陸ノ運転マスマス自由ニテ、東西洋（大西洋と太平洋――同）往来ノ捷路(14)」となったことを挙げている。

しかもそれだけにとどまらず、久米はさらに続けて『回覧実記』の第五巻として別に「加利福尼州《カリホルニヤ》鉄道ノ記(15)」という一章を立て、近代アメリカの国家建設の一環としての、ゴールドラッシュを契機とする西部開発の歴史と現況について、その政治的背景・自然風土・人文の諸般にわたり縷々説き起こしているのである。同章の記述内容は、まさにその地からスタートした岩倉使節団一行の北米大陸横断という長途の旅行の最初の難関（ロッキー山脈越え）において、鉄道が果たした役割の大きさを本格的に体験した久米の胸中をうかがうに足るものといえよう。

二　岩倉使節団の大陸横断鉄道旅行

(1)サンフランシスコからサクラメント経由シエラネバダ越えソルトレークまで

　こうして明治四年（一八七二）一二月二二日午前七時、使節団一行はサンフランシスコの宿舎を出発、「例ノ蒸気船ニテ『オ、クランド』ノ長桟橋ノ波止場ニ至リ、『カリホーニヤ』太平会社ノ蒸気車ニ上ル、………此回一行ノ官員生徒、米公使『デロンク』一家、スベテ百余人、五車ヲ雇フテ発程ス、『オ、クランド』ノ波止《はと》ヨリ、桟橋ヲ渡リ、桑港東岸ノ海浜ヲ走ルコト、一時間行ニテ、東ニ折テ走レハ、海岸山ノ峡路ニカヽル、一川アリテ東ヨリ来ル、蒸気車ハ其峡ヲ走ル……一時間行ニテ一ノ隧道《トンネル》ニ入レハ、須臾《しゆゆ》ノ間ハ車中闇黒トナル、是ヲ走リ出レハ、山脈ハ後ニ廻リ、前ニ漠然タル平地開ク……東北ハ雲ニ際シ一点ノ山ヲ見ス、青草氈《もうせん》ノ如ク生シ、地ノ平カナル海面ノ如ク、中ニ樹木ノ隔モナシ[16]」というような、日本とはややかけ離れた車窓の景観に目を奪われつつ、日本人としてはおそらく最初の本格的な鉄道旅行が始まった。

　ところで、一行に伍して安場保和も乗っているその列車が越えつつある「此平野ニ一条ノ大河流ル、即チ『サンジョーキム』河ナリ、三百五十英里《マイル》ノ長流ニテ、本州南部ノ諸河ヲ合タル巨流ナリ、地平《たいら》カナレハ、水勢モ亦緩漫《かんまん》ニ、処々へ溢レテ、沼地沮沢《そたく》ヲナシ、猶伯禹《はくう》カ出テ、水ヲシテ土中ヲ行シムルノ日ヲ待モノナリ[17]」というような治水未着手のまま荒蕪にゆだねられた国土の景観は、つい近年まで祖国の辺境で開発途上の陸奥国胆沢県大参事として僻地の開発行政にたずさわっていた安場にとって、無心に眺めて過ぎるということができるものであったかどうか。上掲の文章に続けて「鉄道ノ傍ニハ、岐路ノ線ヲ分チ、数条ノ鉄路ヲ、湿艸荒蕪《しつそうこうぶ》ノ中ニ敷タルヲミル、荒地ノ開拓ハ、運送ノ道路ヲ開クヲ、着手ノ始メトス[18]」と記述した久米の所感に、同車の安場の思いも限りなく近かったのではあるまいか。

その時の安場の旅窓の感懐の遙かな行手に、わが国の僻遠みちのくの野をまっすぐ貫く日本鉄道の一条の鉄路のイメージを後世の我々が思い浮かべるのも、あながち見当はずれなことでもあるまい。

使節団一行はその日の午後ストックトンの町を経て夕刻にカリフォルニアの州都サクラメントに到着、宿舎に入り、翌二三日は同地に滞在して午前中鉄道会社の「蒸気軸車《ロコモチーフ》製造場」を見学している。久米の『回覧実記』によれば「現今当州ヨリ落機山《ロッキー》ヲ越テ吟馬哈《オマハ》ニ達スル、一千八百英里《マイル》ノ銕道《てつどう》、已ニ落成シ、其応用ノ車製場ヲ、此府ニ設ケ、并セテ他ノ支路ノ用ニ供ス、其製作ノ盛ナル、太平海平地ニ於テ、第一ト称ス」(19)とある。

同夜、市内の宿舎での宴会は盛り上がって深更に及んだが、使節団一行としては旅程の都合上前途を急ぐこととなり、翌二四日に入って午前三時に鉄道でサクラメントを出発、同夜は車中泊となった。船の旅ならばわが国でも船中泊は古来一般にひろく行われていたが、旅客が鉄道で車中泊により移動するのは、日本人集団としてはおそらくこの使節団一行の体験が最初の事例であった。つまり具体的には寝台車利用という新しい旅行のあり方について久米は『回覧実記』に次のとおり紹介している。

米国ニテハ、昼夜兼行ノ蒸気車ニ、「スリピングカール」ト名《なづ》ク車アリ、上等ノ客ハ此車ニ乗ル、車中ノ両側ヲ六格ニ別チ、毎格ニ二人ヲ容《イル》ル、一車ニ二十四人、中央ヲ往来トシ、首尾ヲ広室トシ、此ニ火炉ヲ焚キ、洗嗽《せんそう》ノ石盤、及ヒ用水鑵ヲ設ケ、圊所《かわや》ヲ具シ、昼ハ毎格ノ中央ニ、卓子ヲ作ル仕掛ケリ(ママ)、長榻《ちょうとう》卓ヲ挟ミ相対シ、氍毹《カーペット》ヲ茵《しとね》トシ、甚タ穏カナリ、両客卓ニ向ヒ、書スヘシ読ベシ、夜ハ其榻《こしかけ》ヲ合セ寝牀《ねどこ》トナシ、又上面ノ鉤《かぎ》ヲ弛ムレハ一ケノ寝牀下リテ、上下二段ニ寝牀ヲナス、蓐被《じょくひ》及ヒ枕ヲ備ヘ、前ニ幔《とばり》ヲ下シテ臥セシム、車中ノ装飾ハ上宇ニ花紋ヲ画キ、金ヲ塗リ油ヲ摺《す》リ、華ニシテ睆《かん》ナリ、鈎下スルニ玻瓈灯ヲ以テシ、夜ヲ照

シテ暗カラス、甚タ便利ナル車製ナリ、

欧州ニ此車ナシ、之ヲ便トセサルニ非ス、欧地ハ立君国ニテ、貴賤等《とう》アリ、坐臥ノ儀ヲ慎ミ、貴賤雑処スルヲ嫌フ、故ニカ、ル車ヲ作リテモ、乱雑ナリトテ乗ルコトヲ好マス、斥《しりぞ》ケテ田舎風トスルナリ、(20)

その一方、寝台車とともに長距離の鉄道旅客のためのサーヴィス設備としての食堂車については、久米の『回覧実記』にはとくに触れられていない。そこで、当時使節団と同行した文部省所管留学生の一人團琢磨（福岡県士族）の伝記の記述によると「此鉄道は千八百六十九年初めて開通したのであって、列車には未だ食堂車の設けがなかった。殊に此の線路は雪崩の為に一両日に亘って停車することも稀でなかった為に、冬の乗客は各自パン、林檎の類一週間分位の食料を携帯するを習はしとして居た。君（團琢磨――引用者）等の此行又この準備を忘る訳には行かなかった(21)」という次第であった。

さて、使節団一行はいよいよ西部アメリカの大山脈地帯を越えて内陸に進入する本格的な大陸横断鉄道の旅路に就いたが、あいにく冬季の積雪に妨げられてその行程は難航を極めた。前掲の團琢磨の伝記的記述によると「シーアラネヴァダ山脈の険は山路崎嶇羊腸として傾斜愈々急に、其最も険難なる場所は機関車三輌を連ねて進行したが、谿谷や巒嶂の眺得も言はれず、途中処々に砂金採取を為せる人家あるを見て進む中前路に雪崩ありて鉄道を埋めたので、一時停車したが、更に雪中を前進し、路愈々険にして車愈々遅く、昼食の機会もなく山脈の絶頂サミット駅にて四面の峰巒波濤をたゝみたるを眺めつつ昼晩の食事を一時に弁じた。同駅にて列車は雪掻車を繋ぎて隧道を抜け、一瀉《しゃ》千里の勢もて山頂を下りてネヴァダの平野に出で沿線に亜米利加印度人の矮屋を散見し、ユタを経て二月四日（正しくは二月二六日――引用者）オグデン駅に達したが前路ロッキーの山中は大雪の為汽車不通となったので、已むを得ずソートレーキ市に向ひ大使はタウンセント・ハウスに入ったが一行百余人の総てを入るべき旅館なく、君（團琢磨――同）等は汽車中に起臥して此僻邑に滞在すること十七日に及び、明治五年の元旦を此の地に迎へ大使は旅館にて新年宴会を開いた。其間使節一行は同地モルモン宗大本山を初め、市庁を訪問した[22]」。

このように、使節団一行の大陸横断鉄道の旅は、その出発後まもなく山岳地帯の豪雪に阻まれ行路難に苦しめられることとなった。もとより一行の人々としても、海抜一万フィートの高峻な山脈を厳寒期に越えるからには、たとえ鉄道に拠るにせよそれ相応の覚悟はしていたであろう。そもそも、山間地域における冬季の豪雪の猛威は、日本人一般にとってその長い歴史的体験から、物理的に不可抗力とする一定の認識が成立していたからである。

しかし、今回の渡米以来、日々の体験のなかで西洋式機械文明の実効に開眼しつつあった使節団一行の日本人にとって、この雪中高山踏破行は、鉄道という新興の機械制交通文明により彼等の伝統的な認識の当否がたしかめられる一つのテスト機会にほかならなかった。彼等が自覚していたか否かにかかわらず、その旅行体験は彼等の持つ伝統的な認識の枠組の修正・刷新を迫るものであった。

実際のところ、使節団一行の乗った列車は運行の途上でしばしば積雪・雪崩などにより立往生を余儀なくされた。通過する鉄道沿線の自然・人文の諸相や行路難の実態は当『回覧実記』の第六巻「尼哇達州《ネヴァタ》及ヒ『ユタ』部（鉄道）ノ記[23]」に詳しく述べられている。しかし結果的には運転時間上多少の遅延はあったにせよ、列車は雪中のシェラネバダの嶮を越えて別段の事故も災害もなく無事にユタ州ソルトレークに到着したのである。その一行中に伍して、鉄道による雪中山岳横断の旅を身を以て体験したことは、安場保和にとってとりわけ大きな意味をもつものであったのではあるまいか。

古来、わが国土においては、北海道・東北・北陸はもとより、中部内陸・山陰までをカヴァーして積雪期にはほとんど人間や物資の日常的な移動が不可能であった。それを、近代に入って始めて可能にしたものこそ「汽車」にほかならないと、民俗学者柳田国男は次のように述べている。

「雪の障碍ではわが邦のような経験をしている国はほかにないと思う」「暖かな南のほうから移ってきたためか、われわれの雪中生活には今まではまだ研究が十分でなかった。……多数（の住民――引用者）は古くからの冬眠を普通として、部落から外への交通はほぼ絶えていた。……ところが汽車は雪害には自分も散々悩みながらも、とにかくこの間へ新たなる一道の生気を送り入れたのである」「（鉄道という――同）この機関が日本の半ば以上の地域にわたって、新たな生活様式を付与した力だけは偉大なものであった」「日本は初めて真冬でも共同しうる国となったのである。これは電信電話などの力もあるが、主としては汽車の大きな効果であった[24]」。

図１　「ケープ、ホールン」ノ景（高サ3,500尺）

図２　「ブローメル」の鑿割（直立1,252尺）

図３　「スミット」隧道（直立7,000尺）

岩倉使節団としては、厳冬下の北米旅行の途次、山岳地帯の豪雪によって鉄道線路が埋没したり、あるいは雪崩に見舞われたりして行路が思うにまかせず、旅行日程が大幅に延引されたとはいえ、結果的にはやはり鉄道という近代交通手段の運用宜しきを得たればこそ、そうした悪条件下に大集団の移動が無事成功した。この時の体験は、先に雪深い東北の一角で地方行政に挺身したキャリアをもつ安場にとって一過性のものではなく、この回覧旅行から帰朝ののち、再び東北方面の福島県の治政に腐心する日常のなかで、とりわけ冬期、積雪時に当たって彼が痛感したことも、上に引用した柳田国男の所説にあい通ずるものがあるとみてよい。

図４　雪搔車ノ図

図５　雪覆ヒ《スノーセット》ノ内景

図６　「シイルラ、ネヴァダ」山鉄道雪覆ヒ

(2)ロッキー越えからシカゴ経由ワシントンまで

さて、久米の『回覧実記』に戻って、その第七巻「落機山鉄道ノ記」の記述にしたがいその後の使節団一行の動きを追っていくと、ソルトレークに足留めされること半月余、ようやく明治五年一月一二日「落機山ノ大雪始テ解テ、『オマハ』ヨリノ蒸気車来ル」(25)の報知が届いたので、早速翌一三日出発のことを決定したが、翌朝になってロッキー山地の残雪が融けて河川が氾濫し鉄道線路の道床が崩れて列車が不通との急報に接し、その日の出発は不可能となった。

しかし翌一四日には線路が修復されたので一行は午前中にソルトレークの町を出発、午後に入ってオグデン駅に到着した。ここから先はオマハのユニオン・パシフィック鉄道会社線の列車に乗り継ぐこととなり、食堂車二輌が連結されて午後四時半、オグデンを出発、いよいよロッキー山脈の西麓からの山越えにかかった。雨と雪の混じる悪天候のなかを峡谷づたいに嶮路をたどり、やがて夜に入って列車は海抜六八八〇尺の一つのピークに到達した。しかし山越えのピークと言っても日本とは地勢の規模がちがい、使節団一行にはその実感が湧かなかった様子であった。すなわち「落機ハ至大ノ山脈ニテ、広キ地域ニ蔓延《まんえん》シタルユへ、山上モ曠平ノ原ヲナシタル処ノミ多ク、殊ニ其脈ノ散漫セル地ヲ測量シテ、鉄道ノ線ヲ定メタレハ、前日ノ『シイルラネヴァタ』山ヨリモ、険隘ハ反テ少シ、只此西麓ノミ、彼ニ次ク土功ヲ労シタリト、此ヲ少シ下レハ、六七千尺上ノ平原トナル、是ヲ落機山上ノ原トスルナリ」(26)と久米は記述している。

こうして、一行の乗る列車がロッキー山脈越えの鉄路の一高所から東へすこし下ってエヴァンストンに着いた時、前途の鉄橋が雪解け水の氾濫により損壊したとの急報に接し、止むなく一行は同地に一夜を明かして鉄橋の修復を持った。さいわい翌一五日朝、鉄橋復旧の報知があったので列車は再び東方に向け出発した。

ユタ州東端のエヴァンストンからワイオミング州に入ると車窓に展けるのは「落機ノ山原起伏シ、極目千里ノ曠野」[27]であり、この二つの州土にまたがるのは「米国ノ荒廃無人ノ地」[28]であり「蒸気車ノ駿奔《しゅんぽん》スルモ、全四日ヲ尽スニ非レハ、人境ニ達スル思ヒヲナサス、……処々ニ印甸土蕃カ穴居スルニ逢フ、只鉄道ノ側ニハ、十余英里ヲ隔テ、二三家ノ人家アリ、鉄道ヲ離ルレハ、千里ノ荒艸崖畔《がいはん》ヲシラス、……扨《さて》原野ノ光景ハ、岡坡《こうは》浪ヲナシテ、洋海ヲ渡ルニ彷彿《サモニ》タリ、土色ハ黄黒ニテ、疎々ニ草ヲ生シ、一樹ダニミエサル、漠々ノ曠野ナリ、時々ニ雪覆《スノウセット》ヒノ中ヲスキルノ外ハ、目ヲ遮ル人家モナク、只電信杭ヲ鉄路ノ傍ニ連ネタルヲ見ノミ」[29]という荒涼たる風土であった。

この日は午後に入っても相変わらず広漠たるロッキー山中の原野を、一行を乗せた列車は一路東へと進行したが、それでも途中「毎数十英里ニ駅舎両三アリ、男女住居シテ、食菓ヲ備へ、酒漿《しゅしょう》ヲ具シ、車客ニ売与フ、屋傍ニハ地ヲ開鋤《かいじょ》シ、牧畜樹芸ヲナシ、少シク村落ノ景」[30]を成すところまで開発が進もうとしていた。そうした有様をまのあたりにして、一行の中でもすくなくとも安場保和ほどの人物の目には、祖国日本の何十倍も広いアメリカ合衆国内の未開発ないし開発途上の山野にさえも「一道の生気」（柳田国男）を送り入れることが可能な、文明の利器としての鉄道の有用性が、みずからその現場を踏んで強く焼き付いたものと推察してよかろう。

さて使節団一行はその夜は車中泊、翌一六日の朝、列車はロッキー山脈越えの鉄道路線の最高所、海抜八二四〇尺のセールメンに到達、それよりロッキー山脈の東麓を下ってネブラスカ州に向かう。その一帯にはすでに山らしい山もなく、ただ一面に枯草が地平まで広がる高寒な原野が続き、久米邦武もその手記の中でめずらしく「蒸気車上終日ミル所ナシ」[31]と記述しながら、その途次において「一条ノ鉄路アリ、岐ヲ分テ南ニ赴ク、是ハ……『カンサス』州ニ往来スル線路ナリト、此荒漠ノ野、千里無人ノ境ニテ、目ニ青樹ナク、鳥跡モナキ地ニ、早ク鉄路ヲ造リテ、他日開拓ノ利ヲ促ス、其遠度ヲ察スヘシ」[32]と洩らしている。

要するに、鉄道建設は目前の輸送経営上の効率よりも、長期的な開発計画に基づいて進められるべきものとする久米の所懐は、けだし同車の安場の心境とリアルタイムで共鳴するところであったであろう。

やがて一行の列車はネブラスカ州に入ってようやく人外境を脱けたとはいえ、未開発に近い大平原をほぼ一日中サウスプレッチ河に沿って東進し、夜に入ってノースプレッチ河と合流したプレッチ河の谷を夜行列車となって走り、翌一七日夜明にコロンバスに達し、「車窓ヨリ回望スレハ、猶漠然タル曠原ナレトモ野ニ墾田牧地アリ、遠ク樹影ヲミル、已ニ前日荒艸漠野ノ光景ニアラサル」[33]地域に進入して走行、午前一一時オマハに到着した。

思えば、ユタ州オグデンからネブラスカ州オマハまでの一千マイル余にわたる地帯は「落機山脈《ロッキーモンテン》散漫シテ一大高原ヲナセリ、鉄道ノ迅走スルヲ以テ、尚三日ノ間、無人ノ野ヲスキ、心スサマシキ心地セル」[34]積雪期の使節団一行百余名の旅行も、大陸横断鉄道の一環として同区間にユニオン・パシフィック鉄道会社の路線が五年前に開通するまでは到底不可能なことであった。途上での長い足踏みはあったにせよ、ゆくりなくもこの雪中汽車旅行を体験した日本人一同は、近代交通革命としての鉄道のメリットを深く肝に銘じたことであろう。

ここから先、さらに東部への移動に、シカゴ・オマハ鉄道会社の列車に乗り継ぐため、一行はミズーリ河をフェリーで渡河することとなる。

フェリー待ちで河岸に一時停車中の窓外所見として、久米は次のように記述する。

此河磧ノ沙中ニモ、鉄軌ヲ縦横ニ敷テ廨舎《ナガヤ》ヲ建テ、穀物ヲ蓄フ所アリ、玉蜀黍ヲ充テ、其近傍ニ穂殻《ホノカラ》ノ散シタルヲミル、〇又一連ノ蒸気車アリ「ミソリ」新橋ノ下ヨリ来ル、其車製甚《はなはだ》麁《そ》ナリ、之ヲ問フニ、是ハ「エミグラシ、カール」ト名ツケテ、移住ノ民ヲ載テ、州内ノ植民地ニ送致スル車ニテ、其運賃ハ常車ノ三分ノ

一ニ及ハスト云、蒸気車ノ便ト、玉蜀黍ノ利トニヨリ、漠野ヲ化シテ烟花ノ場トナス、是モ米国開拓ノ一般ヲミルヘシ(35)

在来の河川航運と新興の鉄道輸送との有効な連絡により農産物の市場競争力が飛躍的に強化されるという近代輸送革命の成果を眼前にして、日本国内各地の農業振興に思いを致す者にとっては、それはまことに有益な見聞となったことであろう。また、ここで一行に伍して安場保和が「移民用車輛」なるものの存在と実態を知ったものとすれば、その後わが国の北海道開拓行政の展開の中で「速ニ鉄道ヲ架設シ富源ヲ開発スルハ拓地殖民上最モ緊要ノ事」として明治二二年一二月に北海道炭礦鉄道会社が創業したことを思い合わせると、すでにそれより先に「古くより北海道拓殖の経綸を懐き(36)」、また同一七年夏に、進んで北海道全島を巡回調査して政府に建言し、さらにのち同三〇年には推されて北海道庁長官に任じたという安場の一連の行動を促した素因の一つが、ここにあると見てよいのではあるまいか。

さて、このあと使節団一行を乗せたシカゴ・オマハ鉄道会社の列車はアイオワ州に入り、それまでの「数日無人ノ漠野ヲ走リ、此ニ至レハ、車ハ華麗ヲ増シ、野ハ景色ヲ増シ、景況頓《とみ》ニ耳目ヲ改メタリ、田野ハ牧地多ク、果林モアリ、耕鋤ノ地ニハ玉蜀黍ヲ収メタル跡多シ(37)」と、車窓からの沿線地帯の景観が一変していた。その日はそのまま夜に入って車中泊となり、翌一八日深夜に列車はミシシッピ河を長い鉄橋で渡河して東岸イリノイ州に入る。夜が明けてからは沿線地帯の豊かな田園風景を車窓に送迎しつつ、列車はメンドーサを経て午後二時半シカゴに到着した。その日は同地ミシガン湖畔のホテルで一同宿泊、翌一九日は朝から一行は馬車での市内主要施設および近時の市街火災跡やミシガン湖岸での消防器械展示の視察などに一日を費し(38)、その夜九時すぎ列車でシカゴ東駅を出発、車中泊の間にインディアナ州を過ぎて翌二〇日早朝オハイオ州に入った。列車はそのまま走り続けて同日午後ペンシルヴァニア州に入り、夕刻ピッツバークに到着。一行はいったん下車し市内で夕食のあと再び列車に搭乗、夜汽車の旅となる。翌二一日、一行は早朝フィラデルフィアに入り、さらにデラウェア州を経てメリーランド州のボルチモアにいったん下車、繁華な市街や都市公共交通機関としての鉄道馬車の運営状況などを視察した。そして同日午後三時、使節団はようやく今回の大旅行の目的地の一つであるワシントンに到着したのである。駅頭には在留少弁務使森有礼やアメリカ合衆国政府の迎賓官吏たちが一行を出迎えていた(39)。

三　安場保和の実体験的鉄道学習の意義

使節団一行がワシントンに入った翌二二日の夜から降雪となったが、二四日には晴天が戻り、翌二五日に一行は表敬のためホワイトハウスに出向き大統領グラントに謁見した。また二七日に一行は国会議事堂を見学、同夜国立劇場に招待された。

そしていよいよ二月に入って早々の三日に国務省で条約改正交渉の第一回会議が開催された。翌四日夕刻ホワイトハウスで大統領による招宴があり、使節団一行が出席した。その翌五日に国務省で条約改正の第二回会議が開催された。その夜、一行の宿舎のアーリントンホテルで地元の官民有力者を招いて使節団による宴会が開催された。それは「ホテルノ広座、数室ヲ粧飾シ、大使（岩倉具視――引用者）ヲ始メ、一行ノ官員、理事官、尽《ことごと》ク『ドレスコート』（食饌ニ用フル粧飾ノ衣服ナリ、又『ヂンネルコート』ト云、我通常礼服ト呼フモノナリ）ヲ服シ羅立シテ来賓ヲマツ、来賓ハミナ夫婦手ヲ提へ、或ハ子女相提へ、粛々トシテ席ニスヽミ、手ヲ握リ遍《あまね》ク挨拶ヲナシ、従テ互ニ款晤ヲナス、衆賓千余名ニ近シ」(40)という盛況であった。さらに七日の夜には、一行は在留スペイン国公使による招宴を受けている。

このように、一国を代表する使節団としては、本来の外交要務のほかに、国際礼儀上、訪問先国政府の首長や要人有力者との交歓機会を活用して相互理解を深め、心情交流と親和を進めるなかで外交交渉を円滑・有益に運ぶべきは当然のことであった。しかし、使節団の主要メンバー中でも、おそらく安場保和のようなタイプの人物は、こうした異文化接触の場に容易にとけ込めず、満堂談笑の渦の中で独り黙然として疎外感を噛みしめていたであろうことは想像に難くない。そういう心境に落ち込む原因の一つが、英語に対する彼自身のリンガル・ハンディキャップにほかならなかった。

それより以前、サンフランシスコに上陸してから、すでにその地でも安場は使節団中のＶＩＰの一人として大小、公私の宴会に幾度か列席することがあったと見てよいが、いよいよ首府ワシントンに入るや、国賓クラスの使節団の重要メンバーとして、より格式の高い儀礼的会合に参列する機会もふえ、耳慣れぬ英語での応酬や酒食の内容・社交エチケットまで含めて、異文化からの自己疎外感がいっそう重く心身にのしかかってくるのに耐え難くなったものと思われる。こうして、ついに安場は米欧回覧旅行日程の半ばにも達せぬうちに使節団の要員としての官命を辞退し、ワシントンから直ちに日本へ帰国することを決断したのであった。

この安場の行動と関わりがあったか否かの確実な判断材料はないが、たまたま同じ時期に使節団の内部で大久保利通・伊藤博文両副使の緊急帰国要務の発生というタイミングがあった。すなわち今回の「岩倉使節団は条約調印の権限を与えられていなかったが、第一回会議の結果、副使伊藤博文と少弁務使森有礼が調印の権限をもつことの必要性を強調し、その委任状をえるため副使大久保利通がこの日（二月一二日――引用者）、二等書記官小松済治を帯同してワシントンを発ち、伊藤も翌日発って、大久保とニューヨークで合流し、帰国した」[41]のである。

もとより、安場の中途帰国は彼の「自己都合」によるものであったため、準公式記録的な性格をもつ久米の

『回覧実記』には記載されていない。したがってその具体的事実――帰国の旅程やその方法など――はもはや知り得べくもないが、安場が独力で単身海外から遠路帰国の旅を実行できたとは思われないので、むしろ大久保との強い絆を思えば、ここはやはり大久保・伊藤の公務帰国の旅に同行したと見るのが自然であろう。いずれにせよ安場は長途恙なく四月には日本に帰国したのである。

ところで、安場のこうした身の処し方は、ただたんにそれまでの旅中の実体験に根ざす西洋文化ギャップを克服できずに「身を引いた」と見られやすく、また彼自身も「外国語を自由にあやつれない者が外国を視察しても表面だけの見物にとどまり万全な理解を期し難いので、そのような者が使節団に同行するのは国費の無駄である」として、当時ワシントンで彼の翻意を強くうながした正使岩倉具視に釈明して、ようやく許されたという。(42)

しかし、安場保和ほどの人物が、そのような消極的な動機だけで、いとも短絡的に、官命による使節団大使随行という要務を辞退したとは考えにくい。けだし安場としては、そこに至るまでのアメリカ合衆国内の国土開発・インフラ整備の現状視察や鉄道による革新的な長距離移動体験を通じて、いちはやく、この先日本という近代国家建設に向けてみずから進んで取り組むべき活動への動機付けや計画策定のために必要な「見るべきものは見つ」とばかりに気負い立ち、あえて岩倉の諫止を押し切り、はやる思いを抱きつつ帰国したという積極的な転進であったととらえられよう。そうした彼の行き方には、肥後もっこすの面目躍如たるものがあった。

その安場をして、その数年後からすぐれて壮大な私設鉄道の事業計画に主導的に取り組ませ、その実現に至らしめた動機としては、やはり本節のはじめにもふれておいたとおり、彼が維新早々にして岩倉使節団の一員としてアメリカ合衆国内を広範囲に巡歴した際、地形や気象のきびしい条件下でそれを可能にした新交通手段としての、鉄道による長距離移動体験から学んだ祖国日本の交通近代化＝近代国家建設への熱い思い入れではなかったであろうか。

それにしても、安場のような旧幕以来の社会の指導者クラスの人物にとって、維新という一種の文化大革命の最中の西洋先進文明国への旅行は、その人物の既得の価値観を根底から揺るがされる体験であったことは多言を要すまい。彼の場合、その異文化ショックの深大さが官命旅行からの中途帰国という突出した行動と、その後のすぐれて先駆的な鉄道事業計画と実現への精力的な活動という二様の表出をしたことになったと考えられる。

ここであらためて岩倉使節団による欧米視察旅行が、わが国の鉄道の創業史においてどのような意義を有するかを考えてみたい。

忘れてならないことは、岩倉使節団一行による欧米各国での鉄道による旅行が、歴史上日本人一般にとって鉄道を利用して移動した最初の事例ではないということである。実は、それより十余年もさかのぼる幕末の万延元年（一八六〇）に日米修好通商条約の批准書交換のため当時のわが国の政府を代表して正使新見豊前守正興および副使村垣淡路守範正ら総勢八四名が、アメリカ軍艦ポーハタン号で太平洋を横断してアメリカ合衆国へ渡航した際、中央アメリカ・パナマ地峡（パナマ運河は未着工）を越えて大西洋側の船便と連絡するためにパナマ・コロン間を結ぶ約七六キロ（一八五五年開通）の鉄道で移動したことをもって、公式な日本人の鉄道利用の嚆矢とする。

この史実は、さらにそれ以前に個人的・偶発的事情からアメリカ合衆国の鉄道を利用する機会に恵まれた「中浜万次郎や浜田彦蔵らの体験と違って、直接、政策にかかわる可能性のある当時の幕府および諸藩の武士たちの体験は、（わが国への――引用者）鉄道の導入にとって、より大きな意味をもつこととなった[43]」。

その後文久二年（一八六二）に幕府使節団がヨーロッパに派遣され、さらにこのほか幕府や諸藩から欧米へ派遣された留学生たちも多くを数えた。

まもなく幕府は倒壊したが、旧幕時代のそうしたいくつかの外国鉄道旅行の体験や鉄道先進国での学習の成果はほぼそのまま明治新政府に引き継がれ、さっそくわが国内での最重点化地域を結ぶ官設鉄道の建設を推進、実現する上で大きな役割を担ったとして、従来の鉄道史研究上でも積極的に評価されている。ところが、それにくらべて岩倉使節団の鉄道に関わる体験や見聞・学習については一〇年ほどの時期的な遅れというだけなのに、鉄道史学の範疇では、たんに二次的な史実として不当に軽視されてきたのであった。

要するに、旧幕時代末期の日本人の先行的鉄道体験は、まず新見・村垣ら幕府使節団の日本人としての鉄道初体験をきっかけに、以後幕府や有力諸藩の留学生派遣により先進西欧から技術を伝習したものを、維新後に明治政府が継受したかたちで官設鉄道の初期建設・運営を支えることにより実を結んだ。ただし当時の国家財政の制約から、その実現は少数の最重点化区間の局地的・短距離路線のみに当分とどまることを余儀なくされたのである。

これに対して、維新早々に派遣されたとはいえ岩倉使節団の場合は、その出発よりも以前に明治政府による新橋・横浜間の鉄道建設がすでに着工されており、一歩出遅れた観もないではない。

しかしながら、学習機会としての鉄道旅行の場合、パナマ地峡という熱帯アメリカの単一の風土条件下の短距離区間と、アメリカ合衆国本土やヨーロッパ各国の多様な地勢・気象を網羅した長距離区間とでは、技術化水準のギャップもあって、それぞれの場合の鉄道利用体験から得られる情報・知識・サーヴィス内容の質的・量的な差異は一目瞭然たるものがあろう。

幕末使節団のアメリカ渡航の当時とはちがい、岩倉使節団が出向いた時代には欧米の現地に於ける陸上交通手段はすでに蒸気鉄道が主力となって広域的に普及を見ていた。また産業関係の最先端施設として鉄道車輌製造工場がしばしば岩倉使節団一行の視察対象となったこと、とくに彼等がまのあたりにするイギリス国内の蒸気機関車生産能力の高さが、その製品の各国への輸出を通してイギリスによる世界陸上交通支配を実現しつつあると使節団の面々が認識したことから、この一行の「回覧」の意義を欧米の先進鉄道文明の多面的な学習機会としてとらえる見方も有力である。[44] たとえば、岩倉翔子（就実女子大学教授）は、久米の『回覧実記』の記述内容から、一行中とりわけ副使の一人たる「木戸（孝允――引用者）は鉄道にも多大の関心を寄せていた。もっともこれは当時の日本人渡航者に共通した傾向であった[45]」と指摘している。

ことほど左様に、同使節団の面々にとって維新早々の「米欧回覧」の旅行は、とくに鉄道文明の実態についての日本人一般レベルでの理解・吸収のためにすぐれて有効な機会となり得たのである。そのことを雄弁に立証するものこそ、先にも述べたように、当旅行の日程の前半というすぐれて早い時期において、それまではとくに鉄道へのつよい関心をあまり見せなかった安場保和その人の、鉄道が持つ社会的・経済的・教育的なメリットへの開眼体験にほかならなかった。

すなわち、安場は地域別の民営企業としての大陸横断鉄道の列車に乗るという集団的雪中移動体験とその達成の感情を共有するグループの一員として、いちはやく遠い祖国日本のための国益・公益上の強い使命感に衝き動かされ、旅程半ばにしてあえてそこから急遽、帰国の途に就いた。やがてそれより数年の内に、彼は日本全土を視野に入れた「日本鉄道」会社建設という夢の実現に取り組むことになったのである。

安場をして、後にそうした起業活動に赴かせたことにも表出されるような、文化的契機としての岩倉使節団による鉄道文化についての日本人の共同体験の意義は、やはり幕末維新期の遺欧留学生グループのそれとはいささか異なり、その社会的・現実的効果という点ではより重要なものとして評価されて然るべきであろう。つまり、明治維新を境にようやく近代化途上的段階に踏み込んだ日本の指導者階級に属する人々の集団が、アメリカ合衆国さらにはヨーロッパ各国に渡航して、共有したさまざまな鉄道実体験——たとえば「冬期、雪中でも汽車は運行できる」と実地で認識した事柄は、おのずから日本人一般の近代化志向のなかで有益な情報に昇華してインプットされ、日本国内での鉄道の普及を支える社会的基盤となったものと思われる。

たしかに、長州藩の井上勝に代表される彼等留学生たちは、当時「文明の利器」として最重点化された鉄道それ自体に関わる最新の機械・土木工学技術について、イギリスの大学など高等専門教育機関に於いて体系的な知識・情報として学習し、あるいは車輌製造・運転の現場での実習を重ねて体得し、帰国後それぞれの専門分野でトップ・テクノクラートとして活躍し、その留学研修の成果を結実させたことは周知のとおりである。

しかし、鉄道という近代的公共輸送システムについての学習のチャンネルは、それら一握りの留学生集団だけが独占できるものとは限らなかった。その意味では、岩倉使節団の「米欧回覧」旅行の場合も、現地での日常的鉄道利用を通しての、未知にして予期せぬ複雑多様な「受け身」の初体験的学習であったが、それは見方を変えれば大学での体系的な専門教育・研修による認識とは別種の知的開眼であった。むしろこのように鉄道の現実的な役割や効用・機能について、身近な実体験を重ねて直接に乗客として実地で学び得た知識・情報には、後年、安場の鉄道との取組みへの動機づけの上で、すぐれて貴重かつ当を得たものが多かったのではあるまいか。

岩倉使節団の一行も、安場を除いてその後イギリスに渡航し同国内各地で鉄道車輌製造工場を視察して廻っているが、かりに安場がそのまま一行に伍してイギリスに渡ったとしても、すくなくとも彼自身の鉄道についての体験的理解にあらたに付加されるものはそれほどなかったはずである。鉄道の工学技術面は別として、高山地帯もなく豪雪禍もないイギリスで生まれた鉄道について、その国での運営システムや実務ノウ・ハウを学んでも、そのまま日本に直訳的に導入・応用できぬことを、安場はいちはやく悟ったのかもしれない。

イギリスの工科大学の鉄道技術の専門テキストには見出せない鉄道事業の実用的要訣は、むしろ安場が参加していた岩倉使節団一行が、当時まだ近代化への発展途上に在った日本と或る部分で重なり合うアメリカ合衆国内の移動に際して、鉄道利用者あるいは地域開発政策リーダーとしての立場で実地に体験・見聞した情報からこそ学びとれたものであろう。その意味で、岩倉使節団からの中途脱退という事実関係の表面だけで、安場本人の経歴に占める使節団への参加の意義を低く評価するのは誤りといわねばならない。

四　日本鉄道株式会社の計画・出願から創立・開業まで

さて、安場保和は、明治五年（一八七二）四月にアメリカから帰国後まもなく同年六月福島権令、次いで同年一〇月に県令に昇進、東北地方の一地方長官として県治に取り組むことになり、以後同八年八月まで在任し、地租改正や産業振興、教育施設整備など各方面で治績を挙げた。ただし、県内交通関係における積極的な施策としては、わずかに阿武隈川に信夫橋の架設を実現したにとどまる。いずれにせよ、この福島県在勤中の体験のなかに、後年安場が同地方をその沿線に擁する日本鉄道会社を設立した動機につながるものがあったのであろうか。

ここで、同県管内交通施策の当時の状況を見ると、まず政府は明治五年一月一九日大蔵省布達第二号を以て東海道筋以外の各県に、管内において陸運会社の設立を指令、同年七月二〇日太政官布告第二〇四号を以て同年八月末日までに旧来の伝馬制度を全廃するように指令した。これを受けて福島県は着任早々の安場権令の県政の一環として同年八月七日管内各宿駅にたいし伝馬所廃止と陸運会社設置について布達している。しかしこの交通制度の近代的再編成は、旧来の諸事情に足をとられて全国的にその実施は難航した。福島県下でも他県と同様、陸運会社の運営実態は旧態依然たるもので、公益的交通サーヴィスの実を挙げることができなかった。

そこで、政府当局は大蔵卿大隈重信の手で制度改正が進められ、翌六年一二月二三日に陸運会社の解散と陸運元会社への業務の一元化および内務省への所轄替えが断行された。のち同八年三月、陸運元会社は内国通運会社と改称して発足を見たのである。これにより内国通運会社として強化された事業体制のもとで全国的な陸運サーヴィスの整備・改善が進められることになった。当時まだわが国内では鉄道が新橋・横浜間と大阪・京都間にしか開設されておらず、とくに貨物を陸送する場合には人力や畜力による車輌輸送が一般であった。そのため、政府当局は道路交通にも意を配ることを迫られ、ようやく地方道路（国道・府県道・里道）をはじめ全国諸街道の整備を促進することになった。

その一方、福島県下の河川交通については、近世中期ごろから従来の年貢米輸送に加えて、地元の商品作物生産の伸びと流通市場の拡がりにより輸送需要が増大したために一定の発展を示し、やがて明治期に入って以後も整備途上の陸運交通に代替する形で大きな役割を果たしつつあった。しかし、その後まもなく政府の交通近代化政策の重点が陸上交通にシフトして鉄道建設・道路整備・陸運業務体制改革などが進められる反面、在来の河川交通は長期的にはその役割を減じていくという一般的動向が見られるにもかかわらず、東北の一角福島県下に鉄道交通が実現するには、いましばらく機の熟するのを待たなければならなかったのである。

安場保和は明治八年八月八日に福島県令を退任したあとしばらく置いて同年一二月二七日に任地が一転して東海の大県愛知の県令に任命された。その翌九年六月、天皇が東北巡幸の途次、安場の前任地福島県において土地開拓および養蚕・製糸業振興についての彼の治績にたいし天皇の嘉賞を賜わるという栄誉に浴した。このことは、すでに自己の所管から離れた土地とはいえ、安場の心裡では同地を含めての東北地方全域の開発促進にあらためてふかく思いを致させ、それが結果として愛知県令在任中に自らをして日本鉄道会社設立計画の発起へと駆り立てる一つの大きな素因となったと見てよかろう。

さて、愛知県は管内の尾張・三河両地方の対立感情が根強く県治上困難が多かったが、安場は地租改正・行政区画改正・県庁舎新築・諸産業の振興に手腕を見せたほか、とりわけ碧海郡における明治用水の開鑿・名古屋熱田間の掘割開鑿などインフラ・ストラクチュアの整備にも力を入れた。その取組みはおのずから交通上の新インフラ・ストラクチュアとしての鉄道へと進むべきものであったであろう。しかし、こと鉄道に関するかぎり、愛知県には一県令の行政権限では如何ともし難い事情があった。当時すでに政府の手により官設鉄道東西両京連絡幹線の建設が関東側と関西側と双方から徐々に進められていたが、あいにく国庫財政が難局に陥ったため工事が遅々として捗らぬうえに、何よりも東西を結ぶ中間の経由ルートが中山道とされたことから東海道に沿う愛知県はその計画路線からはずれていて、中京と自負する県都名古屋に東西連絡幹線鉄道が通じるか否かの見通しは流動的であったのである(46)。

しかし、いずれにせよ愛知県が中部日本の大県であるからには、おのずから名古屋以東の東海道筋にも遅かれ早かれ官設鉄道幹線が建設される公算はしだいに高まりつつあったと見てよい。

したがって、愛知県令としての安場は、県治の一環として同県内の鉄道問題を具体的に採り上げることはなかったと思われる。むしろ、あえて愛知県令という立場を超えて、日本全土の近代国家的整備という国士的構想を、その豊かな地方行政体験を踏まえた視点から、東北日本の発展途上地域のための開発に有用な大型幹線鉄道というかたちで実現しようという熱い思いを、安場はひそかに抱きつつあったのではあるまいか。彼の胸中のその火種がゆくりなくも燃えあがる時機が、やがて到来した。

安場の愛知県令在任中は、国内の政治的状況が幕末維新期以来の危機に陥り、明治九年一〇月には彼の出身地熊本に神風連の乱が起こったのをはじめとして、長州萩・筑前秋月など各地の反体制士族の叛乱、さらに翌一〇年には西南戦争と、新政府に不満と敵意をもつ旧武士勢力の反抗的エネルギーが集中的に噴出した時期である。

これより以前の旧幕時代、熊本藩士の太田黒惟信は、かねて同藩の安場一平（保和の旧称）と親交があった。太田黒は旧幕時代に藩命により長崎に出向き、入港中のオランダの蒸汽船の調査を通じて西欧の近代技術の伝習と移植にその成果を挙げたが、そのために藩内の保守派勢力から「洋酔家」[47]（西洋かぶれ）としてマークされていた。

この太田黒が藩内の開明派の先鋒として、維新廃藩の後もなお旧守勢力の強い郷党の間で、近代化の推進に奔走しつつあり、そうした信念と行動がやがてまもなく安場との古い絆を通して日本鉄道会社の計画への取組みにつながっていく。

太田黒は明治九年の神風連の乱に際して、叛乱軍に熊本の居宅を襲われて家は焼かれたが、あやうく賊刃の難をのがれたという。次いで翌一〇年に西南戦争が勃発し、地元熊本が最前線となった時、彼は旧藩内の叛乱軍の追及を避けて早々に熊本を脱出、砲煙立ちこめる中を北上する途上で強く感得するところがあったという。

熊本を後にし……植木から、田原坂までやって来ると、それは洵に暢気千万で、官軍方が、鉄砲を大八車に乗せてノソリノソリやって来る。

「こんなことぢや、熊本鎮台は危い。」

（略）

そこで（官軍の――引用者）士官に

「こんなことをやって居ちや、どうかすると熊本は奪《と》られてしまふかも知れない。早く何とかしなければいけない。」

と言ってやると

「もう少し先に乃木（希典伯）が居りますからお話下さい……。」

……義父（太田黒惟信――同）は乃木に会ひ、此事を話したさうである。此時の乃木は小倉の分隊長をやって居る時であったさうだ。

「どうしても、兵を動かすにも、先づ鉄道を敷かなければならぬ。」

と、言ふことを、義父は此時深く考へたそうだ。後年鉄道を敷くと云ふことに意を致したのも、この輸送の困難を目撃してゐたのだからだと思はれる。(48)」

その時、太田黒惟信は政府軍の一方の司令官として従軍を要請されたが、彼は固辞して東上、京都に入り、さらに愛知県令在任中の安場保和を名古屋に訪ねて、そこでしばらく滞在したとその伝記は述べている。

再会した二人の旧友の間ではずんだであろう会話の中で、太田黒の生々しい所感として軍事輸送上の鉄道の有用性の指摘は、安場のもつ鉄道認識をいっそう深めるものとなったにちがいない。こうして、安場が太田黒と力を合わせて日本鉄道会社の発起計画に取り組む機はようやく熟しつつあったのである。

ところで、安場保和を中心とする在官士族有志がその後まもなく取組むことになった東北地方に向けての鉄道建設という計画については、それより以前すでに何人かの先覚的人物により同様な構想を以て熱心な運動が重ねられていたのである。

すなわち、明治二年に早くも民間有志の立場から、一般論として「皇国ニ於テ鉄道ナカルベカラズ」と維新政府の要人に訴えた横浜の商人高島嘉右衛門が、同四年秋から翌五年春にかけて工部省にたいし、初めて「東京・青森間鉄道建設」を明白に謳った路線計画と資金調達計画に関する一連の建言書を提出している(49)。

同じ頃、使節団の長として米欧視察中イギリスに滞在していた岩倉具視は、それまでの旅行中に痛感した日本での鉄道起業の必要性とその具体化策について、たまたまイギリスに留学中の華族蜂須賀茂韶らに力説した。その意を承けてさっそく蜂須賀は、同五年一〇月イギリスの地から祖国の政府にたいし建言書を提出している。その趣意は、日本国内に鉄道網を整備するために巨額の資金を必要とする折も折、国庫に余裕がなく官設鉄道の建設を積極的に推進する見込が立たぬ現状にかんがみ「華族有志ノ者之ヲ率先シ以テ広ク士族等ノ有力者ニ募リ其家禄家財等ノ余ス所ヲ合シ以テ一団ノ会社ヲ結ヒ而シテ其会社ノ力ヲ以テ或ハ東京ヨリ奥州青森ニ至リ或ハ東京ヨリ越後新潟ニ至ル等ノ地ニ鉄路蒸汽車ヲ設ケ(50)」ることの允許を求めることにあった。これに呼応して徳川慶勝ほか九名が、連署を以て翌六年三月鉄道会社設立の允許を政府に請願したのである。

しかし、鉄道国有国営の基本方針と現実の国庫財政難とのはざまで政府の鉄道政策が揺れ動いており、如上の建言や請願の採否が未確定のままに置かれていることにあきたらぬ高島嘉右衛門は、同七年七月に至って優先的に東京・青森間鉄道を会社形態で建設・運営する計画を意見書として政府に提示した。それがきっかけとなったのか同年九月ようやく政府がさきの建言・請願をうけとめ、その詳細な説明書類の提出を指令したので、関係華族有志グループは高島嘉右衛門と協議して当該鉄道の事業化の準備にとりかかった(51)。

ところが、その後の国内経済の不安定な情勢の下、その計画内容が再三変更を余儀なくされ政府の態度も不確定ということもあって、当該計画は結果的に廃棄されてしまう。そこで、それに代えて関係華族有志グループが翌八年六月、あらためて既成の官設鉄道の払下げを政府に請願した。[52] しかしこの払下げ請願は同年一〇月に政府の許可を得たものの、その後の封禄関係法制の施行により華族の家禄が公債化されることとなり華族各家の収入面にきびしい影響が及んだため、払下げに向けての上納金負担に耐えぬとして同一〇年一二月彼等は政府に払下げの取消しを求め、翌年二月に許可されて問題は白紙にもどったのである。[53] このように華族各家の資産運用をきびしくさせた原因の一つに、あくまでも東京・青森間の鉄道建設を実現するために岩倉具視が工作して、一般華族各家の禄券を集積して一大資本を形成し国立第十五銀行を設立（明治一〇年五月二〇日）したことが挙げられるが、結果的にはそれが正しい選択であったといえよう。

他方、のちに日本鉄道の路線の一部として最初に実現を見た東京・高崎間について、林賢徳・紅林員方等士族有志グループが金禄公債を資本化して鉄道事業計画を立て鉄道私設運動を進めつつあった。すなわち林等の勧説に応じて高崎正風・太田黒惟信等のちに安場と協力して日本鉄道会社設立計画の実現にたずさわる面々が中心となって東山社[54]を設立、明治一一年五月に時あたかも国庫財政難から実現が危ぶまれる東京・高崎間鉄道の官設方針の存否について再確認を政府に願い出たところ、翌六月に当局から逆に私設計画を提示するよう指令があった。そこで東山社側は急遽計画書類をとり揃え同区間の鉄道私設の許可を請願したが、またしても政府の方針が定まらず対応が遅れている間に、しびれをきらした東山社側は先述の華族有志グループと同様に既成の官設鉄道の払下げの請願に乗りかえた。しかしその請願は同年九月になって不許可とされ、東山社の事業計画は画餅に帰したのである。

これより先、明治一一年三月、華族有志グループはいったん既成官設鉄道払下げの許可を受けながら財務上の都合で実行出来ず、華族組合は解散するに至ったが、彼等自身としてはやはり各家財政の近代的確立のための有利な資産運用機会を求める志向には変りがなかった。そこで同年あらためて大久保利和・藤波言忠等が東京・青森間の鉄道建設・運営をめざして会社設立の計画を立て岩倉具視に建言し、国立第十五銀行を窓口として資金募集を進め計画実現に乗り出すことになった。(55) これがやがて日本鉄道会社として創立の運びとなる一大民業プロジェクトの始動であった。

その間、さきの東山社とは別に、独自に鉄道事業の計画を進めつつあった安場保和ら士族有志グループは懸案の東京・高崎間を含めて中山道ルートに拠る東西両京連絡幹線鉄道の建設へと構想をふくらませ、沿線予定地の調査を進めつつ時期の到来を待っていたのである。(56)

その後、明治一三年二月一七日、政府がようやく東京・高崎間官設鉄道の建設の起工を指令したことで事態は展開するかに見えた。しかしながら肝腎の建設工費の支出について政府から具体的な指令がなく、起工の目途が立たぬまま数か月を徒過することになり、官設鉄道としての実現が危ぶまれるに至った。したがって先にいったんは私設計画をひっこめた士族有志グループの内で再挙をはかる動きも生じてきた。(57)

たまたま同年三月、安場保和は愛知県令を辞任しあらたに元老院議官に任じられた。けだし安場がその後半生を捧げた大事業として、長大な路線網を擁する鉄道会社の設立という実務に取組むためには、政府の高官とはいえ一地方の長官として県治全般にわたる行政運営に寧日なき立場に縛られるよりも、首都東京に駒を進めつつ、行政の第一線から離れて比較的フリーなポストに在る方が、多方面の有力者との折衝や関係省庁への働きかけ・諸手続にも便宜であることはいうまでもなかった。

さて東京へ移ってからの安場の住居は麻生区桜田町の妙善寺内の仮寓であった。そこへかつて岩倉使節団に少議生として参加した旧知の安川繁成（太政官少書記官）が来訪した。折から八月の猛暑下、平素から万事倹約を旨として生活する安場は旧友にウイスキーと冷素麺を振舞って、共に体験した岩倉使節団の旅行の思い出話や産業・経済・金融をめぐる政策談義から、話題はいつしかわが国の鉄道問題にまで及んだ[58]。とりわけアメリカ大陸の鉄道による横断という貴重な体験を共有している両人の間でおのずから国内各地方の開発に役立つ鉄道を建設するための会社設立の素志が確認できたことは、のちの日本鉄道会社創立に向けての彼等の主体的な取組みへの第一歩となったのである。

すでにして上に述べたような東京・高崎間鉄道問題の進展を促すために、安場・安川のほか中村弘毅・高崎正風等士族有志グループは、かねてより協議を重ね、富裕な資産をもつ「華族ヲ慫慂シテ以テ鉄道ヲ敷設シ一ハ各自ニ安全ナル財産ヲ有セシメ一ハ国家ノ公益ヲ興スヘシ[59]」とし、その具体的方策をさぐりつつあった。果せるかな、明治一三年一一月九日、政府は国庫財政難を理由に、先の東京・高崎間官設鉄道の建設起工命令を取消すに至った。そこで、これを私設起業の好機として、同月二九日に安場・安川および高崎の三名が同行して内務卿松方正義を訪ね、宿願の鉄道会社設立発起の件につき相談を持ちかけたところ、松方から、

事極メテ重大ナリ、政府ノ保護ナクンハ恐ラク成功ヲ期シ難カラン、宜シク政府ニ於テ利益ヲ保証シ其益若シ一定ノ額ニ満タズンハ之カ不足ヲ補給スヘシ、然レトモ国帑自ラ限アリ、若シ補給不能ナリトセハ郵便税ヲ増加シテ之ニ充ツルノ策ヲ献セン、此事行ハルルニ於テ株金募集敢テ難シトセザルヘシ[60]

との確答を得た。これに力付けられて同年一二月五日、安場邸に士族有志数人が集い、政府にたいし東北地方における鉄道私設事業について政府による利益保護を請願することを決議した。さらに同月二一日、中村弘毅邸に岩手・宮城・青森・福島・山形の地方官代表者を招請して計画を説明し意見を交換して、全員の賛同を得たので

ある。

翌一四年一月一二日、安場・安川・中村・高崎の四名は、策定した鉄道会社条例案および利益保証法発行の建議書を岩倉具視のもとに持参、提出した[61]。安場等一同が抱懐する鉄道私設＝民営事業化構想をとりまとめた建議の要旨は次の二点であった。

一、わが国の開国維新以来の国内経済の行詰まりを打開するには、鉄道建設を進めて労働力や資材・情報の流通を促し、全国各地方の産業開発をはかる必要がある。とくに鉄道を大型の民営事業として起ち上げることは、近代日本の柱石となる華士族階級の経済的自立を助けるための投資先あるいは新雇傭の創出となり、その経済的波及効果は庶民一般の生活を均しくうるおす。さらに東北方面への路線計画の狙いは、極東アジアの国際情報にかんがみ、北辺防衛の軍事的布石の一環として鉄道を位置づけるところに在る。

二、政府は、既成の鉄道の純益を爾後の鉄道の建設費にそのまま充当する方針ときいている。しかし、その純益を民営鉄道事業にたいする利子補給の形で投入して利益を保証し、民業を保護しその発達を扶ける方が有効である。たとえば既成の鉄道の一年間の純益を七〇万円と仮定し、鉄道線路一里の建設費を一〇万円とすれば純益を全額そのまま投入しても年間わずか七里の線路が建設できるにすぎない。しかしこれを民営鉄道事業の資本金にたいし平均二分の利子を補給すれば資本に還元して三五〇〇万円すなわち三五〇里の線路の建設費を保証することとなり事業の拡大発展につながる。

この建議を受けて岩倉は、往年の使節としての米欧旅行の体験に照らして鉄道の必要性に理解を示し、その事業発起に賛同して「先ツ線路ヲ東京ヨリ青森ニ達セシメ漸次全国ニ普及スヘシ[62]」と安場等四名を激励した。

ただし、岩倉自身としては当初、短期的な投資効果の見地から、その鉄道路線を東京から仙台までと考えていたという。安場はこれに異をとなえ、その鉄道の東北開発という国家的使命を力説して、青森までの路線建設を主張して止まなかった。岩倉は安場の「肥後もっこす」ぶりに苦笑しつつもその正論に動かされてその路線計画を容認するという一幕もあった(63)。

そこで同月二五日に安場・安川・中村・高崎のほか、岩倉が実務的人材として推薦した肥田浜五郎、安場と同藩出身の旧知太田黒惟信に林賢徳・小野義真・熊谷武五郎等も加わって、大久保利和邸に集まり起業計画について協議し、以後同邸を会社創立事務用の集会所と定めた。

こうして会社設立計画もいよいよ実務段階に入り事務関連の諸経費支出が増加したので、安場・安川・中村・高崎はさしあたり各自三円ずつ醵出し合計額一二円は安川が会計主任として支出を管理することとした。同年二月一七日、岩倉は安場・安川・中村・高崎・肥田および西村貞陽の六名を自邸に招いて華族有志数名と鉄道会社発起について協議するよう指示し、創業費の一部として三〇〇円を提供したので、安川がその出納管理に当たることとなった。その翌一八日、蜂須賀茂韶等華族有志四名が大久保邸に来会して、安場等士族グループと会社設立の具体策について協議し「華士族平民ヲ論セス同心戮力シテ此一大会社ノ成立ヲ期スヘキ(64)」ことを確認した。僅か十数年前の旧体制下には想像もできなかったコンセプトである。

さらに二日後の同月二〇日、岩倉の意向を承けて会社創立事務所を岩倉邸に移し、招集された華士族有志メンバーが協議の上、会社の首唱発起人として岩倉具視・蜂須賀茂韶・伊達宗城・大久保利和・万里小路通房・藤波言忠・武者小路実世・安場保和・中村弘毅・西村貞陽・安川繁成・小野義真・高崎正風・太田黒惟信・肥田浜五郎・林賢徳の一六名が決定した(65)。

こうしていよいよ会社設立に向けての態勢がととのったので、岩倉は華族諸家を一堂に招集し事業計画・醵金方法・手続の大要を説明し、全員の賛同と各人応分の出資の確約を得てここに会社創立の基礎が固まった。

その時の岩倉の説明によれば、引続く国庫財政の難局下、遅々として進捗せぬ官設鉄道に肩代わりして鉄道会社を民間資本により設立し、国内幹線体系として「東京ヨリ上州高崎ニ達シ此中間ヨリ陸奥青森マテ」(66)を第一着手とし、以下三幹線区を順次建設して日本全国を脈絡する鉄道網を実現するという壮大な企画を謳って「其名称ハ日本鉄道会社ト号シ即チ全国此一会社ヲ以テ担任スル」(67)というものであった。

同時に、岩倉の意向を承けて安場・安川・中村・高崎の四名は、同じ二月二〇日付を以て連名の書状を白根埼玉県令以下関東・東北筋各県令および各県書記官あてに送付している。

明治一四年三月三日、会社設立準備会議で一人金五〇〇〇円以上の株式を引受ける者を発起人とすることが決議された。また岩倉は鉄道の役割と起業の必要を説いた一文を各新聞社に配布して報道させ、一般国民の理解と協力を訴えた(68)。

こうした設立準備の諸活動を岩倉邸内の集会所において実務面で支えて、安場等四人の仲間は、それぞれ在官の身としてわずかな公務の余暇をぬすみ日々会合して討議を重ね準備作業を進めつつ、時には裏方としての実務の処理にも任じた。当時、集会所に集まる人々はすべて公益事業のための奉仕に徹し「皆節倹を守り、手弁当を携へ来りて毫も贅費をなさず。殊に先生(安場――引用者)は終始、竹皮包に梅干を入れたる握り飯を携へられし」(69)と伝えられている。

さて同月、首唱発起人の協議により、創立委員として肥田浜五郎・小野義真・大久保利和・太田黒惟信・林賢徳の五名が選出された。同月末を期して、岩倉ほか六四八人の華族諸家は鉄道会社設立に当たり各自の出資に関する承諾書を作成し、これを首唱発起人のもとへ送付した。

明治一四年四月四日、岩倉邸にあった集会所を国立第十五銀行内に移し、さしあたり「日本鉄道会社創立事務所」と称することとした。そして今後の創立事務手続の適正かつ円滑な進行を期すべく、発起人規約書が作成された。さらに同月一六日、発起人総会を開き、創立規則の制定について協議されたが、議論百出して会議の収拾がつかず、その後三回会議を重ねてようやく成立にこぎつけた。

ところで、当時この鉄道会社設立計画に主導的に取組んだ士族有志グループには、安場をはじめとして国の官吏としての身分をもつ者が多く、官吏服務規律上在官の者は会社の発起人として記名することができなかった。そのため会社の公的書類上には姓名が明記されないことで不利益をこうむらないよう、一般の発起人と同一待遇・同等発言権・投票権をもつことを確認する書類が五月三日に作成され、関係者一二七名がこれに連署した。しかし、その直後の同月六日に太政官第三七号を以て「官吏ハ自今道路河港ノ修築、海陸ノ運輸、土地ノ開墾、殖産ノ事業ヲ以テ目的トスル会社ノ株主トナルハ不苦」(70)との布達があり、以後問題はなくなったのである。

なお、本件起業のための発起人一同の出資状況について、後日政府に提出された創立願書に添付の「出金人名」のリストがあり、各人名と出資額が明記されている（次頁参照）。それによると安場等発起同志としての士族グループの出資状況は次のとおりであった。

（五〇〇〇円）安場保和　太田黒惟信
　高崎正風　中村弘毅
（六〇〇〇円）安川繁成

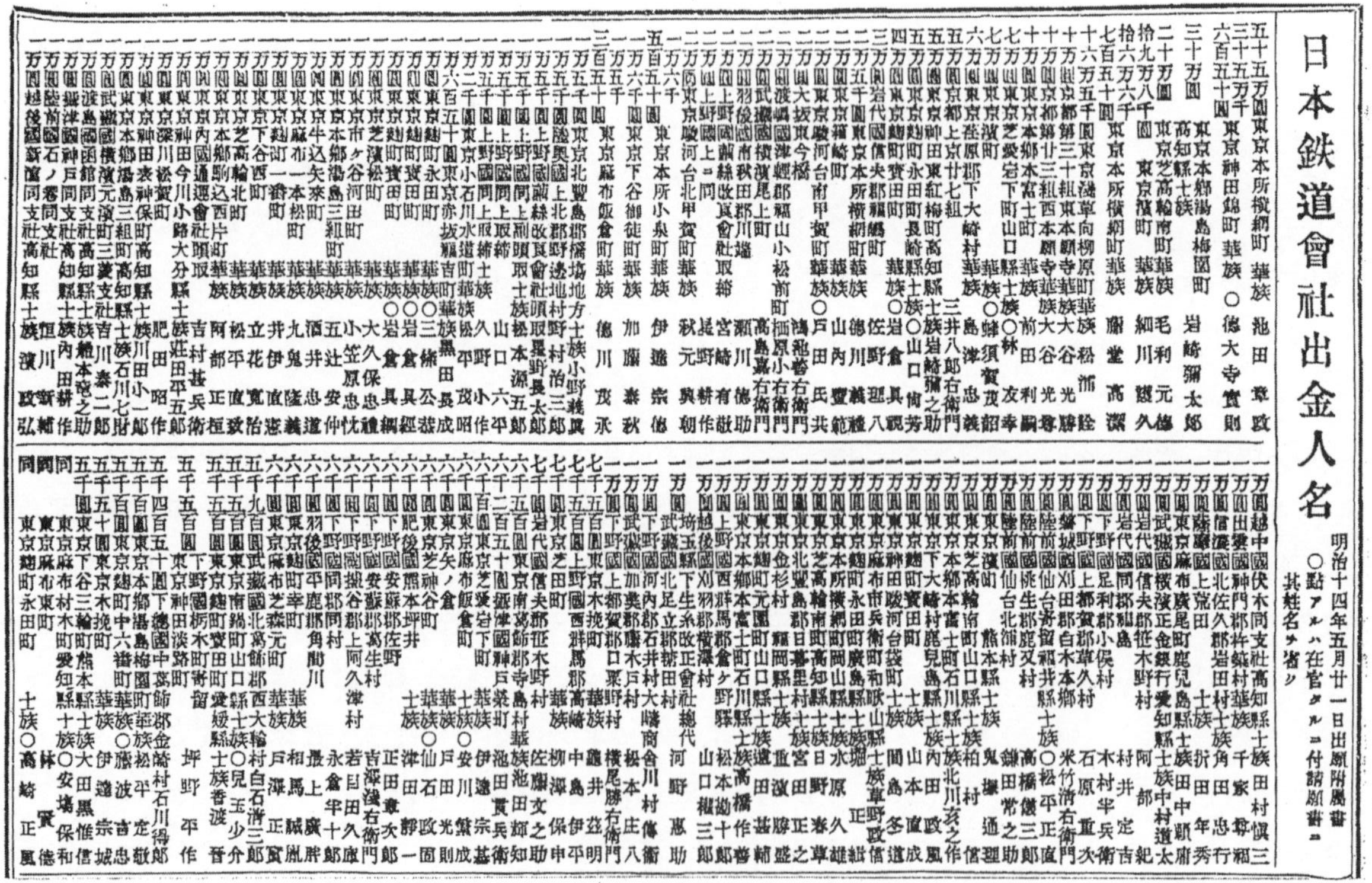

図7　出金人名簿（日本鉄道会社設立出願付属書、明治14年５月21日）
（下段左より３行目に安場の名が見える）

こうして、ようやく日本鉄道会社創立願書・特許請願書（鉄道に供用する官有土地家屋の無償下付・鉄道用地の免租・利子補給等）および出金人名簿がとり揃えられ、いよいよ同一四年五月二一日、池田章政ほか四六二名の発起人が連署を以て、会社創立出願の書類一式を東京府知事に提出した。これを受けて農商務卿・工部卿（ただし代理として工部大輔）の連名を以て、同年八月一一日付で会社設立の仮免状が発起人に交付された。その後、発起人はさらに政府当局と折衝を重ね、同年九月二五日、発起人総会を開催して同社の定款を作成し、会社名を日本鉄道会社と定め、池田章政ほか四五八名の連署を以て東京府知事に提出したところ、同年一一月一一日に工部卿名を以て同社の定款が認可され、特許条約書が交付された。これにより日本鉄道会社は成立を迎えるに至ったのである。(71)

その後、同月二〇日に発起人総会、さらに翌一二月六日に臨時株主総会が開催され、理事委員として吉井友実等一八名が選出された。ただしその中に安場に近い士族グループの一員である太田黒惟信が加わっているが、当の安場の名が見えない。次いで理事委員の互選により、社長に吉井友実が選出されたが、たまたま本人が元老院議官兼工部大輔の官職に在るため、退官して翌一五年二月四日社長に就任したのである。

そこでいよいよ鉄道建設工事が政府（工部省）に委託され、同年六月五日まず川口・熊谷間から着工の運びとなり、次いで翌七月一八日に東京の起点を上野と定め同地・川口間の工事が同年一〇月下旬に着手、翌一六年七月二六日に上野・熊谷間が竣功、同二八日に開業を迎えた。それより先、同年五月に熊谷以北の工事が着手され、同一〇月二二日熊谷・本庄間、次いで一二月二七日本庄・新町間、さらに翌一七年五月一日新町・高崎間が竣功してここに上野・高崎間全線開業を見たのである。(72)

これにより同年六月二五日に天皇の臨幸を得て日本鉄道開業式が開催された。すなわち、当日天皇は午前八時発特別列車で上野・高崎間全線を往復、午後七時に上野駅構内の式場に臨御、「日本鉄道会社員ノ協同力ヲ効セルニ因リ東京高崎間鉄道成ルヲ告ケ茲ニ開業ノ式ヲ挙ク　都鄙便ヲ通シ遠近利ニ倚ル　朕カ嘉尚スル所ナリ[73]」の勅語が下付された。

続いて工部卿佐々木高行・社長吉井友実・首唱発起人総代それぞれの祝詞があり、ここで安場保和・中村弘毅・藤波言忠・安川繁成・高崎正風・武者小路実世の六名から「日本鉄道会社濫觴概記[74]」と題して同社の起業由来を縷々述べた長文の一篇が、天皇に献上されたのである。

こうして国家財政の難局下、遅れがちな官設鉄道事業に肩代わりして、華士族資本が中心であるとはいえ民業としての日本鉄道会社がいちはやく東西両京連絡幹線たるべき中山道鉄道の東部線区の一角を実現したのであった。しかも、それを足がかりとして翌一八年一〇月一五日、高崎から以西の中山道沿いの高崎・横川間に官設中山道鉄道の開業がいちはやく実現したことに於いても、当時ようやく国庫財政の好転の兆が見えたという事情もあるにせよ、やはり日本鉄道会社が、その社名に掲げるとおり、東西日本を結ぶ国内幹線鉄道網の形成にとって重要な布石となったと評価されてよかろう。一方、それと結ばれる予定の官設中山道鉄道西部線区の方は、明治一七年五月の段階ではまだようやく大垣までが開通を見るにとどまっていた。

官設鉄道建設のそうした遅いテンポとは対照的に、その後日本鉄道は翌一八年三月には品川・赤羽間、同年七月には大宮・宇都宮間がそれぞれ開業、また同一九年一〇月に宇都宮・西那須野間、同年一二月に西那須野・黒磯間が順次開業、さらに翌二〇年七月に黒磯・郡山間、同年一二月半ばには郡山・塩釜間に開業を見て、かつて安場の県令としての任地福島県にまで汽車のレールは達していたのである[75]。

あたかもそれに先立って明治一九年二月より福岡県令（同年七月より県知事に職名変更）の職に在った安場は、地元有志家の要望に応じて就任早々から、福岡・熊本・佐賀三県を結ぶ鉄道の民設民営のため九州鉄道会社の設立計画に主導的に関わりつつあり、同二一年一月には発起人より九州鉄道会社創立願を提出せしめるに至った。安場のこうした積極的な鉄道民設民営への取組みには、それが自身の出身地熊本の発展に資するという狙いもあったにせよ、やはりかつて自ら心血を注いだ日本鉄道の壮大な建設計画が現実に着々と実現しつつあるという自負心が、より強く彼をかり立てたものとみてよかろう。

その後も日本鉄道の路線建設は順調に進行し、明治二三年四月中旬には岩切・一ノ関間、同年一一月初めには一ノ関・盛岡間と、安場の東北における最初の任地岩手県に達した。そして翌二四年九月初めには盛岡・青森間が開通し、ここに当初の予定計画路線は全線開業の日を迎えたのである(76)。

こうした日本鉄道会社の創設・開業という歴史的大事業への安場の大きな寄与について、岩倉具視は次のように語ったと伝える。

> 戊辰の戦役は兵器を以てせる第一の維新なり。鉄道の敷設は経済界の第二維新なり。而して第一維新の勲功は西郷、木戸、大久保等に帰すべく、第二維新の勲功は安場も其の一人たるに相違なしと(77)。

こうして安場保和の公人としての活動の大きな成果ともいうべき日本鉄道会社は、名実ともに完成したのであったが、安場自身は地方長官ないし貴族院議員という公的立場を考慮してか、以後日本鉄道会社の実務運営には一切関わることがなかった。

長い年月にわたり、公務の閑暇をぬすんでその計画の達成に営々と挺身しながら、「事成れば足れり」として一切見返りを求めなかったその姿勢に、安場のいさぎよい人柄がしのばれる。

したがって、安場保和の日本鉄道会社との関係は、同社創立以後は一株主としてのものであった。先に述べた

株数	人名	株数	人名	株数	人名	株数	人名
一二〇	宮崎代七	一〇二	松平定敬	一〇〇	徳川家達	一〇〇	山縣武亮
一二〇	藤井平吉	一〇一	林荘次郎	一〇〇	徳川達道	一〇〇	前田利鬯
一二〇	小林吟次郎	一〇〇	鹽田順三郎	一〇〇	小野善助	一〇〇	前田利同
一二〇	岡田久蔵	一〇〇	石館兵右衛門	一〇〇	鬼塚敬静	一〇〇	松平頼英
一一五	長谷川敬助	一〇〇	小野善右衛門	一〇〇	岡田平右衛門	一〇〇	松平直亮
一一二	杉平新造	一〇〇	大木喬任	一〇〇	大山巖	一〇〇	松平恒之丞
一一一	林半三郎	一〇〇	尾崎尚若	一〇〇	渡邊長齋	一〇〇	深津無一
一一〇	神津清三郎	一〇〇	渡邊儀蔵	一〇〇	渡邊ユキ	一〇〇	古川源太郎
一一〇	三條公美	一〇〇	中澤彦吉	一〇〇	若松忠治郎	一〇〇	郷田兼徳
一一〇	福岡福太郎	一〇〇	中島仙助	一〇〇	渡邊直達	一〇〇	勝山善三郎
一一〇	村山龍助	一〇〇	向山小平次	一〇〇	金須松三郎	一〇〇	勝山牧次郎
一一〇	根岸武香	一〇〇	松岡半六	一〇〇	笠原彦右衛門	一〇〇	大久保利和
一〇八	櫻井忠興	一〇〇	二橋元長	一〇〇	楫取素彦	一〇〇	手塚五郎平
一〇六	増田熊六	一〇〇	古川登彦	一〇〇	加藤太平	一〇〇	天野源七
一〇六	保険社長 白石千蔵	一〇〇	荒井清三郎	一〇〇	高松甚左衛門	一〇〇	三條公恭
一〇六	安川繁成	一〇〇	橋本次助	一〇〇	田中四郎左衛門	一〇〇	佐々高河
一〇五	井築錬三郎	一〇〇	正木挺	一〇〇	田中不二麿	一〇〇	安藤就一
一〇五	梅津喜八	一〇〇	日下部清九郎	一〇〇	奈良原繁	一〇〇	京極高典
一〇五	平塚喜兵衛	一〇〇	湯浅治郎	一〇〇	中村孝禧	一〇〇	北川亥之作
一〇五	金丸錬次郎	一〇〇	石山輝子	一〇〇	永松金二郎	一〇〇	菊池第三
一〇四	宇津木信夫	一〇〇	井田岩楠	一〇〇	日下義雄	一〇〇	三浦梧樓
一〇四	左右田金作	一〇〇	早川覚兵衛	一〇〇	安場保和	一〇〇	白石清三郎
一〇三	松下一郎右衛門	一〇〇	西村貞陽	一〇〇	山尾庸三	一〇〇	嶋津久家
一〇二	藤波言忠	一〇〇	西川愼三	一〇〇	矢野義徹	一〇〇	樋口登久治郎
一〇二	米林儀作	一〇〇	鳥居断三	一〇〇	山口行詮	一〇〇	本山漸

図８　『株主姓名簿』（日本鉄道会社、明治19年６月30日調）の一部

株数	人名
一〇〇	毛利元功
一〇〇	須田守三
一〇〇	松平容大
一〇〇	小倉高嘉
一〇〇	黒須喜兵衛
一〇〇	野本茂兵衛
一〇〇	二宮直躬
一〇〇	萩原半蔵
一〇〇	今井善兵衛
一〇〇	武者小路實世
一〇〇	内藤彌三郎
一〇〇	辻五郎吉
一〇〇	武田清七
一〇〇	田中長兵衛
一〇〇	横川重右衛門
一〇〇	吉村甚兵衛
一〇〇	吉村佐平
一〇〇	阪田伯孝
一〇〇	本野小平
一〇〇	木谷市郎右衛門
一〇〇	白杉政愛
一〇〇	松平重資
一〇〇	小西栄蔵
一〇〇	小嶋和平
一〇〇	小西儀助

株数	人名
一〇〇	秋田太郎兵衛
一〇〇	朝比奈閑水
一〇〇	大濱忠三郎
一〇〇	岡本治助
一〇〇	大矢富治郎
一〇〇	大田ハナエ
一〇〇	長山三 長谷川治郎兵衛
一〇〇	石原重次
一〇〇	稲葉久通
一〇〇	園城半右衛門
一〇〇	藤村喜次郎
一〇〇	松井三吉
一〇〇	増田増蔵
一〇〇	鈴木久右衛門
一〇〇	茂木惣兵衛
一〇〇	廣田千代
一〇〇	齋藤理助
一〇〇	佐藤イト
一〇〇	磯野彦兵衛
一〇〇	瀧定助
一〇〇	高野清一
一〇〇	遠佐武之
一〇〇	中村治郎兵衛
一〇〇	中川宇八
一〇〇	久保行作

株数	人名
一〇〇	山本徳次郎
一〇〇	山口朗貞
一〇〇	吉田喜助
一〇〇	原見龍
一〇〇	蜂須賀久太郎

小計
二拾万二千五百拾八株
四百五拾五人
百株以上之分

イノ部

株数	人名
一〇	板倉勝達
四五	稲葉正邦
一九	稲葉正巽
三二	石川成徳
五〇	井伊直安
八	石山基文
四	生駒江美
一二	今井喜右衛門
八	糸井直明
四	糸井久仁
四	入澤義臨
三八	稲垣千穎
一〇	石原近義

株数	人名
一〇	稲生正道
六	伊澤茂兵衛
六	岩城隆他
二	岩城隆邦
一〇	入澤敏行
四	井上正順
六	池田政禮
二〇	池田政保
一〇	板倉勝弼
五〇	伊藤由弘
二〇	池田守拙
八	伊東長壽
二一	稲垣長敬
四〇	伊地知貞馨
二四	池田勝吉
六	今城定徳
二	井上正巳
四七	井上正直
一〇	石丸龍太郎
二〇	池田彌一
一一	今井盛俊
二〇	岩重[illegible]
五	板倉勝弘
四	磯野弘登
四	飯塚新太郎

五

ように同社設立に際しての発起人として、安場は五〇〇〇円の金額を醸出している。これは会社設立にともない株式に組入れられ一株五〇円額面の株式一〇〇株を保有することとなったとみられる。明治一九年六月三〇日現在の同社『株主姓名簿』に一〇〇株主として安場保和の名が載せられている（一〇四〜五頁）。ただし、その後同二七年・二八年・二九年および三一年の各六月三〇日現在の同社「百株以上株主人名表」にはどれにも安場保和の名が見えない。さらに彼の歿後の同三四年六月三〇日現在の同社『株主姓名簿』には安場保和の名はもとより、安場の姓をもつ株主も存在しない。おそらく安場は生前に同社株式を売却整理したものと考えられる。日本鉄道会社は財務や経営の基礎も確立した優良企業で、いずれ有利な条件で国有化が約束されており、その株式は資産株として評価の高いものであった。それをあえて売却整理したとしても、今更その間の事情を確かめるすべもない。

ただ、安場の追懐録（村田保定編）の一節に、かねて安場の抱懐する「公けより得たものは公けのものに使ってしまふという主義」から、いやしくも国家の公職・政府の高官という地位に在った者が「死して余財あるは陛下に背く所以」として、同人が「日本鉄道の設立の折……尽力したので……お禮に二三百株の贈呈を受けられたが、一年か程でそれを公けのために使ってしまはれた(78)」との記述がある。

すでに時代は資本主義社会に移行しつつあり、その経済組織に根ざした鉄道会社の計画とその実現に奔走しながら、安場はその事業が国益・公益に奉仕すべく無事始動するまでに漕ぎ着けたことで「事成れり」とし、その上に経済的私益を受けることをいさぎよしとしなかったというわけである。それこそ西郷隆盛の有名な「児孫ノ為ニ美田ヲ買ハズ」という生き方と共通するものであり、西郷と同じく近世以来の武士の気骨を稜々と持ち続けた安場の人生の美学としてうなずけるというものであろう。

鉄道国家日本の先蹤者――結びにかえて――

安場自身は当初気が進まぬまま同行した岩倉使節団でのアメリカ大陸横断旅行における鉄道初体験が、その後の彼の日本鉄道会社設立に向けての主導的な関与への強い動機づけとなったことは、如上の論述を通して明らかにされたといえよう。さらに日本鉄道会社設立への積極的な取組みとその達成というあらたな体験を重ねて、いっそう深まった鉄道事業への認識と関心が、のち福岡県令在任中の安場をして、管内の有志者グループによる鉄道私設運動に地方長官として力を致させ、九州鉄道会社としてその実現を見るに至らしめたのである。やがてその後の明治三九～四〇年に主要私設鉄道一七社が国有化され、日本鉄道の基幹線区は東北本線・常磐線として、九州鉄道のそれは鹿児島本線・長崎本線として、それぞれ日本国有鉄道の全国的幹線網を形成する一環となる。

鉄道という近代の交通文化は、明治維新期のわが国の指導者階層の人々に均しく強いインパクトを与えつつ、薩摩系の陸軍首脳部など一部反対派（西南戦争を機に賛成に転じたが）を除いて、彼らの多くはその重要性・有用性を予見しその導入に前向きの姿勢を示した。その中でも安場保和は、当時のわが国の近代国家へのテイク・オフにすぐれて有用な文明の利器、文化の伝達ネットワークとしての鉄道の役割にいち早くめざめ、その実現に主導的に関わったという点で、その歴史的役割は高く評価されてよい。

わが国はその地形的・風土的特性から、上古以来久しく道路交通が未発達ないし整備途上的段階にとどまり、代って沿岸・河川航運が国内交通の主役的存在として機能していた。それが明治期に入ってから、地形や風土の制約条件を、新しく導入された鉄道が乗り越えつつ、近代化した国内航運を従属化し、それにとって代って国内交通の主導的役割を担うことになった。以来、実に昭和期も戦後の三〇年代に到るまで近代日本は世界有数の鉄道国家であった。その路線を創設した先覚的人物の一人として、安場保和の名は永く銘記されて然る可きであろう。

(1) 社団法人日本交通協力会編『鉄道先人録』(日本停車場株式会社、昭和四七年一〇月) 三六七~八頁。
(2) マリウス・ジャンセン稿/太田昭子訳「アメリカにおける岩倉使節団」(『岩倉使節団の比較文化史的研究』、思文閣出版、平成一五年七月) 一九頁。
(3) 田中彰『岩倉使節団「米欧回覧実記」』(岩波書店、平成六年二月) 六三頁。
(4) 岡崎正道『異端と反逆の思想史』(ぺりかん社、平成一一年一月) 七五頁。
(5) 大久保利謙『岩倉使節の研究』所収史料集 (宗高書房、昭和五一年一二月) 一六八頁。
(6) 同右、一六七頁。
(7) 村田保定編『安場咬菜・父母の追憶』(安場保健、昭和一三年一二月) 二二頁。
(8) これ以後の旅程については、大久保前掲書の年表による。
(9) 久米邦武『特命全権大使米欧回覧実記:第一巻』(岩波文庫版、岩波書店、昭和五二年九月) 八五~六頁。
(10) 同右、八六~七頁。
(11) 同右、九二頁。
(12) 同右、九五頁。
(13) 同右、一〇〇頁。
(14) 同右、一〇四頁。
(15) 同右、一〇八~一二八頁。
(16) 同右、一一三~四頁。
(17) 同右、一一四~五頁。
(18) 同右、一一五頁。
(19) 同右、一一七頁。
(20) 同右、一一三~四頁。

(21) 『男爵團琢磨伝・上巻』(同編纂委員会、昭和一三年一月)六七頁。
(22) 同右、六七～八頁。
(23) 久米前掲書、一二九～一四五頁。
(24) 柳田国男『明治大正史・世相篇(第六章の三)』(『定本柳田国男集:第二四巻』、筑摩書房、昭和五五年一〇月)二六二～三頁。
(25) 久米前掲書、一四八頁。
(26) 同右、一五一頁。
(27) 同右。
(28) 同右。
(29) 同右、一五一～四頁。
(30) 同右、一五五頁。
(31) 同右、一五六頁。
(32) 同右、一五六～七頁。
(33) 同右、一五九頁。
(34) 同右。
(35) 同右、一六一頁。
(36) 村田前掲書所収、安場保和他年譜、二二一頁。
(37) 久米前掲書、一六七頁。
(38) 同右、一七二～七頁。
(39) 同右、一九一頁。
(40) 同右、二一〇～一頁。
(41) 同右(校注二一二)三八七頁。
(42) 村田前掲書、二二一～三頁。

(43) 原田勝正他編『日本の鉄道　成立と展開』（日本経済評論社、昭和六一年五月）五〜六頁。
(44) 泉三郎『新・米欧回覧の記――一世紀をへだてた旅』（ダイヤモンド社、昭和六二年四月）五六〜八頁。
(45) 岩倉翔子「岩倉使節団と維新前後の日本使節」（『岩倉使節団の再発見』、思文閣出版、平成一五年三月）六三頁。
(46) 宇田正「明治前期の幹線鉄道建設と地域中核都市――愛知県尾張部名古屋の場合――」（『追手門経済・経営研究』二号、平成七年三月）。
(47) 太田黒重五郎『思出を語る』（同翁逸話刊行会、昭和一一年七月）一〇一頁。
(48) 同右、一一四〜六頁。
(49) 『日本鉄道史・上篇』三三五〜八頁。
(50) 同右、三四一頁。
(51) 同右、三四八頁。
(52) 同右、三四八〜五二頁。
(53) 同右、三五六〜八頁。
(54) 同右、三六四〜八頁。
(55) 同右、三九五頁。
(56) 同右。
(57) 同右。
(58) 村田前掲書、一二七頁。
(59) 『日本鉄道株式会社沿革史（第一篇）』（日本経済評論社復刻版、昭和五五年四月）二七頁。
(60) 『日本鉄道史・上篇』三九五〜六頁。
(61) 同右、三九六〜九頁。
(62) 同右、三九九頁。
(63) 村田前掲書、一三二頁。
(64) 『日本鉄道史・上篇』三九九頁。

(65) 同右。
(66) 同右、四〇〇頁。
(67) 同右、三九九～四〇〇頁。
(68) 同右、四〇四～六頁。
(69) 村田前掲書、一二九頁。
(70) 前掲『日本鉄道株式会社沿革史(第一篇)』六二頁。
(71) 『日本鉄道史・上篇』六九八頁。
(72) 同右、七一一頁。
(73) 同右、七一二頁。
(74) 前掲『日本鉄道株式会社沿革史(第一篇)』一六九～七九頁。
(75) 『日本鉄道史・上篇』七五一頁。
(76) 同右、七五三頁。
(77) 村田前掲書、一三四頁。
(78) 同右、四五三頁。

Ⅱ章　日本人一般の鉄道認識の形成

「陸蒸気」呼称考――「陸運河」としての一面――

はじめに

「陸《おか》蒸気」とは、明治初期のいわゆる「文明開化」の時代において、わが国民一般の間にひろく用いられた鉄道の呼称であったが、同時にそれは「文明開化」そのものを鉄道によってシンボライズするまでに深い思い入れをもって、人々が口にした言葉にほかならなかった。

通俗書の記述ではまま「岡蒸気」という表記も見られるが、これは本来の語義からして妥当なものとはいえず、たんなる宛て字として安易に誤り記されたものであろう。

「陸蒸気」という言葉は、蒸気鉄道がわが国内において発達・普及するにつれ、一般呼称としては「汽車」にとって代わられていくが、鉄道の歴史に関心をもつほどの人々の間では、かならずしも「死語」となってしまったわけではない。否、むしろこの言葉の成立には、わが国鉄道史の歴史的特質が大きく反映していると考えられる。そうした視点から、本稿では、その語義およびその成立の背景、ならびにその慣用例などの検討を通じて、そうした呼称を生み出し、用いた当時の日本人の鉄道認識を再確認することにより、わが国の鉄道史の内面的理解をより深めたいと思う。

一　主要辞書に見える「陸蒸気」の語義

大槻文彦著すところの『言海・第四冊（「つ」以下）』（明治二四年四月初版）によれば、次のように「をかじょうき」（陸蒸気）を見出し語に立てて語解がなされている。

++をか-志-や《ヨ》うき（名）［陸蒸気］〔陸ノ蒸気船ノ意〕蒸気車、汽車、ノ俗称。

凡例にしたがえば、見出し語の頭の「++」は「訛語《ナマリ》、或、俚語《サトビコトバ》、又ハ其ノ注ノ標」、「（名）」はもちろん名詞、「［　］」は「和の通用字」の表示、「〔　〕」は「語《コトバ》ノ原《オコリ》ノ注ノ界」を示す記号である。要するに、『言海』の権威において規定されたように「陸蒸気」というのは「俚語」・「俗称」のたぐい、言いかえれば庶民一般レベルの常用語でしかなかったために、概念の表記としての成立について確たる初出出典などに拠る文献的な検証は、少々むずかしいようである。

後年になって、大槻の『言海』が増補改編された『大言海・第四巻』（富山房、昭和一〇年九月）においても「をかじょうき」（陸蒸気）は見出し語としてその姿をとどめており、その語解も、

をか《オカ》-志ヨうき《ジヨウキ》（名）［陸蒸気］〔陸ノ蒸気船ノ義〕又、蒸気車。汽車ノ俗称。

とあるように、ほぼ『言海』の記述をそのまま踏襲していることがわかる。

当時、一般にひろく用いられた、そのほかの国語辞典のたぐいでは「陸蒸気」をどのように取り上げているであろうか。さっそく机辺の二、三の辞典を検してみた。

まず、落合直文著作・芳賀矢一改修にかかる『改修言泉・第五巻』（大倉書店、昭和五年七月）を元版とする『日本大辞典　言泉（ふ―を）』（日本図書センター、昭和五六年五月）に当たってみると、

をか‐じようき　陸蒸気〔名〕「汽船を、当時、蒸気船と呼びしに対していへる語」きしや（汽車）に同じ。〔明治の初期の語〕

と述べているだけで、とくにどうということもない。

次に、下中弥三郎編『大辞典　第三・四巻（イム―オサン）』（平凡社、昭和九年一〇月初版、同二八年五月縮刷第一刷）から「陸蒸気」の語に関する記述を紹介しよう。

オカジョーキ　陸蒸気《をかじやうき》・岡蒸気　㈠明治初期の語。汽車の異称。汽船を蒸気と呼びしに対していつた。木間星箱根鹿笛・序明「先づ第一が郵便に、それから電信陸蒸気、早い話が今朝新橋をのり出して神奈川へつき」㈡新聞雑誌記者。汽車・記者の字音の同一なるによる。

「陸蒸気」が新聞記者や雑誌記者の異名というのもジャーナリズム文化史の上でおもしろい一証言であるが、ここでは「陸蒸気」の語の用例を引いてその出典を暗示し史料的な裏づけをしているのが、より興味ふかい。ただし惜しむらくその部分の記述は、辞典という性格上字数の制約があったとしてもやや不備であり、引用も粗漏である。「木間星箱根鹿笛《このまのほしはこねのしかぶえ》」は、幕末～明治前期の高名な劇作家河竹黙阿弥（文化一三～明治二六）の作品であり、上の引用部分の原文（登場人物の一人、伝八の台詞）を示せば次のとおりである。

先づ第一が郵便に、それから電信陸蒸汽、ちよつとした早い話が、今朝新橋を乗出して神奈川へ着き、直に馬車で二十里ある小田原へ其日の内に来ると云《いふ》のは、こりやあ以前に出来ねえ事だ。(1)

さらに、昭和戦後の事例として、日本大辞典刊行会編『日本国語大辞典・第三巻』（小学館、昭和四八年五月）から「陸蒸気」の語に関する記述を紹介してみよう。

おか‐じょうき　をか……　〔陸蒸気〕〔名〕（汽船を蒸汽船といったのに対して陸を走るところから）汽車の俗称。明治初期の語。※歌舞伎・繰返開花婦見月（三人片輪）―三幕「もしや二人が陸蒸汽（オカジョウキ）で横浜へでも走りはせぬか、ステンショへ行って聞いて見よう」※今昔較〈岡三慶〉下「軍艦は勿論輸送船迄も、多く西洋船を用ゆる様になり、遂に陸蒸気（ヲカジャウキ）も我有となりしも」発音オカジョーキ〈標ア〉ジョ〈京ア〉ジョ

しかし、戦後なお十数年間、わが国鉄で現役として働いていた「汽車」も、鉄道電化という時代の潮流のなかで引退して行った。かつて「汽車」と「記者」の同音性から新聞記者の異名にまでなった「陸蒸気」のイメージでは、もはや現役のニュース報道・マスコミの展開についていけまい。そうした呼称はとっくの昔に「博物館」、否「古語辞典」入りしてしまったのである。

二　文明開化期文献に見える鉄道関係語句

それにしても、およそ辞典のなかに配列されている言葉というものは、できるかぎり純粋な概念として抽象化され、標本のように生気がないようである。そこで今度は、辞典というカテゴリーからはなれて、現実に「蒸気機関車」がこの国の人々の内面にはげしい衝撃とつよい感動を与えつつ登場したころと、ほぼ同時代に書かれた文献のなかに、「陸蒸気」という言葉がどのように読み取れるかを、さぐってみることにした。

さしあたり、この調査の対象としたのは、明治文化研究会編『明治文化全集・第二十四巻（文明開化篇）』（日本評論社、昭和四年四月初版、同四二年八月第二版第一刷）一冊である。この本の「狙ひどころは、明治初年の日本人の社会生活を規定せる所謂文明開化なるものの真相如何を明にせんとした所にある。彼等は文明開化を如何に解したか、又文明開化を如何なるものとして説き且つ謳つたか。（略）賞めたにしろ誹つたにしろ、私共は、之等の卒

直簡素な言葉のうちに当年の思想的水準を味ひ得るを喜ぶものである。（略）本篇は、それが正しき解釈だらうが間違つた表現だらうがそれに頓着なく、たゞ文明開化と云ふ華やかなりし標語が、当時の公私両面の市民生活の上に如何様に流れ居りしかを見んと期するものである。（略）従つて文献蒐集の範囲を、大体文明開化の風の最も強く吹きすさんだ明治六・七―十一・二年頃に限つた」（「編輯後記」）結果として、加藤祐一著『文明開化』（藤廼家、明治六・七年）以下一五点の文献が復刻、収録されている。個々の文献についてその内容の検討は割愛し、この本の全篇を通じてしらみつぶし的に「文明開化」のシンボルとしての「鉄道」に関する語句の用例をさぐりもとめ、とりあえず確認できたその語句例と使用回数とをまとめてみると、次のとおりであった。

語句（ルビ）	回数
鉄道	38
銕道	5
鉄道滊車	1
鉄路	2
鉄車道	2
鉄車滊船	1
英仏海底鉄道	1
東西鉄道	1
蒸気車	7
蒸気車（おかじゃうき）	1
蒸気車船	1
蒸気舟車	2
蒸気の船車	1
蒸気のけぶり	1
蒸気行動（じゃうきせんじゃうきしゃ）	1
汽（じゃうき）	1
汽車	5
汽車（じゃうきしゃ）	1
汽車（くるま）	1
滊車	1
滊車（ジャウキシャ）	1
陸汽車（おかじゃうき）	1
機関車	2
停車場	1
停車所（すていしょん）	2
スティション	1
ステーション	1

同じように、机辺にあった戦前の改造社版の『現代日本文学全集・第一巻　明治開化期文学集』（昭和六年一月）

にもざっと目を通してみると、たとえば「蒸気車」「鉄道見物」（仮名垣魯文『牛店雑談安愚楽鍋』）、「轍路」「汽車」「大印土鉄道」「停車場」（川島忠之助『新説八十日間世界一周』）、「汽車」「停車場《スティション》」「鉄道」（末広鉄腸『政治小説雪中梅』）、「一番汽車」「鉄道」「北越鉄道」「日本鉄道会社の新線路」「汽車」（須藤南翠『雨牕漫筆緑蓑談』）などの語句がかなりの数で散見しているにもかかわらず、「陸蒸気」の一語は見当たらない。また、さきの『明治文化全集（文明開化篇）』でも同類語の訓として「おかじやうき」が二例確認されただけで、「陸蒸気」の語句そのものは用いられていない。

これらの検討作業の結果だけから断定することをゆるされるならば、やはり「陸蒸気」という言葉は文字に書きのこされるたぐいのものではなかったのである。

「陸蒸気」という表現には、もともと四角張った漢字が並んだお堅い書物の文章のなかにおさまるというイメージよりも、むしろ、そんな書物とは関係のない市井巷間の庶民大衆の口から耳へ、耳から口へと伝えられたものらしい「下世話な」語感がただよっていると見てよい。

そもそも「陸蒸気」の語源となった事物、すなわち幕末嘉永六年提督ペリーのひきいるアメリカ合衆国艦隊のいわゆる「黒船」の威力を、はじめて目のあたりにしたわれわれの父祖の素朴な驚きが、維新の動乱期を乗りこえていくなかで、しばらくは「蒸気」の船への強烈な思い入れとして、日本人庶民大衆の心裡に消えがたい痕をのこしたのであった。その時のカルチュア・ショックが、まだ日本人一般の心裡に残響をとどめているうちに、踵を接して維新早々わが国に持込まれた鉄道が、陸上において「黒船」と同じく蒸気機関により駆動・推進される強力な輸送手段、つまり陸上の黒船というイメージをもってつよく印象づけられ、やがて来たるべき鉄道時代を人々に予感させたものであろう。

こうして、文字的概念や文献的知識などを直接の媒介とせず、もっぱら素朴な実感的体験を通して鉄道が人々に意識の変革をうながす中で、「陸《おか》」の上を走る「蒸気船」という意表に出たイメージの結合がなされて「陸蒸気」という口にしやすい表現をとるようになったと考えられる。さきに掲げた辞典の記述において、その語句の用例として紹介されている三つの引用のうち二つまでが戯曲の台詞であることからもうなずけるように、まさしく「陸蒸気」という語句は、より多く当時の人々の口の端にのぼった言葉であったのであり、すでに見てきたとおり、その語句自体が或る特定の口語的叙述の一部として用いられていて、書物・文献のなかで見られることははなはだすくないのである。

ただし、それはあくまでも「陸蒸気」という語句が文字によって表記され、文章の上にその姿をとどめる事例が、はなはだすくなかったということである。それにもかかわらず、あえて『言海』以下多くの権威ある国語辞典が、当今の『広辞苑』（第四版）にいたるまで同じように「陸蒸気」という語句を採用してきたという事実こそが、実は重要なのである。そのまぎれもない事実は、この国に公共交通機関として汽車が走りはじめて、ようやく文字どおり鉄道事業が「軌道に乗った」時代に、この「陸蒸気」という語句が「書き言葉」としてよりもむしろ「話し言葉」としてよりひろく一般大衆の間に用いられ、「文明開化」の取っ付きやすいイメージとして成立していたことをうかがわせるに足る。

それでは、当時、せっかく「蒸気車」という正式の語句があったにもかかわらず、それの使用については官公吏・文士・紳士・学者・教師・書生らひとにぎりの識字・読書階級にゆだねて、世間の一般大衆はなぜもっぱら「陸蒸気」という語句を、好んで口に上せたのであろうか——このことを、すこし考えてみたい。

三 「蒸気船」と「蒸気車」

いうまでもないことだが、「陸蒸気」の蒸気は「蒸気船」の蒸気に由来しているのであって、「蒸気車」のそれではない。とすれば、この二つの語句を対比してみることによって、何かがわかるかもしれない。

まず、「陸蒸気」の語源ともいうべき「蒸気船」の語句は、幕末開国期のわが国民の「黒船」初体験当時から明治時代にかけて文章の中で一般的に用いられる公式の言葉として、書物・文献中にしばしば見出される。

開国当時の文献で「蒸気船」の語句の見える例として、いわゆる「亜米利加応接書」(2)が挙げられよう。これは、日米修好通商条約締結交渉の要務を帯びて、安政三年(一八五六)八月に来日したアメリカ合衆国の駐日総領事タウンゼント・ハリスが、翌四年一〇月、江戸に出府して一三代将軍徳川家定に謁見したあと、老中首座堀田備中守正睦《まさよし》を訪ねて親しく当時の国際情勢を説明し、とりわけ蒸気機関の開発と実用化によって世界の動向が一変したことを縷々力説した際の談話の筆録の和訳である。正しくは「御対話書」とよばれ、幕府の評定所で評議に付されたもので、大名・旗本一同にも「十月廿六日於備中守亜墨利加使節申上趣」という形で示された。そして、幕府をして翌五年六月、勅許を得られぬまま日米修好通商条約の調印に踏切らせる重要な一契機となったものであった。

その文中、随所に、

一　五十年已来西洋ハ種々之変化仕候儀ニ御座候

一　蒸気船発明以来遠方掛隔候国々も極手近く《(ママ)》様相成申候

（略）

一　カルホニヤ(ママ)ゟ日本江十八日ニ而参候儀出来以多し候儀蒸気船発明在之儀ニ御座候

一　右蒸気船発明ゟ諸方の交易も弥盛ニ相成申候

（略）

一　西洋各国にてハ世界中一族ニ相成候様いたし度心得ニ有之右者蒸気船相用候故ニ御座候

（傍点引用者、以下同）

というように、「蒸気船」の語句が散見される。

やがて、幕末も迫る万延元年（一八六〇）、条約批准交換のため渡米する幕府外交使節団に随行した福沢諭吉が、たまたまサンフランシスコで入手した清国人子卿著の英・中対訳辞書『華英通語』の中味をそのまま用い、収録された語句にいちいち日本語（片仮名）で発音と訳語とを付して同年刊行した『増訂華英通語』[3]のなかの「船隻類」の項四六語のうちに

steamer　スチーマル

火　船　ギョウキセン

と見えて、ここに片仮名ながらその語句が明記されている。

同じく福沢によって慶応元年（一八六五）閏五月執筆された『唐人往来』[4]（江戸鉄砲洲某稿とある）の一文中、世界の五大洲を並べて比較して見ても「唯一、洲の内不残繁昌して学問も武術も格別に世話行届き、砲術調練の盛なるは勿論、其他蒸気船、蒸気車等、便利よき道具を作り、人手を費さずして、師《いくさ》の備を為し平日の用も達し、安楽にして国の強きは欧羅巴洲に限るなり」と述べて、「蒸気船」の語句が「蒸気車」とともに登場してくる。次いで翌慶応二年に刊行されて福沢の名を一世に高からしめた『西洋事情・初編』[5]においては、まず巻頭の扉のペー

ジ上部に「蒸汽済人　電気伝信」（蒸汽、人ヲ済《すく》ヒ、電気、信ヲ伝フ）の対句が掲げられ、ページ中央に、五大洲を描いた地球とその外周に張り渡した電信線の上を駆ける郵便脚夫とを配し、その下寄り左右に、空中に浮かんだ気球と都市の建物群とが遠景で小さく描かれ、そしてページの下方に大きく、いずれも煙を吐いて運行中の「蒸気船」と「蒸気車」の図が人目を惹く。その本文「巻之二」に収められた「蒸気機関」「蒸気船」「蒸気車」の一連の解説は、文語調ながらよく要領を得たものといえよう。

さらに、明治維新ののち明治五年（一八七二）刊行の福沢の『素本世界国尽』(6)のうち「欧羅巴洲《ゑうろっぱ》」の項において「英吉利は……人口二千九百万、百工技芸、牧、田畑、産物遺《のこ》る所なく、中にも多き鉄、石炭、蒸気器械の源は、用て尽きぬ無尽蔵、知恵極りて勇生じ、水を渡るに蒸気船、万里の波も恐なく、陸地を走る蒸気車は人に翼の新工夫」と言葉巧みな七五調で、世界一の文明国としての発展ぶりが謳われている。

このように、明治維新の前後に「蒸気船」という文明の新施設は、その語句が福沢の著述において見られるように多くの場合「蒸気車」のそれとワンセットで用いられつつ、その実体がわが国の人々にひろく紹介されていった。とりわけ「蒸気船」の方が、語句として、学制公布後盛んに編纂された学校用の教科書や一般向啓蒙書のたぐいにもより多く用いられた。それどころか、実際に海運事業組織体の公称にまで、それは「蒸汽船」と表記をすこし変えて使われた。すなわち、明治五年設立の「日本政府郵便蒸汽船会社」（明治三年、政府の通商司の監督のもとに、貢米輸送を主たる目的として三井組ほか有力商人資本により設立され、政府所有船舶の運用を委託されていた半官半民的色彩の「回漕会社」が、経営不振により解散し、その業務を過渡的に引継いだ「回漕取扱所」が、改組されたもの。のち「日本国郵便蒸汽船会社」と改称）、同七年設立の「三菱蒸汽船会社」（同三年、岩崎弥太郎が土佐藩所有船舶を借受けて開始した海運事業を母体として設立。のち「郵便汽船三菱会社」と改称）などがそれであった。しかし一方、記録や文章の上では語句としてしばしば「蒸気船」とならび用いられていたにせよ、現実に、個別的な意味内容をそなえた「蒸気車会社」の社名を冠する鉄道事業体は存在しなかったようである。

たしかに、幕末開国に当たり、幕府の対外的接触の過程で「蒸気船」・「蒸気車」などの公式用語が造られた。そして「蒸気船」の方は、四面環海のわが国として年々出入船艘数を増し、国内政治・軍事・経済の各面に大きな影響を与え明治維新へと大局を導いた現実的な力であった。「蒸気船」はまた、開国当時、世間で流行した時局諷刺の狂歌でも「太平の眠りを覚ます正喜撰たつた四はいで夜も寝られず」と、覚醒剤的効能のつよい上質の茶になぞらえられたとおり、それにシンボライズされる西洋近代の機械文明の威力にはじめて触れた日本人に、その伝統的な意識からの覚醒をつよくうながしつつ、結果的にはわが国の永きにわたった鎖国体制を打破して日本人の世界認識をあらためさせたという意味で、大きなカルチュア・ショックでもあったのである。「蒸気船」による日本人の意識革命がこうして現実に進むなかで、その語句自体が「蒸気」と簡略化して用いられる場合も多かった。

ところが「蒸気車」の方は、さきの「蒸気船」と同じようには現実的な意味をもたなかった。公式用語としては嘉永七年ペリーの再度来日の際にアメリカ合衆国大統領から将軍に献呈された「蒸気車四分之一雛形」を受入れるに当って作られたものであり、当の「蒸気車」の現物は将軍以下ごく一部の上級武士たちの前で展示・運転されただけで、そのあと研究資料として開成所に保管され、さらに海軍所に移管されたが、そこで火災のため滅失したといわれる。(7) このほかにも、国内のごく一部（長崎など）で実際に「蒸気車」の模型の試作や実物の展示・運転が見られたが、いずれもたんなるデモンストレーションに終っている。

要するに、幕末開国から維新への過程で、「蒸気車」は、「蒸気船」の場合とちがい、国内において持続的なかたちで輸送サーヴィス活動を実現しなかった。そのため「蒸気車」は、よかれあしかれ「蒸気船」のように当時のわが国内政治・軍事・経済に実効を及ぼすことなく、また日本人一般にとって内面的にもほとんど影響することがなかった。ごく一握りの日本人だけが「蒸気車」について多少具体的な情報を有しているにすぎなかった。したがって、大半の日本人は、国土のまわりの海域や開かれた港市を舞台に実際に活動しつつある「黒船」の強烈な実感的イメージから、直接間接に「蒸気船」のはたらきについてかなり明確な認識をもつことができたのに反して、「蒸気車」についてはほとんど知るところがなかったといってよい。

ところが、まもなく明治維新を経て、わが国にはじめて本格的な実現を見た「蒸気車」というものが、すでに先年の「黒船」ショックを通して、動力エネルギー近代化の一大技術革新たる蒸気機関の威力に開眼した日本人にとって、原理的に「蒸気船」の延長線上のあらたな一応用事例であると感得されたのは、けだし自然なことの成り行きであった。

同時に、「蒸気車」というその名称が、成立事情からして公けの記録あるいは学問的啓蒙文献の中に見えるだけで、当時の日本人にとって実感的イメージをまったくともなわないばかりか、そもそも歴史的に見ても、陸上の人貨輸送手段としての「車」＝道路交通の伝統を欠いた一般の日本人にとっては、明治初期のころ、「蒸気」プラス「車」の造語によるイメージ喚起力が乏しかったことは否めない。

四　「陸蒸気」概念の庶民的形成

そうした歴史的な諸事情からして、維新政府が明治三年（一八七〇）三月に京浜間鉄道建設のための測量や翌四月に「蒸気車会所」建築用地整備などに着手し、二年後の明治五年にわが国最初の「蒸気車」開業にこぎつけたのに、一般の日本人は公式用語の「蒸気車」を唇にのぼすよりもむしろ、陸上交通への蒸気船の転化・応用形態として「陸蒸気」の呼称をもっぱら用い、これが通俗用語となって、ひさしく盛行を見たのであった。

ここで、ふと考えてみると、国家の公権力が建設・運営する陸上交通機関たる「蒸気車」のことを、巷間市井の人々が水上交通機関たる「蒸気船」の名称を陸上にすこしシフトさせて「陸蒸気」と呼んでいたということは、庶民的発想の自在さということだけではなくて、何か隠れた意味がありそうである。

わが国では、もともと国土の大半を占める山岳性の地形ゆえに土地の高低の差異がいちじるしく、それに加えて風土的条件をなすモンスーンがもたらす降水量の豊かさゆえに山地から流下する大小河川が多いことからして、古来、道路交通の発達にとっての障碍が多かったために、さきにもふれたように「車」による人貨の陸上輸送の伝統がすくなかった。

そのかわり、河川・湖沼や近海・沿岸の航運が歴史のなかでしだいに発達をとげたのであって、とくに近世期に入ってからは「天下泰平」下の国内生産・消費経済の発展に対応しつつ全国各生産地・集散地を脈絡する中小河川の航運と連絡・接続して沿岸航運体系が京・大坂・江戸などの大消費地とつながる物資流通の幹線ルートを確立・整備し、まさしく「船」が国内の流通経済の主たる担い手となっていた。こうした歴史的展開を通じて、わが国では、遅くとも近世期中頃にはすでに、人貨の輸送とくに重量貨物の輸送は「船」によるべきものとする一種の固定観念が一般に人々の内面に刷り込まれていたと見てよかろう。そのことを裏付けるひとつの事例がある。

信州と飛驒とを結ぶ野麦峠越えの街道は、明治期に入ってから諏訪の地で製糸工女として働く飛驒の娘たちが往き帰りしたルートであり、いわゆる「女工哀史」の一齣をなす近代史蹟としてよく知られるようになったが、実は、それよりも早く、近世期においてこの街道の主役として重要な役割を担っていたのは、当時この地方一円を支配していた尾張徳川家公許の牛背積荷輸送業者たちであった。古くから飛信短絡ルートとして開かれ、内陸の信州中部へ北陸方面からの海産物などを運び込む生活路線としての役割を担うこの街道を重要視した尾張徳川家は「尾州岡船　木曾奈川組牛」[8]と明示した鑑札を交付して、地元の奈川村産の強健で知られた奈川牛を使役する地元村民に、牛方としての街道稼ぎを公許していたのである。

　このように、重い荷物を背負って嶮しい峠を越え、長距離貨物輸送の労に当たる役牛に「岡」すなわち陸上の「船」になぞらえた呼称をつけたという歴史上の一事例は、まさに、重量貨物の輸送を担うものであればそれを「船」と結びつけ同化させる感覚が、わが国の人々の内面に深く根ざしているという見方をうなずかせるに足るものといえよう。そうした感覚が、やがてのち明治期に入って、早々に鉄道が導入されたとき、その前代未聞の輸送性能に目をみはった多くの日本人の内面において、あらたに鉄道を「陸」上における、強力な重量貨物輸送手段＝「蒸気（船）」というイメージに結びつけたのは、いかにも自然なことであったと思われてならない。これこそまさに庶民ならではの造語感覚であろう。

「陸蒸気」という明治初期の鉄道の俗称は、このように当時の日本人が、みずからの内的体験のうながすままに描いたところの、陸上交通近代化のイメージであり、あえていうならば庶民の間の通用語であった。人々はこの呼称を、自分たちに身近な言葉としての親しみといささかのハイカラ気取りをもって、口にし、耳にしたにちがいない。

　それだけにまた、この呼称は公式の記録や硬派の文献の取扱うレヴェルからはずれていたため、文字に写して後世に遺し伝えられることがはなはだすくないという結果になったのは、前述したとおりである。

これにひきかえ、「蒸気車」という呼称は、幕末の新知識・啓蒙家がこれを用い、明治維新期の政府も旧幕府の用いたこの呼称をそのまま、あらためて公式用語として採り入れているように、政府・指導者クラスの言語感覚に根ざすものであった。当然ながら、当時の官設鉄道の職員たちも「陸蒸気」などと口にしたり筆にしたりするはずはなかった。

一例として、幕末紀州藩士の家に生まれ、幕府の海軍操練所伝習生から維新ののち民部省准十三等土木司出仕を皮切りに、主として工部省鉄道局の技術者としてわが国の初期鉄道建設に従事した松本芳正なる人物が、その間の慶応二年から明治一〇年にかけて断続的ながら日記を書きのこしているなかに、次のような一節がある。

明治四年
九月
十一日　八山出張　晩より　岩（註、岩井屋泊）
十二日　同所　午後七字辞令来　同
鉄道中属申付候事　辛未九月　工部省
（略）
十七日　雨　岩
夜蒸気車着　スチームボート運上所前ニ沈
（略）
二十三日　ソンデー（註、日曜日）同
モーレル（註、御雇イギリス人鉄道建築師長）病死ス

二十四　　　　　　　　　　　同
　モーレル妻死ス
　　（略）

十月
二十四　東海寺迄鉄道終　浜（註、横浜）行　三字帰　泊
　（略）

11（註、十一月）
7（註、十一月七日）本日浜ヨリ高輪迄始テ銕道結付ク
　（略）

十二日　七字八山出張　蒸気車一輛　アーレン（註、汽車器械工）当所エ出張　泊
　（略）

明治七年甲戌年　千八百七十四年

十月
二十五日　晴尤暖　日（曜日）　午前八時出張鈴子峻嶮所辺曲線測量杭打ヲ遂ケ五時半帰舘。去る十二日頃新橋ニテポインツメン心得違ニテ蒸（気）車蔵出シ三四人損害ノ由ヲ聞(9)

まさしくここに見られるように、「蒸気車」の語句はもともと「官」や「学」の権威に裏打ちされた公式の呼称として文書に表記されることも多く、いきおい一般の文章のレヴェルにおいてもひろく用いられた結果、硬軟を問わずさまざまな文献の上にそのあとをとどめることになった。しかし、その後やがて、さきの「蒸気船」が

「蒸」の一字を抹消するかわりに「気」を「汽」にあらためて、「汽船」という略式呼称が世間一般にしだいに定着していったのと歩調を合わせて、この「蒸気車」という呼称もいつしか「汽車」というかたちに統一されていったのである。

なお、話し言葉としての「陸蒸気」の方はいつ頃まで実際に用いられていたのであろうか。ひとつの参考資料として、筆者の管見に入った作家佐々木邦の随筆集『豊分居閑談』中の文章の一節を紹介しておこう。

（略）郷里沼津の辺を初めて汽車が通つて、それを見に行つた思ひ出がある。明治二十二年、私は七才で尋常一年生だつた。「明日は陸《をか》蒸汽《ママ》が通る。学校を休みにするから、皆見に行くやうに。」と先生が言つた。今日では或地方に鉄道が開通しても学校を休むことはあるまい。しかしその頃は陸蒸汽見学が一日の授業に勝る教育だつたのである。（略）[10]

純真な小学校児童がその受持教師の印象的な肉声をそのまま心耳に刻みつけたとすれば、明治二〇年代前半がひとつの目安になる。

佐々木の回想によると、「陸蒸汽見学」の当日は、黄瀬川の小関の鉄橋のそばで「川を渉つて待つてゐたら、東の方から機関車が一台、黒煙を吐きながら走つて来た。機関車丈けで客車も貨車もついてゐなかつたやうに思ふが、記憶の間違かも知れない。恐らく試運転だつたらう[11]」ということであった。

その付近の東海道線は、国府津・静岡間七一マイル二七チェーンがたしかに明治二二年二月一日に開通しているが、佐々木が尋常小学一年生になったのはその年四月からであり、その「陸蒸汽見学」は当然それ以後でなければならぬ。しかし東海道線は最後にのこった湖東区間の開通を待って同年七月一日に全線運輸開業となったことからみて、佐々木が見学したのは彼みずからいうように正式の開業をひかえての試運転であった公算は大きい。

富士山麓を流下する黄瀬川沿いの路線を含めて「山北沼津間二十七哩ハ渓谷原野共ニ傾斜ノ度強ク曲折迂回ヲ以テ線路ノ陂度ヲ緩ナラシメタルモ尚ホ四十分ノ一ノ勾配延長十哩余ニ渉(12)」ったということからも、この区間ではとくに運転習熟のために試運転が重ねられたことがあってもおかしくはない。

五　「陸運河《おか》」としての鉄道

鉄道を「陸蒸気」と呼びならわした明治初期の日本人の発想が、水上の蒸気船に代わって陸上において大量の重量貨物を輸送するものという認識に根ざしていることは、すでに述べた。

このようにわが国では、鉄道を水上交通の陸上版と見なすネーミングが「陸蒸気」という呼称で当時ひろく世間に流行し、国語として定着したのであった。それと同様に、水上交通の近代的陸上版ということからいえば、鉄道は、本来「陸蒸気」であるとともに、ないしはそれ以前に、「陸運河《おか》」だったのである。ところで「陸運河」とは、いかにも耳なれない呼称であるから、ここで、なぜ鉄道が「陸運河」ということになるのかを、まず説明しなければなるまい。

実は「陸運河」という呼称は、私の造語なのである。私の脳裡に、この前人未抱の奇妙なイメージが宿ったのは、英文学者小池滋の本を読んでいる時であった。その本というのは『英国鉄道物語』である。以下、同書の記述にしたがいながら私見を明らかにしたい。

鉄道の母国イギリスにおいても、鉄道がまだ発明されていない時代には、国内社会経済の発達にともなう大量の物貨輸送の需要の拡大に対処して、一八世紀後半から一九世紀初期にかけて大地主や貴族による運河の建設がさかんに進められた。イギリス国内の「あちこちに運河建設ブームが起って、一時は三千マイル（四八〇〇キロ）

を超える運河がイギリスじゅうに網の目のようにひろがった。イギリスの産業革命の発達を促したのは、原料、生産物、鉄、石炭を大量に運んでくれた運河であった」(13)。

運河とは、いうまでもなく大地に人工水路を開鑿して河川と河川、河川と海、あるいは海と海とを結ぶ水運ルートを設定し、そこを通航する各種の船舶から通行料金を取るシステムである。運河建設に投資して運河事業を掌握し多大の収益をあげている大地主・貴族階級の利害と、都市の新興工業資本家の利害とがあい容れなくなったとき、後者の進取的な近代化・技術革新の努力が鉄道という新しい輸送システムを実現し、ここに国内物資流通の大革命がひき起こされる。すなわち、交通界は運河時代から鉄道時代に入るのである。この両時代をつなぐ過渡的な存在が、ストックトン・アンド・ダーリントン鉄道なのであった。

……この鉄道は敷地とレールを所有しているだけで、それを一般の利用者に公開して、通行料を取ることを目的としていたのである。だから、時には馬の引く貨車が走るのが見られる。つまり、運河や有料道路と同じ営業をおこなっていたわけだ。地形が運河建設に適していなかったために、建設費が安くすむレールの道をたまたま採用しただけなのであった(14)。

全世界の鉄道の成立の模範《モデル》とされたイギリス鉄道の、筋目正しい歴史がここに示すように、鉄道という近代的輸送機関は、その成立過程においてごく一時的ながら、陸上における運河、つまり経路《ルート》だけ造って運搬器《キャリア》をもたないという形の交通サーヴィスを提供するものとして、まさしく陸上にあって運河と同じ機能を果たすという意味で「陸運河」だったのである。

しかし、わが国では、かつて鉄道を「陸蒸気」と呼びならわすことはあっても、「陸運河」という一般的呼称はおろか、そういう概念も成立しなかった。それもそのはずで、イギリスやヨーロッパ大陸諸国、アメリカ合衆国とはちがい、河川舟運や沿岸航路はそれなりに発達を見たものの、大局的にはあまりにも急峻な山岳性国土と社会的資本蓄積の低さとにはばまれて、わが国の交通史においてはいわゆる運河時代というものを欠いていたからである。

しかし、現実に歴史としての運河時代がわが国にはなかったとはいえ、運河の陸上版としての初期鉄道（たとえば、ストックトン・アンド・ダーリントン鉄道）すなわち「陸運河」という過渡的形態に似通った鉄道の構想が、次に述べるように、はるかに時代を下ってわが国で実現しているのは、興味ぶかい話ではあるまいか。それは、ある意味では鉄道自体がもつ遺伝子による「先祖返り」を思わせながらも、やはり新らしい時代の社会的要請が創り出したものであるにはちがいないが……。

私の知り得たかぎりでは、わが国内で、時代をへだてて前後二例の実現を見ている（ただし実際にはもっと同様の事例があり得たかとも思われる）。その第一の事例は、昭和四年から同一〇年にかけて北海道北部の小頓別・歌登・枝幸間などに四路線を逐次建設、開業した北海道庁拓殖部殖民軌道（のち歌登村営軌道）であった。私がその事実を知ったのは、鉄道旅行家・エッセイスト宮脇俊三の著書『失われた鉄道を求めて』（文芸春秋、平成元年）に収められた「歌登村営軌道」の一文によってである。その文中に紹介された同軌道の馬車軌道時代の旧職員の回顧談の一節は、次のとおりであった。

――馬鉄時代は、馬も客車や貨車も個人の所有で、それが軌道をかりて走るという運営形態だった。しかし、単線軌道なので無秩序に走らすわけにはいかない。ダイヤを決めて運行した。一日に七〇トンもの丸太を運んだこともあり、一方通行にして一〇分ごとに連続発車させた。馬方の鼻息は荒かった[15]

この一節に私はいたく興味をひかれ、著者に依頼して所蔵の『歌登町史』（同町編刊、昭和五五年）のうちの「軌道」のコピーを入手し、より詳しい事実を確認しようとした。しかしそこには、この興味ふかい軌道の初期＝過渡的運営体制については言及されておらず、いかにもそれがお役所の編纂物らしい「正史」的盲点かと納得した次第である。

いまひとつの事例が、昭和四三年四月、神戸市内の湊川・新開地間（一〇六七ミリメートル軌幅）、西代《にしだい》・三宮間および高速神戸・元町間（いずれも一四三五ミリメートル軌幅）に開通した神戸高速鉄道であった。同社は、狭軌区間を神戸電鉄の乗入れに、標準軌区間を阪急電鉄と山陽電鉄、阪神電鉄と山陽電鉄の相互乗入れの中継用に供用する軌道を保有しているだけで自社専用の車輛をもたず、乗入れする各私鉄から軌道使用料を収受する特殊な私鉄企業であり、神戸市内中心部を脈絡する電鉄各社路線による輸送の効率化を通じて都市交通の合理的再編成を目標に設立されたものである。いずれにせよ、この会社の機能は、かつての初期鉄道すなわち「陸運河」のありかたと、その発想の根底においてあい通ずるものがあるといえよう。

「車蒸気」のこと——結びにかえて——

ところで、私が学界の公けの場ではじめて「陸運河」という新概念を提示したのは、昭和六二年（一九八七）八月の末に大阪市内で開催された社会経済史学会近畿部会サマー・シンポジウムでの、自分自身の分担報告をめぐるディスカッションにおいてであった。その私の「陸運河」概念にたいしてきわめて積極的な賛意を示されたのは、当日コメンテーターの一員として出席しておられた京都大学経済学部の渡辺尚氏であった。渡辺氏は、ご自身の専門研究領域たる近代ラインランド社会経済史におけるライン河の航運を念頭に置かれて、私の「陸運河」のイメージを、鉄で作られた陸上の河川というふうにやや膨らませつつ、さらに転じて河川航運体制を水上の鉄道というふうにメタモルフォーズされたのである。その日、シンポジウムのあとの会食の席上、出席者一同が記念の寄せ書きをしたノートに、渡辺氏は次のように記された。

「岡《ママ》運河」とはよくぞ言って下さいました。鉄道は「鉄のライン」といわれたものですが、私をしていわしめれば、ラインは「水の鉄道」だったのです。

この渡辺氏から、そうした賛同を得て、私が「陸運河」概念に自信を強めたことは、いうまでもあるまい。

ところで、ライン河の航運体制についての渡辺氏のいわゆる「水の鉄道」のイメージをもうすこし具体的に「水の上を走る蒸気車」というふうに読みかえると、かつて明治中期、東京の隅田川に就航していた「河蒸気」が「車蒸気」とも呼ばれていたことを、ふと思い合わせて興味ふかい。

そもそもの始まりはアメリカのブラウン兄弟と名のる大規模な行商隊が楽士たちを連れて乗り込み、乗客相手に商品を販売したという「ミシシッピーの河蒸気、車が船の両側について運航をはじめるとその車が音を立ててグルグル廻り、水上を飛ぶように航《ママ》るのである。日本ではこれを車蒸気と呼んだ。（略）隅田川へ着航した車蒸気（僅か二隻しか無かった）に、俺もやるぞとテキ屋の中でも知恵のあるのが乗り込んで……得意の弁舌もサワヤカニ――[16]」商売をするのも、当時の東京の一風俗であった。

もとより「河蒸気」とは河川航運用の蒸気船という意味であり、またわが国でも外輪式の蒸気船は鉄道よりも早く一般に実用化されていたことからも、ここで外輪式の河蒸気を「車蒸気」と呼称したのは、かならずしもそれを蒸気車のような蒸気船、つまり「水の上を走る蒸気車」と見たわけではあるまい。しかし、それにしても明治中期以後わが国内交通体系における「河蒸気」の衰退と「蒸気車」の発達という時流を背景にして、一見「蒸気車」の誤植のような「車蒸気」の呼称には一種のノスタルジーすら感じさせるものがある。

今に生きる陸蒸気の呼称
（平成8年度　西日本旅客鉄道株式会社のポスター）

（1）河竹繁俊校訂・編纂『默阿弥脚本集・第一一巻』（春陽堂）。
（2）『亜米利加応接書』。
（3）『福沢諭吉全集：第一巻』（岩波書店、昭和四四年）。
（4）同右書。
（5）同右書。
（6）慶応義塾・明治五年。
（7）鉄道省編『日本鉄道史・上篇』編者刊、大正一〇年六月、五頁。
（8）胡桃沢勘司「野麦街道の交通伝承」（『信濃』三二巻一号、昭和五五年一月）。
（9）杉本三木雄『汽笛一声・蒸気車事始――松本芳正日記とともに――』（みき書房、昭和五〇年八月）一七五・一八〇および二一二頁。
（10）佐々木邦『豊分居閑談』（開明社、昭和二二年九月）二〇二頁。
（11）同右書、二〇二～三頁。

(12) 前掲『日本鉄道史・上篇』、四九六頁。
(13) 小池滋『英国鉄道物語』(晶文社、昭和五四年一一月) 二〇頁。
(14) 同右書、二二二頁。
(15) 宮脇俊三『失われた鉄道を求めて』(文芸春秋、一九八九年) 所収。
(16) 室町京之介『香具師口上集』(創拓社、昭和五七年一一月) 五二〜三頁。

明治中期西播地方の鉄道民俗――和辻哲郎少年の体験から――

はじめに

かつて柳田国男が指摘したように、わが国における鉄道の歴史記述は「いつも専門家の手に成り、その専門家はみな営業人であったゆえに外側からその影響を考えてみることができなかった」[1]。たとえば、鉄道省編纂の『日本鉄道史 上・中・下篇』（大正一〇年）は、もっぱら同省内部ないしは同省に関わりをもつ鉄道各方面の専門家たちの史料提供[2]・執筆に成るもので、「聯カ維新以来斯業ノ逓次発達シタル所以ノ事歴ヲ明ニシ以テ学術上ノ研鑽ニ資シ併セテ実務上ノ参照ニ供セム」[3]というその編纂方針から、いわば政府の事業たる国有鉄道を中心としたわが国内鉄軌道の建設・経営の記録を主眼に「一般ノ通史」[4]にまとめられており、鉄道という新規な近代交通機関が国内社会・経済・文化に及ぼした影響という側面についてはとくに触れていない[5]。また、数多い私有鉄道会社の周年記念史・誌のたぐいにしても同様に自社鉄道の建設・経営の軌跡を記録し、ないしはその社業の開創・推進の功労者を顕彰することに重点が置かれ、鉄道建設・経営と沿線住民との関わりを社会史・世相史・文化史的な側面から記述したものはほとんどないといってよい[6]。

すなわち、鉄道の歴史は、国家権力か民間資本かのいずれにせよ、鉄道政策・事業主体の立場での編纂・記述の枠内にとどまっており、鉄道を直接利用する一般の乗客や、間接的にその影響を日常受けている沿線住民大衆の視点からの記述は、はなはだ乏しいといわねばならない。第二次大戦後になってようやくわが国の近代史学界においても鉄道史の本格的な研究が盛んになり、多くの専門的研究業績が積み重ねられていくなかで、とくに社会経済史研究の発達・盛行にともない鉄道を国内社会経済との関わりで外延的・巨視的にとらえる傾向が見られるようになった。とはいうもののそれは地域開発・市場再編成など、内容的には依然として鉄道政策・事業主体の視角に偏したものが多く、利用者大衆や沿線地域社会の住民の立場での研究という視点はなお未確立といわざるをえない。

周知のように、鉄道はこんにち世界の陸上交通市場においてきわめて厳しい局面に立たされている。この時に当たり、とくにわが国の鉄道の現状と将来とについて有効な取組みをさぐるとすれば、何よりもまず近代日本の歴史的展開のなかで鉄道の担った社会的役割を綜合的に再検討することによって促される発想の転換が、難局打開への端緒を引出すという認識に立たねばなるまい。そして、鉄道の担った社会的役割を綜合的に再検討するためには、従来の鉄道史の記述では等閑に付されていた利用者大衆・沿線地域住民の日常的交通体験や社会生活の歴史的実態——これを鉄道との関わりで把えたものを本稿では「鉄道民俗」とよぶ——に照明をあてなければならない。さいわい鉄道交通体制は近代社会の所産であるため、鉄道利用の民俗や伝承口碑のたぐいも教育や印刷の発達にともない文献資料のかたちで記録・保存されることが多かったのである。ただ、これまでのわが国の鉄道史研究では、それらの文献資料の存在が眼中になかったにすぎない。しぜんその間に散佚し廃棄されたものも多かったであろうとくやまれる。

今後、鉄道史研究における「民俗」の視角の確立のために、せっかく遺されたそれらの文献資料を手がかりに、鉄道利用の民俗の実態はもとより、鉄道をめぐる人々の意識や感情の次元にまで広く深く掘り起こして、さまざまな証言を引出す作業が必要であろう。

いわば、地域社会の近代化に占める鉄道の歴史的意義を「民俗」の視角で再検討する作業の一環として、本稿において筆者は、鉄道文明との出会いないし鉄道利用の諸体験が、鉄道導入時代の一般庶民の内面的形成にいかに関わったかということについて、明治中期の西播地方農村に生まれ育った一少年の体験的事例を通じてさぐってみたいと思う。

一　和辻哲郎の生立と播但鉄道の開通

本稿においては、わが国の大正前期～昭和三〇年代中期にわたり思想界・歴史学界での指導的な役割と優れた業績とで知られた倫理学者・文化史家和辻哲郎（明治二二～昭和三五年＝一八八九～一九六〇）の少年時代、郷里での鉄道に関わる体験の中から、鉄道民俗として一般化できるものを採りあげてみたい。和辻は、その晩年近くになって雑誌『中央公論』に連載する形で壮大な「自叙伝の試み[7]」を二年半余りにわたって続けていたが、出生から郷里での幼・少年期を経て東京に出て第一高等学校生徒としての勉学時代まで筆が及んだところで病気のため中絶し、まもなく死去したため未完のままに終った。したがって、その記述内容の大部分は幼・少年期を過ごした都市近郊農村社会の状況や生家の家族関係や家庭生活、学校生活の回想の域にとどまってはいるものの、その行間に浮かび上がってくるものは、後年、学界に独創的な思想体系・歴史観を構築するだけの優れた資質と豊かな感性をそなえた一秀才少年の観察と体験のきわめて精緻、重厚な記録がかもし出す、その時代、その地方の「社会的真実」の残影であり、自叙伝という留保付きで史料的価値が存すると思われる。すなわち、和辻の「自叙伝の試み」の中の、彼の幼・少年期に接触した郷里の鉄道に関するいくつかの記述は、そのするどい観察眼を通して、彼が生まれ育ったのと同じ時代、同じ地方の一般住民の鉄道にたいする感情・認識や、それへの日常的な関わりのスタイルを再現し追体験させるだけの内容をもつ。

そのことは、鉄道を主要な一契機とする農村社会の構造や住民意識の近代化の現実的過程を明らかにすることとなり、ひいては近代日本の歴史的構造の綜合的な把握にささやかながら資することのできる一作業と位置づけられよう。

さて、本稿に直接関係のある時期に限定して和辻哲郎の経歴を示せば、次の通りである。和辻哲郎は、明治二二年（一八八九）三月一日、兵庫県神崎郡砥堀村仁豊野《にぶの》（現在、姫路市仁豊野）の開業医和辻瑞太郎・まさ夫妻の次男として出生した。地元の砥堀尋常小学校を卒業したあと、県内加古郡鳩里村の叔母の嫁ぎ先井上家に預けられ、加古高等小学校に入学したが、翌年には生家にもどり姫路市城東尋常高等小学校に転校して、毎日一里半の道のりを徒歩通学した。明治三四年（一九〇一）、兵庫県立姫路中学校に進学し、引続き自宅から徒歩通学をした。ただし同三六年一二月のはじめ野外で足首を骨折し自宅で治療休養し翌三七年に入って「やっと歩けるようになってから三か月の間、汽車通学を許され(8)」ている。その後、明治三九年（一九〇六）に中学校を卒業し、同年三月に東京へ出て九月に第一高等学校に入学している。

さて、その間、郷里に在って学業にいそしんでいた哲郎少年にとって、その生い育った時期（明治二〇～三〇年代）からしても、また、その住んでいる土地柄（西播姫路市の近郊農村）からしても、身近な陸上交通手段がまさしく人力車から鉄道へとバトン・タッチされていく過渡的な状況が見られた。

従弟の春樹（と）初めて逢ったのは播但鉄道の開通より前のことで、春樹が数え年五つぐらいの時であったと思う。なぜ開通の前だと知っているのかというと、春樹は両親や小さい妹とともに、人力車でやって来たのだからである。

春樹の父の春次はわたくしの父の弟で、（略）松江の病院へ赴任して、三年ほど院長だか外科部長だかを勤め、ついで新潟の病院へ転任した。その転任の時に、松江から、家内と子供二人をつれて、人力車で、幾日かかかって姫路へ出て来たのである。途中、津山を通ったような話であった。姫路からは汽車があるので、人力車の旅はここでおしまいになる。だからわたくしの村へ寄って、人力車の旅の疲れを休めて行ったのであらう。(9)

（傍点引用者、以下同）

すなわち、明治二〇年代の末葉になっても、依然として人力車が鉄道路線網の空白を埋める重要な旅客輸送手段であったが、西播地方農村あたりになるとようやく新しい時代の機運が人力車から鉄道への切替えをうながしつつあった。そしてまた、地理的にほど遠からぬ播磨の中心都市姫路市まで人力車で出るとそこからは東・西に幹線鉄道がすでに伸びていたのである。それは、哲郎少年の生まれる前年（明治二一年）末にすでに兵庫—姫路間を開業し、翌二二年九月には神戸に達する一方、同年一一月の姫路—竜野（仮）間開業を第一歩とし、以後着々と路線を伸ばして明治二七年六月には広島まで達していた私設山陽鉄道（後年国有化されて国鉄山陽本線。現在、西日本旅客鉄道会社山陽本線）であった。

したがって哲郎少年が物心ついた頃、すでに姫路や神戸方面で実現していた鉄道に、たまたまその近辺に出かけて接触する機会はあったようであるが、(10) やはり彼自身ないしその郷里により直接な関わりをもち、内面的および外面的に大きな影響を与えた鉄道といえば、地元を走る私設播但鉄道にほかならなかった。

鉄道省編『日本鉄道史　中篇』(11) によれば播但鉄道建設の経緯は次のとおりであった。播但鉄道は、明治二〇年

（一八八七）一一月東京府藤田高之ら有志者の発起により、当初「飾磨馬車鉄道」の社名で、兵庫県下の飾東郡飾磨・姫路・朝来郡生野銀山を結ぶ馬車鉄道として敷設の許可が出願されたもので、翌二一年五月に許可された。しかしその後、明治二五年に至り、動力を馬（畜力）から蒸気に変更することの許可を申請するとともに、社名を「播但鉄道」と改め、翌二六年三月に仮免状、次いで六月には免許状が交付されている。また、従来東京市京橋区内に位置していた会社を同年九月に地元姫路市内に、さらに翌月には飾東郡国衙村に移し、同時に鉄道技術の権威として令名のあった工学博士南清《みなみきよし》(12)を技師長に招聘し、建設準備を進めた。

こうして南技師長の采配下、播但鉄道の建設工事は明治二七年（一八九四）二月に着手され、早くも同年七月二六日には姫路—寺前間一九マイルの路線が開通を見た。

以後、着々と工事は進捗し、翌二八年一月には寺前—長谷間四マイル、同四月には長谷—生野間五マイル五チェインと姫路—飾磨間三マイル三一チェインが同時に、それぞれ開通を見た。生野以北の路線延長計画は和田山を経て津居山までの敷設免許を受けたものの、明治三三年以後引続く国内金融恐慌などの経済情勢下の経営不振に阻まれて同三四年八月新井まで達したにとどまっている。全国的に私鉄業界の整理・再編成が進行するなかで、ついに播但鉄道は明治三六年（一九〇三）年五月に解散し山陽鉄道に事業を譲渡、翌六月より山陽鉄道会社播但線として再発足したが、明治三九年一二月、山陽鉄道の国有化により以後国鉄播但線（現在、西日本旅客鉄道会社播但線）となった。

二　和辻哲郎少年の鉄道体験

偶然の一致というべきか、柳田国男も、その時期と地域が少々隔たっているにせよ、和辻哲郎とほぼ同じく明治前期（明治八年＝一八七五）、兵庫県西播の市川流域の農村（田原村辻川）に出生しその幼少時を過ごした。学問の分野は異なっているが、後年、両者ともそれぞれの分野における業績により文化勲章を受け、同郷の学者文化人としてのつながりも多かったと考えられる。

そうしたつながりの一つとして、昭和一六年（一九四一）一月に朝日新聞社から日本民俗学開拓の功績を顕彰する朝日賞を贈られた柳田国男の記念講演会で、和辻哲郎が同新聞社の依頼をうけて「日本民俗学の創始者」と題する一場の挨拶(13)をしたことがある。その時の話の中で和辻は、すでに日本民俗学の範疇では基本的な概念となっている民俗伝承についての三分類（直接、感覚でとらえられるもの。口頭で伝承されるもの。心意・感情の動きとしてとらえられるもの）にも触れているが、ここではその第三の心意・感情のあり方としての民俗というチャンネルにおいて、鉄道開業期の日本人大衆が身近に鉄道の開通や発達を迎えるなかで得た精神的ないし感覚的な体験の事例を和辻哲郎の幼少時の回想のうちから拾い上げ、鉄道民俗として一般化する作業を以て、わが国の鉄道史を社会学・民俗学的な角度から再検討・再構築する一つのアプローチとしたい。

まず第一に、鉄道の開通は、前近代の封建体制下の地方農村社会における様々な制度的規制により、物理的にも心理的にも共同体内に久しく閉じこめられていた農民たちにとって、地方にもようやく及んできた「近代化」の機運のなかでおぼろげながら心の奥にきざしはじめていた「自分の知っている世界よりもずっと広い、ずっと豊富な世界が、外にあるということの認識(14)」を、たちどころに実感をもって確実な、強固なものとする大きな共同体験にほかならなかった。

和辻哲郎の回想にみるその少年期の内面的体験において、彼が小学校に入ったばかりの頃、母に連れられて神戸の親戚を訪ねるという「村から外へ出た初めての旅行(15)」をしたとき、それまでの共同体内の小さな世界認識を規模や内容において大きく上廻る外の世界の存在を知って、しかも「自分がその世界（つまり、これまで自分を囚えていた共同体——引用者）の中にいるのではなく、そこから離れているという意識[16]」の芽生えたことが興味ぶかい。すなわち、はじめて「外なる世界」を知るとともに、自分が生まれ育った世界を相対化し、そこから自分を解放して「外なる世界」への離脱の志向を意識することは、近代における社会的流動性を媒介とする近代人としての主体的確立につながるからである。

外の世界という意識がそういう形で芽ばえて来てからまもなく、わたくしの村には鉄道が開通することになった。山陽鉄道の姫路駅から但馬の生野へ通ずる播但鉄道で、この後外の世界との連絡を、事実上でもまた象徴的な意味においても、表示することになった。わたくしにとって「旅人」の姿というようなものがあまり注意の的にならず、むしろ車窓から明りを洩らしながら遠ざかって行く列車の姿の方が、外なる世界を指示するものとして強い意味を持つようになった[17]。

右に引用した和辻の記述は、自叙伝にありがちな記憶の混線があり、少々整理して読み解く必要があろう。幼いながら和辻の心にはじめて「外なる世界」を意識させる契機となったのは、彼自身のいうとおり明治二八年五月の母との神戸旅行であった。当時すでに彼の一家が住む仁豊野の地には前年七月に播但鉄道がその先の寺前まで開業していたのである。したがって、その時、足弱の和辻母子はまず開業後まもない播但鉄道に乗り、姫路で山陽鉄道に乗り継いで神戸に至ったと考えるのが自然であろう。

すなわち、右の和辻の記述にいう「外の世界」への目覚めの前に、すでに「わたくしの村」には鉄道が開通しており、和辻も乗車体験をしていたのである。しかし、それがいかに重要な意味をもつとしても、まだ五歳の幼児には鉄道というものの内面的体験をこの文章のように受けとめたとするには無理があろう。

和辻がこの記述で言わんとしたのは、播但鉄道というものの内面的なインパクトの大きさが、五歳当時の短距離の初乗車体験よりも、むしろそれが但馬の生野まで開通（明治二八年四月）した感動にあったということではあるまいか。播磨に生まれ育った和辻にとって北に隣接するとはいえ中国山脈の分水嶺の向うの但馬は、名実ともに「外なる世界」にほかならなかったのである。

そして後年、和辻が自己形成の回想のなかで「外なる世界」を身近に認識させる契機として播但鉄道の内面的意義に目覚めた心底には、五歳当時の同鉄道初乗車体験がカオス状態で疼いていたにちがいない。

要するに、鉄道民俗という見地から重要なことは、鉄道をたんに「近代化」政策の象徴とか文明開化の一景物としてではなく、現実に自分たちの住む世界を動かす外からの力として、人々がどのような気持でうけとめたかという点であろう。

……村の南方の稲田を貫ぬいて、堤防めいた線路が一直線に構築された。村の西には小さい停車場もできた。これはわたくしの村にとっては大事件であるから、相当に人心を刺激したことと思われる（略）。……永い間待ち焦れていた汽車が初めてこの村へはいって来た時のことであった。（略）それの来たのは朝早くであったように思う。わたくしはちょうど着物を着替えかけていて、裸になっていたところであったが、どこからか、汽車が来たという声が聞こえたので、そのままいきなり飛び出して行った。あとから女中が着物や帯を持って追いかけて来たが、それにかまわず、隣のお寺の門前を駆けて通ったことを覚えている。停車場の前まで来て、女中に捕まり、着物を着せられながら、近づいてくる汽車をながめた。汽車はちょうど村の南の端あたりへ来たところであった。

わたくしはこの時に初めて汽車を見たのではない。しかし初めて汽車を見た時のことは何も覚えていないのに、この時のことは妙にはっきりと記憶に残っている。やはり汽車そのものではなく、「汽車がわたくしの村を通る」ということが、何かわたくしを昂奮させるものを持っていたのであろう。そうしてそれは決して見当違いのことではなかった。[18]

こうした意識はけっして哲郎少年だけのものではなく、むしろ当時「近代化」未然ないし途上的なわが国の地方農村住民にとって一般、共通のものであり、それゆえまさしく「見当違いのことではなかった」。封建的エイトスの色濃くのこる閉鎖的農村共同体にとって、村内に現実に開通した鉄道を侵入者、秩序攪乱者と見る消極的な対応と、逆にそこからの脱出や自己変革のこよなき契機と見る積極的な対応との二様の動きがあり得るのは当然であったが、その後の鉄道の実際的なはたらきを通じて在地的利害が調整されていくなかで、鉄道はしだいに地域に根をおろしていく。

さて、鉄道という新しい地方交通ルートの開設により、旧来の交通路がしだいに閑却され、とくに、遠廻りであっても時間的に速い鉄道を利用することが一般の風習となって、かえって距離的に近道である徒歩コースで結ばれる交通圏が見すてられ、地方住民にとって久しく伝承、体得していた在地的地理感覚が失われていったのは、当時わが国内で一般に見られた阻み難い時流の一端であった。和辻哲郎の少年期の体験のなかで、加古川近くの神吉村に住む母方の祖父を訪ねて、帰途は砥堀村仁豊野の自宅まで歩き通した時の回想にも、それが如実にうかがわれる。

……翌日、志方の村の方へ出て、山の道を歩いてうちへ帰った。（略）鉄道が開通して以後は、わたくしの家と神吉との間の交通は、通例は汽車を利用することになっていて、その距離は五六里であったが、昔の通り山の中を突っ切って歩けば、せいぜい三里ぐらいに過ぎないことが、この時わたくしにもはっきりわかった。

（略）その途中、志方の盆地を突きぬけてから、狭い谷あいを半途《はんみち》あまり入り込んで行くと、法華口という村へ出た。そこから横へはいると、森のなかの静かな落ちついた道になって、十町足らずで法華山一乗寺に達する。（略）……いかにも由緒のありそうなよい寺なので、どうしてこんな辺鄙なところにこういう寺があるのだろうと不思議に感じた。それは鉄道による新しい交通路のみを知っていて、歩行による昔の交通路のことを全然忘れ去っていた証拠である。昔の交通路に即して考えると、この寺は少しも辺鄙なところではない。（略）……母方の祖父がわたくしの家を訪ねてくる時には、汽車などに乗らず、身軽な装いで尻端折して、ふらりと現われて来た。そうしてゆっくりと話をして、三時ごろにまたふらりと歩いて帰って行った(19)。

交通民俗も鉄道の開通で大きく変っていく。

また、鉄道は、文字どおりそれを主要な素材とする「鉄」の文化として、わが国の伝統的な木・竹・土を素材とする用具利用による人々の生活体系にすぐれて新しいメタリックな感覚を導入した。そして「鉄」の軌条と車輌との近代的結合によるダイナミックな力が人々の伝統的な空間認識を変革していったことについては、柳田国男も積極的に評価している(20)。哲郎少年の体験においても播但鉄道の線路築造が竣工して開業を待つばかりのある日、近所の友達と線路敷に入って遊んでいて「ふとわたくしは鉄板の切れ端を見つけた。細長い、一尺ぐらいの、棒切れのような切れ端であった。竹切れや木の棒は絶えずおもちゃにしているが、鉄の切れ端などはあまり手にしたことがなく、非常に珍しく思われたので、わたくしは夢中になってそれを拾い上げた。友だちも同じ気持であったと見えて、その鉄の棒切れをほしがり、それを取ろうとして手を出した。たちまち二人の間に取りっこが始ま(21)」り、ついはずみで相手の少年に怪我をさせたことがあった。これもまた、日本人の伝統的心情にとって、新しい鉄の文化との出会いのドラマのいともささやかな一表出といえよう。

さらに後年、哲郎少年は一一歳にして加古郡の高等小学校に入学するため、その地の親戚井上家に寄寓することになり「この時に初めて一人だけで汽車に乗って『旅』をした」[22]。郷里の村の停車場から姫路経由で加古川駅まで、播但鉄道と山陽鉄道を乗り継いでの旅はさほどの道程ではなかったが、哲郎少年にとっては初めての体験で緊張していたし、また「同じ車に乗り合わせた大人たちが、子供の『一人旅』をいかにも珍しそうにながめて、しきりにほめてくれた」[23]という。

その折、加古川駅で、出迎えてくれた従兄の学友にたまたま出会い、その少年が駅頭で汽車を眺めて「何や、大きな芋虫みたいなものが這うて行くわ」と言うのを聞いて、哲郎少年は「汽車を知らない町の子がいるのか」と一種の惑乱に陥る。結局それは少年がまじめな顔で冗談を言ったものと判ったが「わたくしには、その子の冗談を冗談として聞きわける力が、まだなかったのである。それはまたわたくしが、これまで自分の村で、この子のようなタイプの子に接せず、この子のような冗談の言い方に馴れていなかったことを示している。加古川は小さな町ではあったが、町ともなるともうそれだけ村とは違っていたのである」[24]。このエピソードから、当時わが国内では一般に、「汽車を知っているか、否か」が、その人間の内面的開明度をはかる一つのメルクマールたり得たこと、そしてまた都市部と農村部のそれぞれの地域における鉄道開通のタイム・ラグおよび輸送サーヴィスの較差が、町の住民と村の住民との間の内面的開明度のギャップを顕化させる一素因となったこともうなづけよう。

交通民俗の一変容——結びにかえて——

鉄道という文明開化の施設が近代陸上交通の面で直接生み出した効用は、旅客や貨物を大量に集約して車輛に積込み、遠距離を高速、安全、確実に輸送するということだけでは、かならずしもなかった。たとえば、インドでは雨季の洪水の際、鉄道線路の築堤だけが水没しないので、人々の通行路や避難場所になるというのとあい通じるケースがある。すなわち、鉄道の線路敷は、汽車の通らない間はすぐれて便利な通行路として活用できるため、近代的な道路の発達・整備の遅れたわが国内各地で、それは危険かつ違法ながら、かなり日常的な交通民俗ルートとなっていたと見てよい。

和辻哲郎少年の体験でも、旧来の街道は「できるだけ耕地を損ねないように、河原の縁や山裾を伝っていた[25]」ために、彼が中学校に進学して自宅から徒歩で「姫路へ通うのが長く続くようになってからは、変化を求める関心からも、近道の必要からも、街道以外にいろいろの途を探して歩いた。鉄道線路を伝って行くこともあれば、田の畦をなるべくまっすぐに突っ切って行くこともあった[26]」。彼の住んでいた村から姫路へ出る手前で市川の谷の「隘路にはいるのであるが、街道は西側の山裾にある人家の間を通るので、かなりくねくねと彎曲することになる。だからここから先はたいていの場合街道を歩くことをやめて、鉄道線路を伝うか、でなければ細い里道を通って（略）東側の街道へ出たものであった[27]」。

しかし、やはり鉄道線路敷を歩く交通民俗は、わが国においては過渡的・発展途上的なものでしかなかった。それどころか、そもそも「歩く」文化そのものが鉄道によって退行の一歩を踏み出したのである。

わたくしの子供のころに開通して一日数往復に過ぎなかった鉄道は、今では気動車をまじえて頻々と通い、停車場の数をふやしている。今ではこのあたりの街道をぽくぽく歩いて行く人などは、近くへ行く人のほかには、ほとんどないであろうと思われる[28]。

そして、旧時代の曲りくねった街道が「今では耕地のまん中を直線的に走る舗装道路になり、その上をバスが通っている[29]」――という風に、「より速く、できるだけ真直ぐに、効率的に」をモットーとして、自動車＝道路交通にその主力が移った現代に於いてもわが国の陸上交通体制の歴史的・民俗的原型はやはり鉄道であり、鉄道が結果的に日本人の交通民俗をそれに適応するように変えていったのではあるまいか。

(1) 柳田国男「明治大正史・世相篇」第六章の三(『定本柳田国男集:第二四巻』所収)。
(2) 鉄道省編『日本鉄道史・上篇』報告書。
(3) 同右、序文。
(4) 同右、報告書。
(5) ただし、この点については、別に鉄道院編『本邦鉄道の社会及経済に及ほせる影響』(上・中・下三巻および付図冊一巻、大正五年)が、先行文献として存在する。
(6) その数少ない一例として、南海道綜合研究所編『南海沿線百年誌』(南海電気鉄道、昭和六〇年)が挙げられよう。
(7) 『和辻哲郎全集:第一八巻』(岩波書店、昭和三八年)所収。
(8) 「自叙伝の試み」、同右、三〇四頁。
(9) 同右、一七九～一八〇頁。
(10) 同右、一七七頁。
(11) 編者刊、大正一〇年、四八〇～二頁。
(12) 南清《みなみきよし》(安政三～明治三七=一八五〇～一九〇四)は幕末会津藩に生まれ、維新後は開成学校、箕作塾、福沢塾等で英語を学び、明治五年(一八七二)工部省測量司に入り、在官のまま翌六年工学校(のち工部大学校)入学、同一二年に工部大学校土木工学科を卒業し欧州に留学、イギリスのグラスゴー大学において技術を習得して帰国後工部省御用掛に就任した。その後は私鉄日本鉄道、官鉄直江津線、同東海道線の建設工事に従事し見るべき成果を挙げた。まもなく明治二三年、私鉄山陽鉄道の技師長に迎えられ、社長中上川彦次郎をよく扶けて社業の発展に尽くした。さらにのち筑豊興業・播但・阪鶴の諸私鉄の経営にも取組み、とくに阪鶴鉄道では当初の経営顧問から社長に昇って手腕を振い、在野の大鉄道家としてわが国の鉄道事業の進展の上に大きな役割を果たした(社団法人日本交通協会編『鉄道先人録』、日本

停車場㈱、昭和四七年一〇月、三四四～六頁)。
(13)『和辻哲郎全集:第二〇巻』(前掲)所収。
(14)前掲「自叙伝の試み」一七五頁。
(15)同右、一七五頁。
(16)同右。
(17)同右、一七六頁。
(18)同右、一七六～七頁。
(19)同右、七六～七頁。
(20)柳田国男「明治大正史　世相篇」第四章の二(前掲)。
(21)前掲「自叙伝の試み」一七七頁。
(22)同右、二一三頁。
(23)同右、二一三～四頁。
(24)同右、二一四～五頁。
(25)同右、二七〇頁。
(26)同右、二七一頁。
(27)同右。
(28)同右、二七〇頁。
(29)同右。

Ⅲ章　鉄道の発達と伝統文化的契機

本邦鉄道発達の文化史的考察――柳田国男の所見を中心に――

はじめに

近代社会の形成と展開の上に鉄道が果たした歴史的な役割を明らかにしようとする場合、鉄道という綜合的なシステムのもつ社会的な機能を、たんに国土の統一的支配という政治上の意図達成の物理的要具として、また大量の人員や物資の効率的輸送という国民経済上の要請にこたえる仕組、ないしはそれらの輸送サービスを通じての事業主体の経営利益実現の手段として掘りさげるだけでは、しょせん目的論的接近にとどまり、鉄道の歴史的役割のトータルな把握に到りつくことはできない。

一般的に、鉄道なるものが、旧来の伝統的な交通手段の技術的限界をのり越える強力な輸送機能を以て、近代社会の求める人や物の移動の大量化・高度化を実現していくなかで、その即物的影響はしだいに社会・人心にひろく深く及んでいったのである。その結果として、鉄道はおのずから社会の文化的秩序や人々の内面的構造の変化をうながし、それらを近代社会に適合的に改造、再編成したのであった。鉄道のこうした主体的役割の認識すなわち主体論的接近を、さきの目的論的接近と重ねあわせてはじめて鉄道の歴史的構図が明らかにされよう。

ところで、わが国は、欧米に遅れて近代国家建設に踏み出した早々から、国内社会経済近代化のもっとも有効な推進装置として欧米方式の鉄道システムを、政府の強いイニシアティヴにより導入した。しかし、わが国の陸上交通文化の伝統にとって鉄道は「異文化」であったため、その受容・普及の過程ではさまざまな社会的・文化的インパクトとなり、国内社会・国民生活の諸面に多大の影響を及ぼしたその広さと深さは、欧米のそれの比ではなかったと考えられる。

こうした観点から、近代日本の歴史的形成と展開における鉄道という国民的交通システムの主体的役割を、鉄道導入以後の国内社会ないし国民生活における「文化」の歴史的変容という次元において明らかにするという意図のもとに、筆者としては今後とも研究を進めていくつもりである。(1) 筆者のこころみる一連の鉄道文化史的考察のキー・ワードたる「文化」とは、たんに鉄道を主題とした表現物ないし鉄道に関連する風俗・形象の域にとどまらず、より広く鉄道というシステムとそのはたらき、またはその具体的なイメージが国民の思想・心情・価値観などの思考様式あるいは社会的行動様式に何らかの影響を及ぼすとき、その影響をうけた事実ないしはその影響する力そのものをさすこととしたい。

一　考察の契機と中心的課題

さて、筆者の鉄道史研究におけるこうした文化史的視座の設定については、わが国の民俗学の開拓者柳田国男(明治八～昭和三七年＝一八七五～一九六二)の先駆的業績に触発されたものであることを、はじめにおことわりしておく。(2)

柳田国男は、その壮年～熟年期にあたる約三〇年間、わが国の中央政府の高級官僚から大新聞の論説委員として、行政・政治・社会教化等の実務面で活躍するかたわら、後年の日本民俗学の建設に至る独自な問題意識に立って、全国各地の民間伝承や地方の風俗慣習ないし近代社会の世相や日本人の生活文化を対象に、精力的に調査・研究を進めつつあった。

柳田の人生の中程の、社会的活動が精力的に展開されたその時期はまた、わが国の鉄道も全国的には国有鉄道体制の確立・拡充期であり、大都市圏においては私有鉄道の電車網が整備・発展を迎えた時期でもあった。その時期に柳田が執筆した文章のうちには、当時の社会的実態（例えばモータリゼーション以前）を反映して、鉄道に関する観察・記述が断片的ではあるがかなり見受けられる。柳田自身には鉄道に関する体系的にまとまった論述・著作はないが、鉄道と近代日本社会との関わりについては「汽車万能の今の世」[3]の同時代人として、きわめてつよい関心をもっていたとみられる。

とくに、柳田はその著『明治大正史　世相篇』（昭和六年一月）のなかで、鉄道発達の日本的特色について興味ぶかい見解を述べるとともに、わが国の「鉄道の歴史（記述）はいつも専門家の手に成り、その専門家は皆営業人であった故に、外側から其影響を考へて見ることが出来なかった」[4]と指摘している。柳田がここでいう「外側から」とは、鉄道の事業主体の立場やその合目的性を帯びた活動の範疇をはなれて、たとえば鉄道のはたらきを文化的側面において相対化することと理解したい。そして、本稿では柳田のこの指摘を受けとめて、彼のその時期の著述のうちの鉄道に関する所見を手がかりとしつつ、いくつかの歴史的事例の検討を通じて日本社会の近代化の文化的一契機としての鉄道の役割を明らかにし、わが国の鉄道史の総合的把握への一接近としたい。

以下、本稿の中心的課題は、次節において、明治前期に鉄道という革新的な交通システムが国内近代化施策の第一着手としてわが国に導入され、その後各地に建設が進められる間に、（1）在来的な交通体系とそれに依拠する文化の伝統が破壊され、（2）新規な機械文明の効果が人々の意識構造により近代的な変革をうながしたという文化的断絶、および(3)その反面、鉄道の発達が日本人大衆の伝統的な旅行文化習俗に根ざしつつ、それを近代交通の場で再現したという文化的連続の両面にわたり柳田国男の所見を整理し、鉄道経営との関わりを展望して結びにかえたい。

二　鉄道による文化の断絶と連続

(1)在来交通体系・地方文化圏の解体

水　運

わが国は古来その固有な地形的制約条件から国内に道路交通が発達しなかったが、それに代位する形で沿岸航運・河川航運・湖上航運が相互補完しながらよく整備された輸送網を形成していた。とくに沿岸航運は、国土を囲繞する海を交通路とし、曲折し湾入に富む海岸線地形に依拠した多くの良港をつらねて、全国的あるいは地域的な物流のために開発・整備され、それに媒介されて寄港地を中心に地方局地文化圏が成立し、またその相互に隔地間文化交流もみられた。近世期の西廻り海運ルートにより、大坂と結ばれていた佐渡小木港の町民生活に上方文化の影響がみられたなど、その一例である。柳田国男は、伝統的なわが国の交通文化のうちで陸上のそれにくらべて「海の方にはもう一般と濃い人情が結ばれて居た。色町の先づ港に起った理由なども一つであった。(略)一方の文化は敷波の如くに打寄せて、痕を其浜の土に印さずには置かぬのであった。東廻りの航路は新井白石以後だといふが、それでも紀州志州と伊豆の鼻、安房と石巻などの近かったことは、無論七島相互より以上であった。船の数が第一甚だ多く、従うて人の関係も繋がったからである。公の記録には載せられて居ないが、熊野の住民の沿岸貿易は、可なり弘く又久しかった」と述べつつ「それが汽車が出来て海を尋常の障壁の如く見なければならぬといふことは、損失以上に寂しいことであった」[5](傍点引用者、以下同)と洩らしている。

鉄道の開通が在来の沿岸航運ないし沿海地域社会に壊滅的打撃を与えたことについて、柳田はまた次のように述べる――「島国の自由な海を控へながら、鉄道はほんの僅な例外を以て、全部沿岸線に併行して先づ敷かれて居る。（略）この結果として沢山の港は無用になった。浜に起らうとして居た幾つかの産業は退いた。今でも汽車に恨を含む寂れた津といふものは多いのである」(6)。

この文章を収めた書物の一般向け啓蒙書という性格上、正確な実証データの裏付けなしに概念的、断定的に述べる柳田の論旨の根拠にはやや問題があり、たとえばわが国の明治前期における鉄道建設の大半が「沿岸線に併行して」進められたとは、山陽鉄道の場合を除き、一般化できない。沿岸航運を解体するには必ずしも沿海鉄道である必要はなく、京阪神～江越間鉄道のように陸路短絡＝南北両海岸直結による輸送経済上の効率性こそがキメ手といえる。いずれにせよ、鉄道のもつ機能的メリットが沿岸航運体系、ひいては沿海地方の伝統的な社会・文化の構造に破壊的影響を及ぼしたことは、柳田の指摘するとおりであろう。

もとより、近世以来の和式帆船や洋式帆船ばかりでなく、近代以後の沿岸汽船航路も国内各地に鉄道路線が伸長するにつれ鉄道との競争に敗退していく。紀勢東・西線鉄道の建設が遅れたため、昭和初期まで南紀～尾勢間沿岸航路を経営していた大阪商船株式会社は例外的である。

次に、河川航運について見ると、わが国土の狭小性・山地性という特質から長大な河川に乏しく、流程の短く急流の中小河川が多く、しかも大量の降雨（雪）の季節的集中という風土条件のため流量＝河況不安定ではあったが、伝統的な治山―治水―利水文化のシステムのなかで、国内の道路の未整備を埋合せて、大河川と中小河川とが本支流水路の脈絡を地域的にひろげ、あるいは河口で沿岸航運と結んでより広域的ないし全国的に、近世経済の発展段階に対応する物流の主たる担い手として機能してきた。しかし、明治期に入ってからは、まさに鉄道の発達が顕示する日本資本主義の経済的展開は、国土開発、都市化にともなう住宅建設、工業化のための素材、原材料ないしエネルギー、ひいては鉄道自身の枕木用も含めての木材需要＝商品化のための山林濫伐をひきおこし、古来の治山―治水―利水文化システムの社会的根底が動揺するなかで、河況はいっそう不安定となり川船の安定的な運航を期し得なくなったばかりか、増水時には中下流で氾濫し、産業や住民生活に多大の損害や危険を及ぼすに至った。そこで明治中期以後、国の河川管理政策が旧来の平水主義から、あらたに制定公布された「河川法」に基づく高水主義に転換し、増水時の氾濫を防禦する目的で堤防を高く改修することになった（高水工事）。その結果、沿岸平地と河水面とは高い堤防で遮断され、従来の河岸における船荷の積込積下ろしが物理的に困難となり、河港を拠点とする河川航運は衰退していく。それに代って流域の人貨輸送を担うことになったのが鉄道であり、線路がほぼ河筋に沿って敷かれ、かつての河川航運が流域各地にのこした経済的ストックを吸収しつつ、しだいに独自の地域的交通体系を形成していく。

明治四〇年代前期に柳田国男が地方視察の途次、実地に見たその一事例を、その旅行記から引こう。

与板は信濃川に沿へる昔の川湊、近郷の米の集まる処なり。今も汽船はこゝまで上り来れども、汽車の制圧を受けてすでに衰へたり。汽車以前には、川船汽船が最も便利なる交通方法なりし故に、道路は此辺存外発達して居らず。(7)

このように、わが国で「川舟の交通ばかりは、汽車と拮抗して負けないといふ場合は一つもなかった。河川の改修では水筋を整理してくれたが、堤防が高くなって町と岸とが分れたものが多い。さうして片脇を鉄道が通るやうになると、町の形が先づ変ってしまって、もう以前の（川舟の）働きはできなくなるのである」(8)と、柳田は近代日本の河川航運の命運を総括している。

なお、湖上航運については、地理的に大湖水に乏しいわが国で唯一特記すべき事例として、中世以来琵琶湖舟運が北陸道・東山道など生産地帯と畿内市場を結ぶ全国的物流ルートの一端を担って重要な役割を果たしていた。明治期に入り、国内幹線鉄道の初期建設段階においても、東海道本線が湖東区間の建設竣工を以て全通を見るまでの数年間、長浜・大津間航路が鉄道代用ルートとして国内幹線鉄道輸送に一役買っていた。しかし、やがて湖東平野に鉄道が通じてからは、琵琶湖舟運は局地的な湖岸周航航路にその役割が縮限され、さらに後年、湖岸を制圧した鉄道網に従属する形で湖上観光輸送にあらたな進路を開くに至ったのである。昭和初期に柳田が「近江の大津は汽車の勢力に帰して、湖岸は鉄道を以て巻くばかりになっている[9]」と述べつつ、「湖水の航路も現在は尚大いに衰へて居るが、是も一部分だけが回復しさうに思はれる[10]」と予見したのも、その点をさしたものであろうか。

陸　運
（峠越え交通）

さきに述べたように、わが国土の地形的制約から、古来国内隔地間の陸上交通においては、しばしば地域相互間の境界を成す山脈を横断する峠越えルートに拠るしかなかったために、長距離の大量・重量貨物輸送は可能なかぎり水運に拠るのが一般であった。その分、相対的に陸運＝道路交通の発達が遅れ、狭隘な谷筋と峻険な峠路、さらに危険な渡河の多い内陸ルートの制約的条件から、車輌交通の開発にも「隘路」があった。それでも、国土の大半を占める内陸部各地方の農民的商品流通においては、水運の便に恵まれぬ場合、人々は徒歩で荷を負い、または牛馬背に荷を積んで峠越えにより人貨交流が全国的に網の目のように展開していた。昔の峠道というのは「七寸以下の勾配でなければ荷を負ふた馬が通らず、三寸の勾配でなければ荷車が通はぬとすれば、馬も車も通らぬ位の峠には一軒の休み茶屋もなく、誰しも山中に野宿はいやだから、急な坂で苦しくとも一日で越える算段をするのである。その為には谷奥の山村は誠に重要であった[11]」と、柳田国男は強調する。すなわち、峠の両側の麓の宿駅は、谷奥の山村といえども日常的に人貨・情報が集結し交換されるためにその地域の文化的拠点として活性を帯び、独自な人情風俗が醸成されていた。また、いわゆる五街道のような官道とは別に、地方社会経済上より効率的な輸送ルートに拠る農民的商品流通の発達が、峠を越えて隔地間の地方文化交流をうながして来たのである。ところが、明治以後わが国に導入された鉄道が、地域間の人貨移動のコスト（経費・時間・労力）軽減という近代社会経済の要請にこたえて発達を見た反面、旧来の峠越えによる伝統的な交通体系やそれに依拠する交通文化、あるいはそれが媒介する地方文化交流体制を破壊、解体したと柳田は指摘したのである。

汽車は誠に縮地の術で、迂路とは思ひながら時間ははるかに少なく費用は少しの余計で行く路があって見れば、山路に骨を折る人の少なくなるのは仕方がない。信濃佐久郡から上州武州へ越える道は沢山あった。（略）岩村田以南の人が江戸に出で三峯に参詣するのには、決して軽井沢へ廻らなかったのみならず、山脈の西と東と丸々種類のちがった産物、例へば信州の米と酒、上州の麻に煙草、江戸から来る雑貨類を互に交易する為には、少しも中山道を利用しなかったものが、鉄道は乃ち国境の山脈を唯の屏風にし終り、甘楽《かんら》の奥の処々の米蔵、佐久の馬の背につけた三升入の酒樽を悉く閑却したのである。(12)

また柳田は、古来近江の国では境界を接する六つの国へ通じる峠越えルートが合計四八を数えたのに、そのうち主要街道に沿う四ルートに鉄道が通じると「他の四十四の峠はとても鉄道と競争する程の捷路では無いから、身が軽く日を急ぐ者は、山元の山民でも出て来て汽車に乗る」(13)ならいとなり、次第に峠路が廃れた事実を示す。

明治期のはじめに人力車がようやく開発され或る程度普及を見たほかは、長い歴史のなかで人的輸送のための一般用車輌文化の伝統を欠き、たんに徒行という原初的交通のレベルに留まっていた日本人にとって、あらたに受け入れた鉄道という機械制交通とのカルチュア・ギャップの大きさがすなわち鉄道のメリットとして意識の面で転化し、人々をつよく捉えた。そして、鉄道サーヴィスの拡充にともない、全国的な物流の合理的再編成や国内各地の産業開発振興とその生産物輸送の効率化および中央と地方、地方と地方との間の公務・商用の人的移動の活発化が広汎に見られたのである。こうした鉄道の発達が国内の人貨輸送を旧来の交通手段からしだいに奪い取り、国民大衆の内に「汽車が通じたから出て来た[14]」という汽車利用による気軽な出歩きを促していく間に、わが国内各地の峠越えの物流・行旅のルートが廃滅し、山村の経済や地域文化に大きなダメージを与えたと同時に、近代以後の日本人が徒歩旅行文化を喪失したことを柳田はふかく惜しむ。そして、「昔から山村に存外交易の産物が多かったのは、正に道路の恩恵であった[15]」のに、鉄道の侵入による峠越えルートの廃滅がもたらした山村地域経済の、再建更生までを展望するのはもはやむずかしいとしても、せめて「同じ一つの峠路でも、時代及び人の生活、季節晴雨のかはる毎に、日毎に色々の絵巻を我々に示して尽きない[16]」わが国土の天然と人文との関わり合いの豊かさをふり返り再確認するために、柳田は峠越えの旅の現代的追体験を人々に勧めたのであった。しかし、それによる日本国民の歴史的・文化的自己再認識の即時代的意義を声高に強調しようというのでは、かならずしもなかったのである。

(2)近代国家的統合に向けての日本人の内面的改造

鉄道は、国内各地にその路線網を拡伸することにより物理的に旧体制下の封建割拠の壁を破り、政治の面では国家意志の全国的周知や国家権力の全国的発動、経済の面でも物資輸送や労働力移動の増強・効率化による国内市場や産業構造の全国的再編成などの効果を実現した。同時に、文化の面においても近代日本人の平均的な意識

＝内面的構造を、それら政治・経済面での全国的な統合支配に適合するように改造していったのである。

さきにもふれたように「汽車は誠に縮地の術」として、鉄道により旧来の峠越え＝局地的連絡交通ルートでの物流や地域文化交流体制の改変整備がうながされると同時に、その「縮地」効果が全国的に結合されていく間に、国内社会での従前の距離感がしだいに修正され、人々の意識では、汽車のおかげで日本も狭くなった結果、全国各地の住民の地方人意識という形での分散的・非均質的状況が、統一国家日本の国民意識へと結束し均質化されていくことになった。それを現実に推進したものこそ、国内の人的移動・物貨輸送・文化交流をより広汎に実現し、とくに新聞・図書や学校教科書などの教育文化情報刊行物の独占的輸送を通じて、近代社会における人間思考や生活の枠組の形成に有形無形に寄与した鉄道の力であることを柳田は評価する。それとともに、とりわけ冬季積雪の障壁を克服し得る公共交通機関としての鉄道の実現ということがもつ全国レベルでの政治的な意味を強調して、次のように述べている。

……この機関（鉄道のこと——引用者）が日本の半ば以上の地域に互って、新たな生活様式を付与した力だけは偉大なものであった。暖かな南の方から移って来た為か、我々の雪中生活には今まではまだ研究が十分で無かった。殊に山奥では……多数は古くから冬眠を普通として、部落から外への交通は略々絶えて居た。（略）是が全国一様の教育制を布いて、子供を先づ引出したのは英断であったが、実際はまだ天然と風土の制限を破ってしまふ迄の方法は立って居なかった。（略）ところが汽車は雪害には自分も散々悩みながらも、兎に角この間へ新たなる一道の生気を送り入れたのである。是だけは可なり大きな変化であった。（略）じっと暮して居る用意をした者までが、追々に暖地の活社会に入り交らうとして、雪の底は俄かに活き活きとして来た。……人の往来も自然に多く、……最近何回かの総選挙でもわかったやうに、日本は始めて真冬でも共同し得る国となったのである。これは電信電話などの力もあるが、主としては汽車の大きな効果であった[17]。

次に、伝統的に木と土と紙を基本素材とする生活文化を共有してきた日本人が、鉄道の導入・普及にともない近代社会における鉄の文化の重さと強さとを実感として認識したことに注目したいと思う[18]。同じ鉄を素材とする西洋機械文明でも、幕末の黒船（蒸気船）は武力的脅威の具現として衝撃的であったが、その後間もなくそれの陸上版（陸蒸気）としてわが国に導入された鉄道は、始めから畏怖を伴わない「文明の利器」、開化のシンボルとして日本人一般に受け容れられた。鉄道が徐々に建設され路線を伸ばしていくにつれ、身近に接し得る大型の輸送機関の機械運動装置が発揮する即物的迫力は、単純かつ強烈に西洋機械文明の優位を人々に実感させた。こうして鉄道は、鉄の文化の一大達成としてみずから代表する西洋機械文明の諸成果を受入れて、わが国が工業化路線を推進しつつ近代国家日本を建設するという方向にむけての国民一般の精神的な地ならしの役割を果たした。すなわち、近代国家成立・発展の物質的基盤たる機械制工業化の枢要な素材としての「鉄」へのあらたな思い入れを通して、明治国家建設期の日本人が、工業立国をめざす政府の経済近代化路線を受け容れる内面的素地をつちかったのは、鉄道にほかならない。さらにいいかえれば、帝国の首都東京から全国各地に放射線状に拡伸していく鉄道網は、まさに政治・経済に対応する「文化の中央集権[19]」の要具として日本人の内面的生活を国家目標に向けてたくみに誘導し、集約的に掌握するための支配のシステムとしても強力に機能したのであった。

ところで、日本人の内面的近代化にふかく関わった鉄の文化の代表的具現たる鉄道についてのそうした政治＝権力的側面観とはまったく別に、柳田国男は、現実に鉄道線路がメタリックな一条の輝きを放って地平線まで伸びる景観をまのあたりにした人々の胸中に、伝統的社会にはなかった空間的展望が拓かれ、人々の視界が広く明るく、前途をまっすぐ見通せるように開放されたとして、庶民的感覚からいえば、鉄道の実現によるデメリットよりもメリットの方がはるかに多かったことを、次のように説いたのである。

> 所謂、鉄の文化の宏大なる業績を、ただ無差別に殺風景と評し去ることは、多数民衆の感覚を無視した話である。例へば鉄道の如き平板でまた低（単？――引用者）調な、あらゆる地物を突き退けて進まうとして居るものでも、遠く之を望んで特殊の壮快が味はひ得るのみならず、土地の人たちの無邪気なる者も、共々にこの平和の攪乱者、煤と騒音の放散者に対して、感歎の声を惜しまなかったのである。（略）兎に角にこの島国では処々の大川を除くの外、斯ういふ見霞むやうな一線の光を以て、果も無く人の想像を導いて行くものは無かったのである。（略）今まで何一つ此類の変化を受けなかった土地と比べて、どちらがより多く満足して居るかといふことは、改めて聞いて見る必要も無い位である。[20]

(3)近世日本人の社会的行動様式の再現

わが国の伝統的な交通文化とはおよそ異質な技術方式をそなえた鉄道が、国内に導入されて以後、在来の交通体系を解体し国民一般の内面的な改造を促しつつ発達する間に、鉄道それ自体も異文化の枠組の中で存立し機能するためには、ある程度わが国の固有な文化と同化・習合していく必要があったと考えられる。柳田国男はこれを「汽車の巡礼本位」[21]の発達と規定し、近世以来の日本人大衆の社会的行動様式としての「巡礼」習俗が、近代以後のわが国内での鉄道建設・経営方針策定の下敷きとなり、同時に人々の鉄道利用の局面において独自な旅行風俗文化として広汎に再生産されてきたことを指摘する。

近世の「巡礼」の旅は、封建体制下の庶民一般に唯一公認された集団的自己解放＝共同体内再結束のための旅行機会であり、信仰的動機は表向きないし二の次であり、その「大部分は今日の汽車も同じやうに、団体で共にあるく点に目的の中心を置いて居たのである。（略）この行楽の興味は忘れ難かったものと見えて、明治に入っても巡礼は決して衰微して居ない」[22]。果せるかな、近代以後わが国に新規参入した鉄道事業は、日本人大衆の間に根強い「巡礼」的旅行文化の伝統と結びついて発展に向かったのである。

すなわち、国家的見地からの全国的連絡鉄道網や地方開発振興という権力的鉄道政策の実現とは別の次元で、国民一般が、近世以来の「巡礼」習俗を原体験としながらも、「巡礼」から「信仰を抜き仲間の選択を自由に（した）今日の名所巡り」[23]のレジャー交通需要の大きなマーケットを形成しつつあり、これを有力な顧客として明治中期以降全国各地に、有名社寺・名所旧蹟・温泉等行楽地へのアクセスとなる鉄道が続々と開業を見た。「如何なる列車に乗込んで見ても、必ず二通りの感謝する人が、向ひ合ひ又並んで腰かけて居る。即ち一方は汽車が無かったら、どれほど難儀をしてあるいて居たらうと思ふ人と、他の一方は汽車が通じたから出て来たといふ人とで、今でもどうやら後の方がずっと多い。（略）……人が釣り出されて遊覧の客となったことも、亦非常なる大きな数であった」[24]。それがまた鉄道経営の有利な存立基盤となったといえよう。関西鉄道の如き大阪・名古屋両大都市を結ぶ国内幹線鉄道体系の一環としての役割を担う大私鉄でさえ、自社沿線各地の数多い有名社寺・史蹟などへの巡拝・周遊客のための臨時列車増発・運賃割引など、様々な乗客誘致策を講じて業績を伸ばしていたのである。

それと同時に、鉄道利用の大衆化という社会的動向のなかで、乗客たる日本人大衆の身についた伝統的な「巡礼」行動様式＝日常的なしがらみから一時的に解放され、昂揚した心理状態になることから発する集団的逸脱行動――が、そのまま形を変えて近代の列車内に持込まれることが多くなったとするのも柳田らしい着眼である。もともと「巡礼」という旅行スタイルは「多分旅愁といふもの、今よりも遥かに深かった頃に、是をうしつらしとした者が段々に考案したものであらうが、今では汽車の中などは殊に群の力を藉りて気が強くなり、普通故郷に在る日には敢てし難いやうな我儘を続けて居る。何のことは無い、移動する宴会のやうなものが多くなった」[25]と、柳田は述べる。そして、わが国の鉄道利用の現場でしばしば露呈される、団体乗客大衆の反公徳的マナーないし逸脱的ビヘイヴィアが拠って来たる近世からの旅行文化の、鉄道利用における再現という意味での連続性を指摘したのである。

国民的交通需要の構造的特質と鉄道経営——結びにかえて——

前節において、柳田国男の指摘としてとり上げたように、わが国の鉄道史に特徴的な「汽車の巡礼本位」の発達は、近世以来の日本人大衆に一般的な旅行志向＝名所巡り集団旅行文化の近代的表出であった。すなわち、一般公共輸送機関としての鉄道は、人的輸送の面で利用客の大多数を占める国民一般大衆の「巡礼」旅行志向に根ざすところの、消費性交通需要という国民的交通の構造的特質によって、その建設や経営のあり方を規定されてきたのである。

鉄道事業主体としても、積極的に乗客大衆の志向を先取りして、旅行動機の開発戦略に取組んできた。まず、明治三〇年代前期の経済恐慌を契機に国内が不景気に陥るなかで、乗客誘致のために種々な努力が重ねられたが、当時の国内鉄道業界では私鉄企業グループのシェアが幹線体系を主力に官設鉄道のそれを上廻っており、乗客誘致戦略の面でも有力私鉄がつねに新機軸を以て先行、主導していた。その後、明治三九〜四〇年の大規模な鉄道国有化において、比較的短距離の非幹線的路線でありながら、わが国の典型的な「巡礼」路線たる私設参宮鉄道が買収対象となったのは、象徴的である。この鉄道国有化により国内鉄道業界を制圧した国有鉄道の運営当局

（鉄道院）は、運輸局長木下淑夫（明治七～大正一二年＝一八七四～一九二三）の構想により鉄道営業の商事的改善を推進するが、その成功した経営新機軸の代表例が有名社寺団体参拝臨時列車の運転であったのは、これまた象徴的といえよう。その一方、鉄道国有化以後、私鉄グループは各社いずれも中小規模の経営となり営業エリアも狭く巡拝・遊覧対象の数も限られ、しかもそれには季節的制約もあって、「巡礼本位」の私鉄経営上きびしさを増した。それでも、有名社寺・行楽地へのアクセスであることを社名に謳って乗客誘致をねらう私鉄は、全国的に多く見られた。

また私鉄の電化が、大都市内軌道を除けば、社寺参拝・遊覧鉄道を以て嚆矢としたことは一考に値しよう。反対に、遊覧鉄道型体質の企業的限界を克服して大都市間連絡鉄道型私鉄経営路線を選択して成功した阪神急行電鉄の事例は、よく知られている。

しかしながら、おおむねわが国の鉄道事業は、歴史的に「巡礼」型の消費性輸送サービス提供者としての体質や経営路線を一貫して守ってきた。それが現在のＪＲ（旅客鉄道会社）経営における多様多彩な乗客誘致戦略にまで貫徹しつつ、種々な問題を孕んでいるのには、柳田国男の先行的考察の鋭さをあらためて感じさせずにはおかない。

（1）拙稿「鉄道文化と近代社会――鉄道日本文化史への試論――」（『鉄道史学』二号、昭和六〇年八月）を参照されたい（→本書収録）。

（2）拙稿「わが国における『鉄道社会』の歴史的形成：序説――柳田国男の鉄道観をめぐって――」（『追手門経済論集』三巻二号、昭和四三年一二月）を参照されたい。

（3）柳田国男「都市と農村」（『定本柳田国男集：第一六巻』、以下『集』と表記）三〇五頁。

(4) 同「明治大正史・世相篇」(『集：第二四巻』) 二六〇～一頁。
(5) 同右、二六四～五頁。
(6) 同右、二六四頁。
(7) 柳田国男「越後へ」(『集：第三巻』) 九四～五頁。
(8) 前掲「明治大正史・世相篇」二六五頁。
(9) 同右。
(10) 同右。
(11) 柳田国男「峠に関する二三の考察」(『集：第二巻』) 二二七頁。
(12) 同右、二二八頁。
(13) 同右。
(14) 前掲「明治大正史・世相篇」二六一頁。
(15) 前掲「峠に関する二三の考察」二二八頁。
(16) 同右、二三一頁。
(17) 前掲「明治大正史・世相篇」二六二～三頁。
(18) 和辻哲郎「自叙伝の試み」(『和辻哲郎全集：第一八巻』) 一七七～八頁の記述を参照されたい。
(19) 前掲「都市と農村」二七一頁、同「農村雑話」(同前) 四三三頁。
(20) 前掲「明治大正史・世相篇」二一四～五頁。
(21) 同右、二六〇頁。
(22) 同右、二六一頁。
(23) 同右、二六二頁。
(24) 同右、二六一頁。
(25) 同右、二六二頁。

わが国の鉄道史と「観光」の理念——巡礼・遊覧・観光——

はじめに

鉄道史学会が平成五年（一九九三）にその創立一〇周年を迎え、その記念すべき年次大会を京都の地で開催するにあたり、その地の文化的特質にかんがみ「鉄道史における観光」という共通論題が設定された。その意図は、いうまでもなく鉄道という近代的交通システムの成立・展開の歴史的過程において、観光という文化的契機がいかに関わってきたかをさぐることにより、現代の鉄道事業や鉄道文化における観光のあり方を再検討することにある。

さきの戦中ないし戦後の国家再建期は別として、その後のわが国の急速な経済発展のなかで、鉄道事業は一般に国内交通市場でのシェアを守るために、その経営政策においていちだんと観光輸送需要の開発に結びつく観光諸施設（リゾート・レジャーランド開発、ホテル・アクセス等関連サーヴィス体制の整備）に重点を置くようになり、全国各地に多彩な展開を示しつつ現在に至っている。わが国やスイスのように比較的コンパクトにまとまった国土とそのなかで効率的に運営される高密度な鉄道網をもち、地文的・人文的に観光対象に恵まれた国では、そうした傾向は、「観光立国」の謳い文句とともに鉄道事業において伝統的に顕著であった。しかし、もとよりわが国やスイスでも、観光輸送が鉄道事業の目的のすべてであるわけではないのであった。

鉄道は、たてまえとしては国家・社会の運営の機能的効率化や公共的交通の利便化のためのインフラストラクチュア整備として建設・運営されるものであるが、その歴史的展開の実態に即してみると、まず物的輸送の経済のために開発・改良され、やがて人的輸送の経済のためにもそのメリットを発揮するようになった。観光輸送は人的輸送の範疇に属するので、ここで鉄道による人的輸送の具体的展開のなかにそれを位置づけてみよう。

(1)政治的・権力的輸送

軍隊・治安組織集団の移動

官公吏の官命・公務による移動

国外追放者等の強制的移送

(2)産業的・社会的輸送

労働力の移動(労働者の集団的・季節的大量移動)

災害時の被災者集団の移送

都市〜農村間の「帰省」者の往復

(3)日常的・実務的輸送

通勤者・通学者の往復

商取引のための出張・行商人の移動

遠隔地単身赴任者の職・住間往復

その他世俗的所用処理目的の移動

(4)非日常的・文化的輸送

修学旅行・見学旅行・研修旅行・社寺参拝・観光旅行などの旅客の移動

こうして見ると、観光輸送そのものは、鉄道事業の担うべき社会的役割の one of them にすぎないのである。しかもそれがこんにちわが国の鉄道事業の経営戦略における最重点化課題となっている。そこで本稿では、わが国の鉄道史のなかで観光輸送という経営コンセプトが成立し、展開してきた筋みちをたどることにより、わが国の鉄道事業の歴史的特質を再検討する端緒を提供したいとおもう。

一　わが国の鉄道発達の民俗的特質

わが国の鉄道は、先進西欧諸国に比べてかなり後発的な近代国家建設のプロセスを、政治主導で進めるいわゆる近代化政策の強力な一槓桿として導入され、創業を見たものである。

ところで、柳田国男の指摘によれば[1]、当初のそうした国内の政治的統一というねらいからして「なくては済まなかった一通りの幹線が敷設し終わると、次に現れたる各地方の均霑努力は、たいていは他の地の前例を参酌して」全国どこでも、それまで自らの徒歩行脚しか陸上交通の手段をもたなかった庶民一般が気軽に遠近各地へ出かけ、見て廻るための利便を求めて、各地における鉄道建設の動きとして具現するようになった。そして、政府が鉄道に期待した「いわゆる資源の開発が果たして計画の通りであったものの多いと同様に、(鉄道が通じたことによって――引用者)人が釣り出されて遊覧の客となったことも、また非常なる大きな数であった。」

すなわち、わが国内の鉄道網の形成は、全国各地に数多く散在する有名社寺・霊場、名勝・旧蹟、温泉など保養地へのアクセスという形において主な展開を示すに至ったのである。

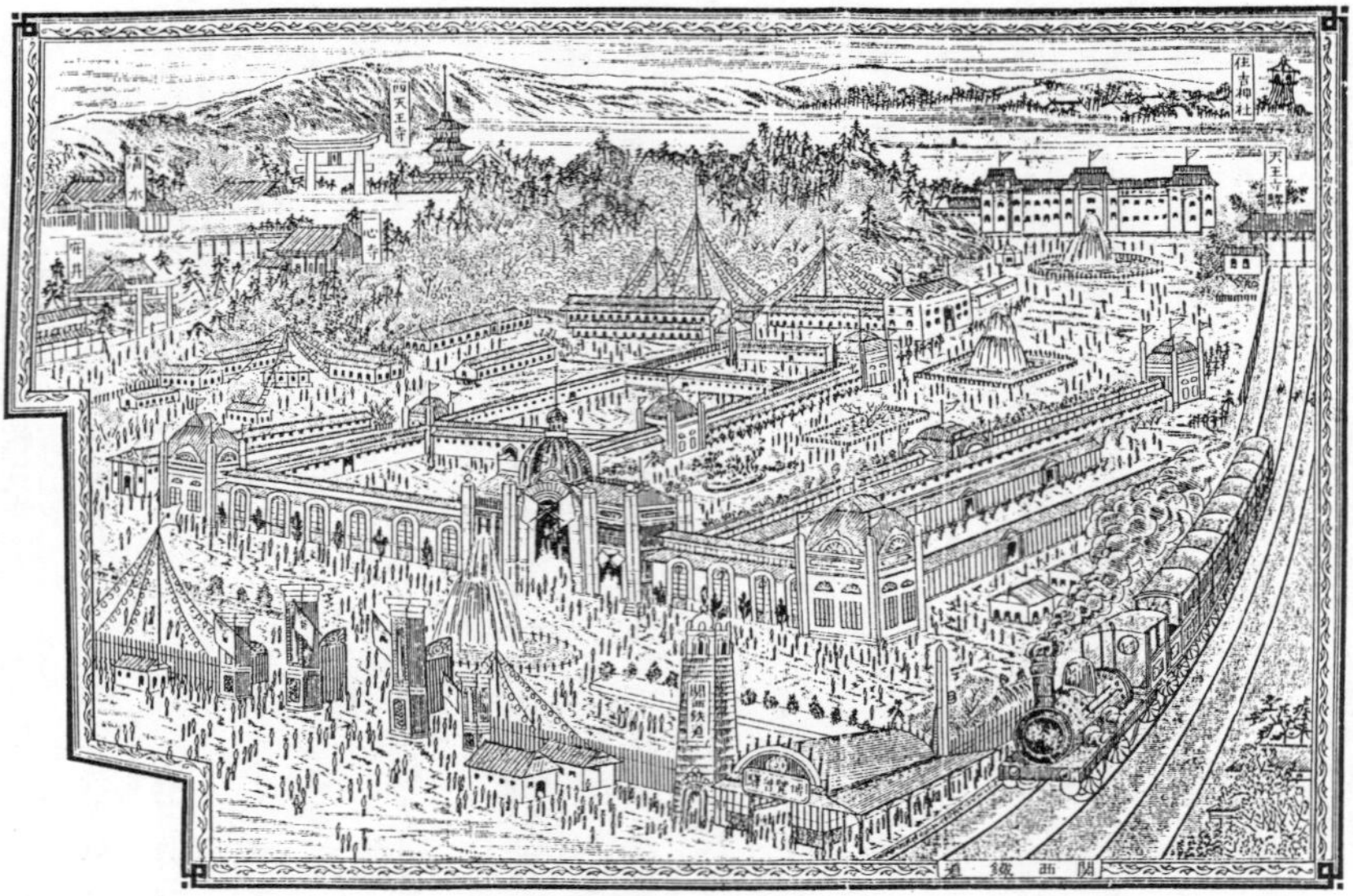

関西鉄道と第５回内国博会場図

このことを、柳田国男は、わが国における「汽車の巡礼本位」の発達と規定する。すなわち、近世期において庶民一般にひろく盛行を見た伊勢参宮・四国巡礼などの社寺参拝と都見物・温泉入湯など遊覧保養とを組合わせたかたちのいわゆる「巡礼」習俗が近代以後にまで持越され、明治憲法による移動の自由の保障のもと、鉄道という機械制移動手段の利便を得て国民の間にいっそう拡がっていった。ここから生じる尨大な「周遊旅行」的輸送需要にこたえて、わが国の鉄道事業経営主体はその路線建設や施設整備、新サーヴィス開発を進め、周遊旅客に重点を置く事業経営を通じて、業績を伸ばしていったのである。それが、はるかに時代を下って現代の有力大鉄道各社による広汎、多様な観光と輸送との総合的経営へと展開していることは、いうまでもあるまい。

　ところで、わが国の鉄道発達を「巡礼本位」とする柳田国男の指摘は、たんに鉄道の路線や経営のあり方だけにとどまらず、現実の鉄道旅行の場でくりひろげられる日本人団体旅行客のマナーや行動様式にまで及ぶのであるが、ここではそれはさておき、すくなくとも鉄道事業のあり方だけに限って見ても柳田の指摘はすぐれて的を射ていたといってよい。

たとえば、通説的には大阪・堺両都市間連絡鉄道の範疇に入れられる私設阪堺鉄道にしても、その社史がみずから述べるように(2)その輸送事業収益のかなりの部分が、沿線の住吉大社への参拝や近郊の大浜公園遊覧といった「巡礼」的輸送需要によって支えられていた。また官設鉄道東海道本線と対抗して大阪・名古屋両大都市を直結するサーヴィスを競い、国内幹線的鉄道体系の一環を形成していたとされる私設関西鉄道にしても、その主力営業圏たる近畿中部の土地柄からして有名古社寺・史蹟名勝に恵まれていたことから、それらを連ねるアクセスとして自社鉄道による周遊旅行に人々を誘致し、列車増発・運賃割引・連帯輸送などのサーヴィスを通じて「巡礼本位」の鉄道経営を積極的に進めていた。そうした関西鉄道の経営戦略は、明治三六年(一九〇三)に大阪で開催された第五回内国勧業博覧会の際の見物客輸送において大々的に発揮されたのである。さらにまた、当の関西鉄道をはじめとして、官設・私設を問わず全国の有力鉄道が、伊勢神宮への近代的アクセスとして―巡礼本位」の鉄道の典型ともいうべき私設参宮鉄道との間に競って連帯輸送関係を結び、全国的な規模で「巡礼本位」の鉄道経営を展開したことも歴史的事実である。

こうしてみると、わが国の鉄道は一般的に「巡礼」的志向と行動パターンをもつ人的輸送需要にア・プリオリに支えられ、「巡礼本位」の路線建設・事業経営をデ・ファクトに展開してきたといえよう。そして、そうした事業の体質は現代の観光重点化の鉄道事業のあり方にうけつがれていると見てよかろう。

二　国有鉄道の行楽輸送重点化戦略

明治三〇年代に入ってから、たとえ発展途上的とはいえ、資本主義経済体制の下の近代的事業活動としてきびしい自由競争関係に立つわが国の官・私各鉄道経営主体のいずれも、それぞれ収益の向上をめざして、いっそうの経営努力が重ねられるようになる。とくに人的輸送の局面で、有力私鉄が先行し官鉄がそれを追うかたちで旅客輸送サーヴィスの拡充が進められたが、さきに示した人的輸送の具体的展開のうち、潜在的輸送需要の開拓・高収益の実現性という点でもっとも重点化されたのが(4)の非日常的・文化的輸送、すなわち「観光」に関わるものであった。

やがてその後、官鉄を所有・経営してきた政府は、明治三九〜四〇年（一九〇六〜七）に有力大私鉄を中心に大幅な鉄道国有化を実施し、全国的鉄道網を独占する国有鉄道という形で国民的輸送体制における量的拡充を実現した。それと同時に、かつて官鉄に先駆けて「巡礼本位」の旅客輸送を推進してきたそれら有力大私鉄の経営理念が買収により内在化したことから、あらためて国有鉄道は国民的輸送体制における質的拡充の一環として「観光」に関わる旅客輸送サーヴィスの重点化に取組むことになった。こうして国有鉄道は、その輸送体制を質的・量的に整備拡充し、とりわけ「観光」に関する旅客輸送需要の開発、すなわち「巡礼本位」の輸送の商品化による収益性の確立をもって、財政的基盤の強化に資するという路線をみずから敷いたのである。

こうした観光輸送への取組みは、実はすでに早く官設鉄道時代に有力大私鉄との競争がはげしくなる情勢のなかで進められたもので、たとえば明治三五年（一九〇二）一一月には観楓客の輸送のために新橋・京都間に、また翌三六年一月には正月の伊勢参宮客の輸送のために新橋・山田間に、それぞれ臨時回遊列車が運転されている。

その後、明治三八年八月に官設鉄道当局により『鉄道作業局線路案内』が刊行されたのも、そうした取組みの一環であったとみられる。

その翌年と翌々年の鉄道国有化により国有鉄道として全国的輸送体制を確立したことで、そうした取組みが引き続き進められ、いっそう強化されたことはいうまでもない。明治末期から大正前期にかけての国有鉄道によるその種の施設の事例を挙げれば、次のとおりである。

明治四二年　八月　天橋立遊覧客輸送のため宮津湾内連絡汽船を開航
同　　一〇月　奈良ホテルを建設（大日本ホテル株式会社に営業を委託）
同　四三年一一月　新橋その他主要駅より箱根・奈良・京都・厳島・日光・松島等への回遊一等乗車券の発売
同　四四年二月〜四月　京都知恩院・東西本願寺での大法要施行に際し、参拝客の輸送につき団体旅客取扱とし、各方面に多数の臨時列車を運転および梅小路仮停車場を設置
大正　二年　四月　奈良ホテルを直営化
同　四年　三月　厳島巡遊航路を開設（毎年四月一日〜一一月二三日の間の日曜・祝祭日に運航）
同　一二月〜同五年三月　大嘗祭其の他拝観客のため全線各駅より京都行三等二割引往復乗車券を発売
官設鉄道から国有鉄道へと事業体制が拡大強化されていく間に、政府の鉄道経営の上でそうした観光重点化戦略を主導的に進めていったのは、国鉄経営近代化のパイオニアとして知られた木下淑夫（明治七〜大正一二年＝一八七四〜一九二三）であった。木下は東京帝国大学で工学を、さらに同大学院では法学・経済学を修めた文理両道の秀才で、明治三二年に鉄道作業局に技手として就職、まもなく同三四年に同局運輸部旅客掛長に任じられて官鉄旅客営業の改善に第一線で取組んだ。やがて鉄道国有化の直後の明治四一年、鉄道院運輸部営業課長に進み、

さらにのち大正三年（一九一四）から同七年までの間、鉄道院運輸局長のポストに在って国鉄運営に新機軸をもって敏腕をふるった。その後は本庁から地方現業の局長に転出、健康を害して同九年休職となり、その三年後に惜しまれつつ死去した。

木下淑夫は在外経験もあり、その語学力を生かして日露間連絡運輸協定の交渉にも重要な役割を演じたが、それと並んで、そうした木下のすぐれた国際感覚が国鉄の観光重点化戦略と結びついた取組みの一環として、とくに本稿の問題意識に関わるところの、わが国における外国人観光客誘致の体制づくりについて言及する必要があろう。

三　国有鉄道の外国人観光客誘致施設

わが国の鉄道業界における外国人観光客を対象とした誘致工作への組織的取組みとしては、国有鉄道当局が「明治四十年五月十五日『トーマス、クック、アンド、ソン』商会ノ横浜、香港両支店ヲシテ観光外国人ニ対シ特定区間ノ一、二等往復、片道、及回遊乗車券並ニ乗車券引換証ヲ発売セシメ(3)」たことをもって嚆矢とされる。以後、大正四年（一九一五）に至る間の、この種の鉄道乗車券等購入に当たっての便宜化サーヴィスの具体的な展開については『日本鉄道史　下篇』第一八章中に「外国人旅客ニ対スル設備」としてくわしく記述されている。

また、国有鉄道事業主体が内閣直属の鉄道院として整備強化されるなかで明治四五年（一九一二）三月に「ジャパン、ツーリスト、ビュロー」が「外人旅客ニ対シ旅行ニ関スル方法ヲ指示シ時刻表、案内記、地図、報告ヲ配布シ乗車船券ヲ発売」することを主要な事業目的として創立された。上記『日本鉄道史』によれば、「鉄道及汽船業者『ホテル』業者等直接外人旅客ニ関係スル有志者之ヲ組織シ鉄道院ハ其発起者ノ一人トシテ之カ創立ニ加ハリ副総裁ハ其会長ト為リ鉄道院職員其理事、幹事、主事ト為リ五月本部ヲ東京ニ支部ヲ京城、大連、台北ニ置キタリシカ鉄道院ハ院内ノ一部ヲ其本部トシテ使用ニ供シ且ツ他ノ職員ヲシテ其事務ノ一部ヲ幇助セシメ（略）大正三年十二月東京停車場開設セラルルニ及ヒ鉄道院ハ該停車場本屋ノ一部ヲ其使用ニ供シ（略）本部ヲ之ニ移シ（略）諸般ノ施設ニ関シテハ鉄道院主トシテ之ヲ援助シ其発達ヲ促進[4]」したとある。

　国有鉄道によるこうした積極的な外国人観光客誘致政策の一連の展開の背後には、その策定・推進の担い手として当時国鉄の運輸営業部門のトップに在った木下淑夫のはたらきがみられるのはいうまでもあるまい。しかしもとより対外国人観光客サーヴィスは木下淑夫ひとりの主体的取組みとしてのみ認識されるべきものではなく、むしろ木下をその運輸営業部門の「顔」にもつ鉄道院のジャパン・ツーリスト・ビューロー設立・運営に見せた尋常ならぬ支援ぶりからみても、より大きな国際外交レヴェルでの政府の戦略的対応として理解できよう。要するにそれは「条約改正」に向けての条件整備の一環であった。たしかに、外国人観光客の誘致・各種サーヴィス供与に力を入れるということは、当時わが国の財政事情が苦しい折から「見えざる輸出」として外貨獲得への期待もないではなかった。しかし、より以上にそれは、わが国にとって永年の悲願であった条約改正がようやく明治三〇年代に入って実現の緒につき、さらにのち明治四〇年代に入って関税自主権の回復という形で達成に向かうという状況下で、交渉相手国たる欧米先進諸国からのわが国への観光客の受入人数をふやし、かつその満足度を高めることを通じて、わが国内社会の整備・発展のイメージをつよくアッピールするところに狙いがあったのである。

　さらにその後、大正中期になって内閣直属の鉄道院が「鉄道省」として独立した省庁に強化されたあと、昭和五年（一九三〇）四月に同省内の一部局として「国際観光局」が新設され、それにともない関連外郭団体として

「国際観光協会」が設立された。この組織改革は要するに昭和初期の国内、国外にわたる深刻な経済恐慌の打撃と慢性化する不況に見舞われた鉄道省が、当時の私鉄、自動車などとの間の貨客争奪をめぐる市場競争に勝ち抜くための体質強化策の一環にほかならなかった。

ここで注意すべきことは、「観光」という言葉がこのときわが国の鉄道業界ではじめて用いられ、しかもそれは「国際」という限定をともなうものであったことである。観光という旅行目的が当時のわが国においてはもっぱら外国人旅行者に固有のものと意識されていたことがうかがえる。また、そうした外国人旅行者のために鉄道など諸施設利用上の便宜や情報を提供する特別の機関が設置されたことは、はるかにそれに先立つ明治末期にいち早く英語表示のジャパン・ツーリスト・ビューローが来日外国人旅客向けの特別のサーヴィス機関として開設されて以来、政府の一貫した方針のあらわれであったとみてよい。こうした来日外国人旅行者への「特別扱い」の制度化は、幕末開国以来の急速な近代化のなかでのわが国の国際的シチュエーションに規定される対外コンプレックス、ないしは来日外国人と受入れ側の日本人との間に有りうべきカルチュア・ギャップへの配慮に由来するものと考えられる。その一方、日本人一般の「観光」旅行についてはどのような問題状況にあったのであろうか。

四　「観光」の理念と国内社会の現実

さきに述べたとおり、明治後期以来昭和戦前にわたって政府が進めてきた組織的な「観光」旅行サーヴィス体制づくりは、あきらかに日本人旅客を対象とするものではなかった。その理由としては、要するに当時のわが国民経済や市民社会の発展途上性に規定された平均的日本人の所得水準の低さといってよかろう。そのことを「観光」という語句の意味するところから照射してみよう。

「観光」の出典は中国古代の『易経』の「国ノ光ヲ観ル、モッテ王ニ賓タル利アリ、国ノ光ヲ観ルハ賓ヲ尚フナリ」の章句とされている。その意味は、他国に客となってそのすぐれた文化に接しそれを自国のために役立てる、あるいは他国からの客に敬意を表わして自国の文化を見せるということで、より一般的には「他国の文物光華を視察する。転じて他国の山水風俗などを遊観する」（『字源』）とされる。すなわち国際的な文化交流、異文化理解を目的とする行動様式のひとつといってよかろう。その意味では、わが国に固有な伝統文化やすぐれた自然景観をセールス・ポイントとし旅行関連サーヴィス体制を整備して積極的に外国人旅行者の誘致をはかるというわが国鉄道当局の明治後期以来の取組みは、まさしく「観光」の理念に即したものであった。むしろそれは、わが国として当時の国際的立場からする対外文化工作の一環として、また財政上の外貨獲得の一手段として推進せねばならぬ施策にほかならなかった。

その一方「観光」の語義には、自国から他国へ出向いて異文化に接して自から学ぶということも併せ含まれている。しかし、明治維新以来、政府の主導により急激に推進された国内社会経済の近代化政策のひずみが都市と農村の発展格差をひろげ、とくに農村部ではわが国民の大半を占める中小農民層が、地主小作制のしめつけのもと、所得水準・生活水準をきわめて低位に縛りつけられていた。商工業資本の集積する都市部においても、根の浅い資本主義体制の底辺に尨大な都市プロレタリアートが増大しつつあった。すなわち、わが国民の大部分にとって、かつての「封建制」の重石が「資本制」のそれに置きかえられただけで、「生存の痛苦」[5]は昔とあまり変わっていなかったのである。他国を「観光」して異文化を学ぶなどということは、近代に入ってからも長い間、わが国民の大部分には無縁のことであった。

そうしたなかで、日本人一般はわずかな余裕を捻出して年に一～二回は昔ながらの社寺参拝・名所遊覧に出かけることを自己解放の手だてとしたが、旧時代とちがいその実行を大いに助けたのは「鉄道」という新交通制度にほかならなかった。また、鉄道事業者も、わが国民文化として根強い「巡礼」習俗に支えられて、それほど労せずに「巡礼本位」の発達の一途をたどったのである。

「遊覧」から「観光」へ——結びにかえて——

こうして、さきにも述べたように、巨視的には日本資本主義の傾斜的・跛行的展開に制約されて国民一般の平均的所得・生活水準は低かったとはいえ、やはり近代化が進められるなかでのわが国民経済の成長、社会の活性化・情報化や鉄道網の整備にともない、日本人の国内旅行機会はしだいに質的にも量的にも充実しつつあった。時間的・経済的余裕を前提とする日本人の行楽的国内旅行は、とくに大正期に入って国内の有産者や都市部の中産市民階層を中心に盛行の一途をたどった。当時から昭和前期にかけてひろく流布した旅行案内的刊行物のたぐいを検すると、それらの旅行はまさしく「巡礼」習俗に根ざす「遊覧」「回遊」「周遊」「名所旧蹟めぐり」という字句表現になっている(6)。それが、昭和一〇年代に入ると、国内旅行でありながら「観光」の字句表現が用いられるようになるのが興味ぶかい(7)。

それは、わが国がすでに十五年戦争に突入し、戦時活況・軍需景気で日本人の所得もふえ、国内はもとより、政府の植民地政策から朝鮮・満州・台湾など外地へ旅行する条件もととのってきたことの反映であろうか。また、かつて外国人にだけ窓口を開いていたジャパン・ツーリスト・ビューローも、昭和九年あらたに「日本旅行協会」との邦語名を呼称して、日本人の内外旅行斡旋にも取組むこととなった(8)。

こうして、日本人の旅行文化にも「観光」という異文化間交流的なイメージが定着し、ひろく海外にむけて国際的に展《ひら》けていくかに見えたが、やがて戦争の激化と敗戦とによってその流れは中断された。そして戦後の国家再建からその後の高度な経済発展の過程で、ようやくわが国民一般の間にも市民文化としての「観光」旅行が根づいて来て、かつての「遊覧」旅行にとって代わってからもすでに久しい。国内くまなく観光開発が進められ観光アクセスが整備されつつある一方では、近年とみに海外旅行が全国民的な「観光」として空前の盛行を示している。わが国の観光市場のそうした状況のなかで、かつて主導的なキャリアーでありデヴェロッパーであった鉄道の役割が絶対的にも相対的にも小さくなったのは、所詮わが国の鉄道事業が依然として「巡礼本位」の体質的限界を克服できないでいるからではあるまいか。

（1）柳田国男「明治大正史・世相篇」（『定本柳田国男集：第二四巻』）第六章の三。
（2）『阪堺鉄道経歴史』七および八。
（3）鉄道省編・刊『日本鉄道史　下篇』二一八〜九頁。
（4）同右、二一五頁。
（5）柳田国男「清光館哀史」（『定本柳田国男集：第二巻』）一一〇頁。
（6）鉄道院編・刊『鉄道沿線遊覧地案内』第五版（大正二年九月）。
大阪毎日新聞社編・刊『全国鉄道地図：名所遊覧案内』大正一四年三月一日付録。

鉄道省編・刊『景観を尋ねて』（昭和八年三月）。同書「例言」の文中に「遊覧地」の語がある。
（7）「加賀江沼観光御案内」（観光社出版部、昭和一〇年九月）。
「観光の和歌山」（同右）。
「愛知の毛織と観光」（昭和一二年）。
（8）社団法人ジャパン・ツーリスト・ビューロー編・刊『創立二十五周年』（昭和一二年三月）。

本邦鉄道事業の成立・発達史に見る伝統文化的構造
——日本型「巡礼」交通習俗の近代化——

はじめに

わが国が近代化政策の枢要な推進装置の一環として、明治維新期においていち早く先進西欧から導入した鉄道は、国内交通の上に革命的な影響をもたらしたとともに、日本の伝統的な社会の政治的・経済的な在り方を破壊し、近代国家の建設を促進した。

その間、鉄道それ自体は政府や民間資本のつよい関心のもとできわめて有利な企業部門として成長をつづけ、その経営組織を拡大・発展させつつ、国民経済の発達にとってさまざまなかたちで重要な役割を演じてきたのである。

ところで、普遍的な文明としての鉄道技術体系が、ある特定の一国に導入された場合、それはその国に固有な文化的諸要素との関わりを通して、おのずからその国の独自な交通文化として現実化されていく。日本においては、近代化の推進役たる鉄道は、近代に入ってからもなお根強く生き続ける伝統文化によってその建設や経営活動が促進され、国民経済における主要な産業部門として着実な成長を続けた。わが国における鉄道業の成功の重要な素因は、旧体制下の前近代を通じて国内に広汎に形成され、近代にまでそのまま持越された日本的「巡礼」

の伝統的習俗にほかならなかった。すなわち、近代日本においては、鉄道はたんに近代化のための「文明の利器」であるだけではなく、伝統的な民間習俗に支えられた一種の文化的所産でもあったのである。

鉄道の歴史において、それが伝統文化としての宗教と結びついた事例としては、アラビア半島の「巡礼鉄道」[1]がよく知られているが、日本の「巡礼鉄道」ともいうべき鉄道の歴史的性格については、かつて民俗学者柳田国男（明治八〜昭和三七年＝一八七五〜一九六二）が指摘[2]したあと、その問題をとり上げた人間はいなかった。筆者自身は一九六〇年代中期以後、折にふれこの問題について取り組んできたが、[3]ここであらためてわが国の鉄道史研究に「巡礼」というキー・ワードを用いて、その事業経営の歴史的特質を明らかにしたい。

一　前近代日本における国民的旅行文化の形成

完成された封建的支配体制下の江戸時代において、日本国民の約八〇パーセントを占める農民は、一般的に特定の土地に縛りつけられ、重い租税負担を課せられていた。そしてその間しだいに資本主義が芽生えつつある経済的現実にもかかわらず、支配権力による制度的規制・拘束の維持・強化の下で一般農民のフラストレーションはとめどなく高まり、やがて暴発する危険性を醸しつつあった。

そこで封建領主たちは、そうした危険な事態を避けるために、領民にたいし宗教（信仰）の名のもとに一種のはけ口を許容した。すなわち、彼等が尊崇する神・仏を祀る全国的に知られた神社・寺院へ参拝するという旅行機会を認め、領民たちが一定期間、農事作業（土地）を離れて随意な信仰の旅をして巡ること（巡礼）を許した。そうした旅は一般に同じ村の住民たちの団体旅行という形で実施され、日常的な時空から脱出した巡礼者たちは、まず目指す聖地でのきびしい宗教的セレモニイに参加したあと、「精進落し」と称して共同的な歓楽の場を設け一時的ながら自己解放を味わい、また往復の旅の途上で各地の名所・旧蹟を見て廻って見聞をひろげ、世間を知るというならいであった。

こうした旅は、支配者の側からは民衆の反体制的エネルギーの暴発を防ぐとともに、当時弛みかかっていた農村共同体構成員の心情的結束を締めなおすという政治的効果が期待された。

しかし、何よりも「巡礼」という名の団体旅行は、前近代の日本において抑圧されていた一般庶民にとって、めったにない非日常的な「息抜き」の機会であり必要なカタルシスであったために、人々によろこんで受け容れられ、全国的にひろく盛行を見たのである。そして、それはこの国に固有な旅の文化を培い、多くの民間文芸の母胎ともなり、また旅人にとって実地に役立つ旅行の手引書・道中案内記・名所案内記のたぐいの普及をうながした。江戸時代のわが国内の「泰平」的状況のもとで、団体の社寺参拝旅行「巡礼」は日本人にとって国民的な享楽となっていたのであった。

しかも、日本人は、明治維新以後、近代的社会体制下に入ってもなお、資本主義下の新たな経済的抑圧に苦しみ続けたことから、旧体制下の「巡礼」の旅への憧憬をその心に抱き続けたのである(4)。

そうした「巡礼」の旅を志向する近代日本人の伝統的心情が、近代的交通手段である鉄道の計画・建設・経営を一種独自なかたちに規定することとなった。すなわち、わが国の鉄道事業は、柳田国男が指摘したように「巡礼本位」に成立・展開を見たのである。

二　本邦鉄道事業の特質

ヨーロッパの鉄道先進諸国での歴史的事例が一般的に示すとおり、鉄道は元来「産業輸送」――すなわち鉱石・

穀物・木材その他の工業資源や製品などの大量の貨物の輸送効率の増進のためにもっぱら開発され、実用化されたものであった。その技術史的前提として陸上交通のための道路と車輌（馬車）の発達があり、それを補うものとして運河のネットワークのきめこまかな成立があった。やがて道路上の車輌のはたらきと運河輸送のシステムとが結びつき、同時に動力エネルギー供給装置としての蒸気機関の発明と改良によって「鉄道」というあたらしい輸送方式が実現を見るに至ったのである。

しかしながら、わが国においては、山地と河川の多い地形的条件に阻まれて道路の建設・整備が進まず、古来陸上における車輌交通の発達が見られなかった。そのかわりに、恵まれた河川網や湾入の多い海岸線を伝って、水上交通（河川および沿岸航運）が主として産業輸送を担って発達をとげていた。結果的に、わが国では鉄道システムの自生的成立へと技術的につながるという陸上交通史上の伝統が形成されずにいたのである。

そうした状況のもと、日本は近代化政策の第一着手として、その政策を支援したイギリスの助言により、政府の所有・経営という方式で鉄道の導入が決定された。政府による鉄道導入の目的は、東方の新しい首都（東京）と西方の文化・経済の拠点都市群（京都・大阪・神戸）とを機械交通手段によってより速く結びつけて国内の政治的統一を促進すること、および北方（日本海沿岸）の生産地帯と南方（瀬戸内・太平洋沿岸）の消費地帯とを結んで、国内の物資流通を円滑にかつ所要時間を短縮するところにあったといえよう(5)。

こうして、日本における帝国建設のための政治的・経済的必要性から、わが国内の重要な都市や港湾・鉱山などを結んで国有鉄道が徐々に延長されていく。鉄道の路線が国内各地を脈絡していく間に、しだいにその交通上の革新的な効用に開眼した日本人は、政府がその政策的必要性に応じてその建設を進めていく以上に、いっそう広汎かつきめこまかい鉄道網の整備・拡充に向けての国民的期待を強めるようになったのである。

そうした社会的要請に促され、明治時代前期、まだ財政的基盤が確立していない政府に代って、ようやく成長・自立しつつある民間資本が鉄道を有利な投資対象として関心を深めるようになり、明治一〇年代の末期と同二〇年代の末期の二度にわたって私鉄会社の起業熱が高まった（いわゆる第一次・第二次私鉄ブーム）。その結果として、政府の所有・経営する鉄道と並んで私有鉄道の路線建設が着々と進められ、それらはやがて国有鉄道の路線粁程を大きく上廻るまでに路線網を拡大したのである。

しかしながら、近代国家建設を目指し、工業化の発展途上という段階にあった日本において、鉄道事業経営を支え、成功にみちびく要因は、先進欧米諸国家のような産業輸送ではなく、旅客輸送にほかならなかった。すなわち、大多数の日本人は、かつて彼等やその父祖たちが徒歩や舟運によって実行していた「巡礼」の新しくより効率的なアクセスとして、鉄道のサーヴィスにつよい期待を寄せたからである。

建国以来、長い歴史をもつ日本には国内いたる処に有名な神社・寺院があり、歴史的記念物や故地古蹟が多く分布している。また、その自然地理的多様性によって、国内各地に美しい風土景観や温泉などに恵まれている。ところが、近代的な政府の支配下に入っても、依然として収奪され、抑圧されていた日本の大多数の国民は、日常的生活苦からの一時的解放を求めて、旧時代と同様に「巡礼」——つまり神社や寺院への参拝と各地の観光スポットの遊覧とを組み合わせた旅を、あらたに鉄道網の発達に支えられて旧時代よりもいっそう盛んに実行し、より広く展開していった。そうした全国民的な交通需要は、わが国内での鉄道経営をすぐれて有利なビジネスにまで育て上げたし、国内各地方において新しい路線の建設を広汎に促進することになったのである。

三　私鉄経営と社寺参拝・名所周遊

とくに民間資本として効率的経営をめざす私鉄は、大半が積極的に「巡礼」のための旅客輸送サーヴィスの開発・拡充に努めた。その典型的な事例は、この国の古代以来の歴史の舞台として、数多くの天皇や王族たちの陵墓やその祖神あるいは英雄を祭る神社、高徳の聖が開基した仏寺、さらにはさまざまな由縁をその地にもつ史蹟ないし歴史的記念物が密度濃く集中している近畿地方において、きわめて早い時期から見ることができる。

この地方においてもっとも早く実現した私鉄は、明治一八年（一八八五）一二月に部分開業した大阪堺間鉄道（のち同二一年全線開通を機に「阪堺鉄道」と改称）であった。この鉄道は、近世以来国内最大の商業都市大阪と、その南郊につながる古い商工地たる堺とを結ぶ、わずか一六マイルの路線であった。

同鉄道は全線を挙げてもきわめて短区間にすぎなかったが、両ターミナル都市の間のビジネス用の旅客の往来や、産業用の貨物輸送需要を見込んで発起・設立されたものとして一般的に認識されている。

しかしながら、同鉄道は本来の起業目的たる商業的輸送に加えて、旅客収入の少なくとも四分の一は実際には非生産輸送すなわち社寺参拝・遊覧保養を目的とする旅客輸送によって得られたものであった。というのは、同鉄道はその沿線中間に、わが国内でひろく尊崇を集めている古い名社のひとつ「住吉大社」が鎮坐し、祭礼の際の沢山の参拝客によって利用され、またさらに行楽シーズンには、住吉大社へ参詣した多くの旅客が、ほど遠からぬ堺のターミナル（吾妻橋）まで鉄道に乗り、大阪湾の好風景として古来名高い大浜公園へ杖を曳くのが、当時の大阪市民のならいとなっていたからである。[6]

次に近畿地方において、大阪と古社寺・史蹟に富む大和地方とを結ぶ、より本格的な参拝・周遊アクセスとしてもっとも早く実現を見た近代交通機関は、私設大阪鉄道である。同鉄道は、明治二二年五月の湊町（大阪）・柏原間の開業を手始めに、引続き東方をめざして柏原・亀ノ瀬（仮）間、王寺・奈良間、稲葉山（仮）・王寺間、王寺・高田間と開業路線を伸ばし、同二五年二月に最難工区間とされた亀ノ瀬（仮）・稲葉山（仮）間の開通によって、大阪市と大和北部の中心奈良および大和中央部の高田とを結ぶ全線が開業を見た。さらに翌二六年五月には高田・桜井間が開業して同鉄道は大和中央部の市場支配を強めた。その後同鉄道は、明治二八年度に入って天王寺・玉造・梅田間に路線を新設開業し官設鉄道東海道本線との連絡を実現する一方で、依然として、同鉄道の主要な営業圏である大和地方と大阪との連絡交通の推進に果たした役割の大きさは、変わることがなかった。

その路線一帯に多くの古社寺・史蹟を擁する大阪鉄道の明治二〇年代後半の旅客輸送の実績を調べると、表1に示したとおり、やはり行楽シーズンのピークとして四、五月の運賃収入額が突出し、秋期と正月の初詣機会がそれに続いており、そこに大阪市民の大和路行楽アクセスとして大和北部・大和中央部という恵まれた「巡礼」輸送市場に展開された同鉄道の経営のコンセプトをうかがうことができる。事実においてそれを裏付ける同鉄道の経営面での積極的な取組みとしては、たとえば明治二六年に入り春の行楽＝多客期を目前にして大和路の社寺巡拝・周遊の門戸たる奈良停車場待合室の増築拡張工事を実施し三月四日に落成したこと[7]、また同年五月の高田・桜井間の延長開業に際し「五月廿八日ヨリ六月廿五日迄（天）王寺桜井間一日五回往復ノ臨時列車ヲ発シ乗客賃金ヲ半減[8]」する割引を実施し、さらにその年度に同鉄道が「奈良博覧会吉野山観桜又ハ大仏殿法隆寺其他神社仏閣ノ祭典会式或ハ大阪川開キ等ニヨリ乗車賃金ヲ割引セシハ四月中四回五月中三回六月中壱回七月中壱回八月中壱回九月中二回ニシテ都合十二回[9]」をかぞえたことなどが挙げられ、これらの取組みはいずれも社業収益上に好結果をもたらしたのであった。

表1　明治20年代後半の私設大阪鉄道の乗客賃金収入月額

（単位：円）

年／月	明治25（1892）	同26（1893）	同27（1894）	同28（1895）	3年分合計額	同左1ヶ月分平均額
1	—	12,267	17,217	19,108	48,592	16,197
2	—	11,410	14,757	18,439	44,306	14,769
3	—	17,365	21,300	23,627	62,292	20,764
4	23,296	23,652	25,238	—	72,186	24,062
5	21,946	22,907	26,433	—	71,286	23,762
6	11,291	21,596	16,632	—	49,519	16,506
7	11,180	13,848	14,721	—	39,749	13,250
8	11,574	13,567	15,840	—	40,981	13,660
9	12,682	16,649	17,556	—	46,887	15,629
10	13,922	16,714	18,362	—	48,998	16,333
11	13,457	15,383	19,092	—	47,932	15,977
12	12,993	14,806	16,384	—	44,183	14,728

注1：本表は、大阪鉄道の大和地方旅客輸送の実績に観察を限定するために、湊町（大阪）奈良間および高田間の全線開業年度から、天王寺・梅田間開業の直前年度までの実質3ヶ年間の月別乗客運賃収入額合計の各月別単純平均により、年間の月次別動態を明らかにしようとしたものである。

2：数値の出所は、『大阪鉄道会社第拾回報告』～『同第拾五回報告』の各号に所載の「運輸収入月分表」である。ただし作表にあたり銭単位以下は四捨五入した。

しかしながら、皮肉にも大阪鉄道の備えている市場的好条件は、当時東の伊勢・伊賀方面から近畿地方交通圏への進入を図りつつあったライヴァル私鉄関西《かんせい》鉄道の狙うところとなり、その積極的な大阪進入戦略推進の勢いに押し切られて、ついに明治三三年六月、大阪鉄道はその事業を関西鉄道に譲渡するに至ったのである[10]。

一方、関西鉄道は、当初三重県の四日市と滋賀県の草津とを古来の東海道筋にほぼ沿うた形で結ぶ地方連絡路線として明治二三年一二月に開業したあと、同二八年以後あらたに奈良・大阪方面をめざして、路線を中間駅の柘植から西方へ分岐・延長して建設[11]、大阪鉄道ほか中小私鉄を吸収して奈良・大阪・京都・和歌山各方面へと進入することにより、おのずから近畿地方中・南部を主力営業圏とする大私鉄へと成長をとげた[12]。関西鉄道は、一方でその路線をいちはやく東方にも延長して名古屋に達し、首都東京に次ぐ大都市大阪と名古屋との間の鉄道貨客輸送市場において、異なるルートに拠り政府の鉄道（官設東海道線）と競争することに経営の最重点を置いていた[13]。

そうした大目的に向けて会社の財務構造を強化・充実する必要もあって、関西鉄道は「巡礼」「周遊」の対象地に恵まれた収益性の高い近畿地方の営業網の拡張・整備の目的で、積極的に接続私鉄群を吸収合併するとともに、自社沿線各地に点在する参拝・巡覧のスポットに旅客を誘致・動員するためのきめ細かい多様なサーヴィスを提供することに努めた。すなわち、沿線の有名社寺の祭礼の期間に合わせて、最寄りの路線上での臨時駅の開設、列車の増結や臨時列車の増発、運賃の割引やアトラクションの開催、あるいは接続する他社や政府の鉄道との連帯輸送の取扱いの実施などが主なところであり、さらにまた社寺参拝とその付近ないし順路にある名所旧蹟などへの遊覧とを組合わせた旅行サーヴィスの販売、個人客あるいは団体客を対象とする各種輸送・食事・休憩・宿泊・案内《ガイド》の斡旋などに、私鉄経営ならではの商事的特色がうかがわれる。(14)とりわけ、明治三六年（一九〇三）に大阪で開催された第五回内国勧業博覧会に際して、関西鉄道はその会期中、主会場が自社沿線天王寺駅に接近しているという立地条件をフルに活かして、この国家的大イヴェントに全国から参集する来観客の送迎輸送と、それにともなう旅行関連サーヴィス活動を通じて社業経営の上で多大の利益を挙げたのであった。(15)

さきに大阪鉄道の旅客運賃収入額の年間月別の平均的動態について確認した春の行楽＝多客期における突出、および秋期と正月初詣機会における小さな高まりからうかがえる「巡礼」輸送アクセスとしての経営的特質は、同鉄道を吸収・包摂した関西鉄道の場合も、旅客輸送人員数の年間月別の平均的動態と併せてより長期的な視点で整理した次頁の図1が示すように、共通していることをここに指摘しておく。

しかし、何といっても、わが国で最大の「巡礼」の対象は三重県に所在する伊勢大神宮であった。近世以来のお伊勢詣りの国民的習俗は、近代に入ってから鉄道という新しいアクセスを得ていっそう盛んになり、全国民の間に鉄道を利用して伊勢参宮が格段に容易になったという現実は、おのずから、天皇制国家権力が期待する日本人の思想統一という政治目的に奉仕することとなった。

伊勢大神宮への参拝アクセス近代化の第一歩は、明治二六年の暮に津・宮川間に開業した私設参宮鉄道であり、それは関西鉄道の参宮ルート開拓の楔《くさび》のような亀山・津間支線（明治二四年一一月開業）に接続していた。いちは

図１　関西鉄道月別旅客運賃収入・旅客人数
（明治27〜39年間の年平均）

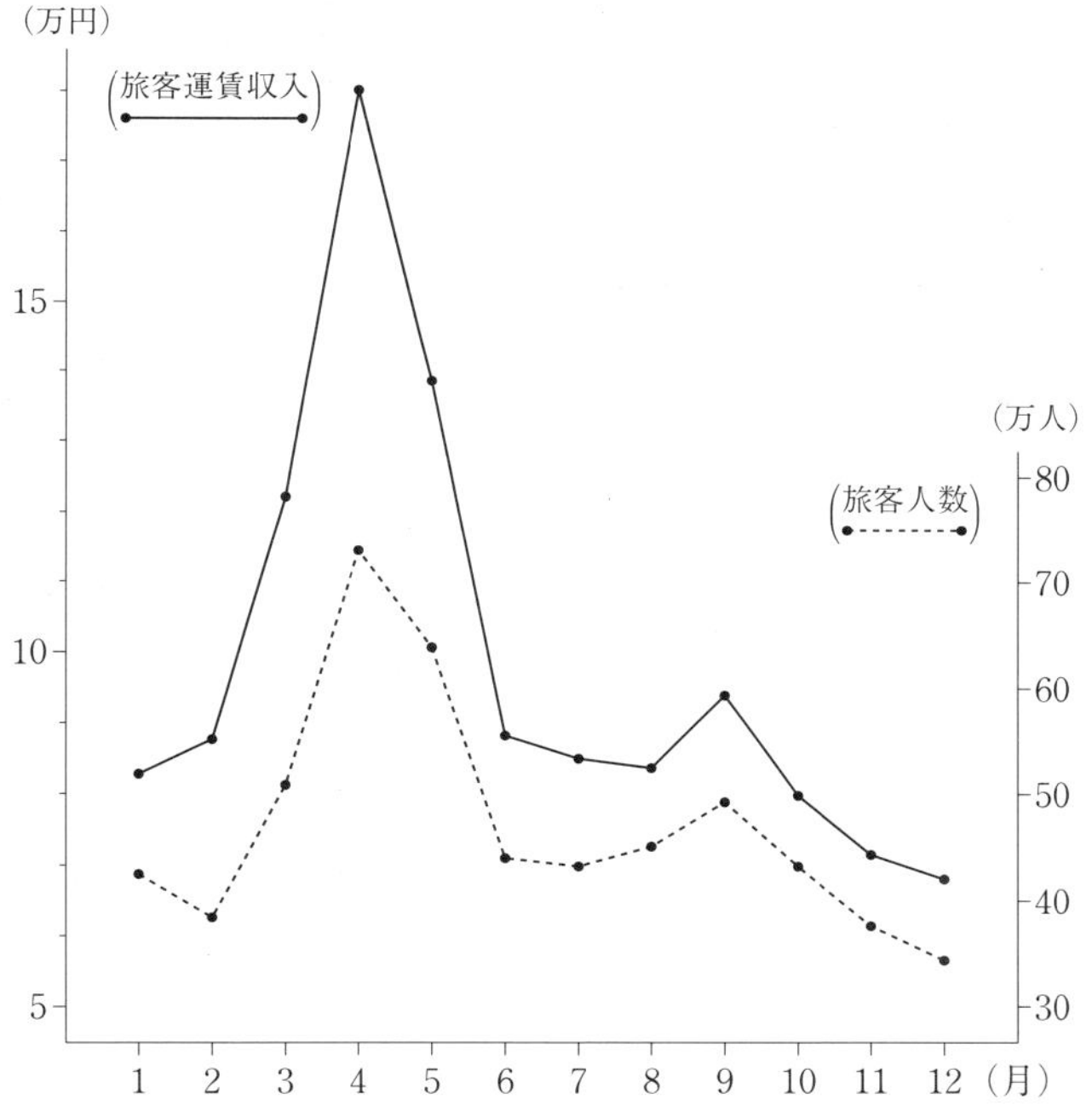

注１：関西鉄道(株)『第13回報告』(明治27年度下半期)〜『第34回報告』(明治38年度上半期）および『第36回報告』(明治39年度上半期）より作成。

２：このグラフは、宇田稿「鉄道経営の成立・展開と『巡礼』文化」（山本弘文編『近代交通成立史』所収、1994年、法政大学出版局）の中に掲出したものをそのまま再録した。

表2　参拝・周遊先を社名に掲げる鉄道企業

会社名	開業年月	参拝・周遊対象地	備　考
高野鉄道	明31. 1	高野山	現、南海電鉄(高野線)
大師電鉄	〃32. 1	川崎大師	現、京浜急行電鉄(大師線)
伊勢電鉄	〃36. 8	伊勢神宮、二見ケ浦	のち三重交通、昭36.1廃止
祐徳軌道	〃37.12	祐徳稲荷	昭6.4廃止
箕面有馬電軌	〃43. 3	勝尾寺、箕面滝、(有馬温泉)	現、阪急電鉄(宝塚線他)
日光電軌	〃　8	日光東照宮、中禅寺湖	のち東武鉄道、昭43.2廃止
能勢電軌	大 2. 4	能勢妙見、多田神社	現、能勢電鉄(妙見線)
一畑軽便鉄道	〃 3. 4	一畑薬師、出雲大社	現、一畑電鉄(松江線他)
笠間稲荷軌道	〃 4.11	笠間稲荷	昭5.11廃止
宇佐参宮鉄道	〃 5. 3	宇佐八幡宮	のち大分交通、昭40.8廃止
筑前参宮鉄道	大 7. 9	宇美八幡宮、(太宰府天満宮)	のち西日本鉄道、昭19.5国有
大社宮島鉄道	〃　12	出雲大社、(厳島神社)	昭39休止、同40.2廃止
琴平参宮電鉄	〃11.10	金毘羅神宮、善通寺	昭38.9廃止
鹿島参宮鉄道	〃13. 6	鹿島神宮	現、関東電鉄(鉾田線)
永平寺鉄道	〃14. 9	永平寺	現、京福電鉄(永平寺線)
琴平電鉄	〃15.12	金毘羅神宮、栗林公園	現、高松琴平電鉄(琴平線他)
高尾登山鉄道	昭 2. 1	高尾山	現、高尾登山電鉄
鞍馬電鉄	昭 3.12	鞍馬寺、貴船神社	現、京福電鉄(鞍馬線)
参宮急行電鉄	〃 4.10	伊勢神宮	現、近畿日本鉄道(大阪線他)
善光寺白馬電鉄	〃11.11	善光寺、裾花峡、戸隠山	昭19休止、同44.7廃止

やく津における連絡運輸の契約を結んだ関西鉄道と参宮鉄道とは、伊勢参宮の旅客輸送については絶対的に有利なロケーションをもっていた。関西鉄道は大阪・京都・名古屋という全国的な鉄道網の三大ターミナルを通じて吸集した大量の参拝客を、伊勢大神宮に向けて送り込むためには参宮鉄道との親密な連絡輸送体制を必要とし、一方参宮鉄道としても旅客の吸集には自社のローカル鉄道としての市場的限界があるため、関西鉄道との蜜月関係は維持されねばならなかった。実際に関西鉄道は参宮鉄道の路線への列車乗入れをおこない、そのために参宮鉄道との連絡運転用停車場施設の改築・整備までしている。[16] のち、明治四〇年に、参宮鉄道と関西鉄道とは同時に政府に買収され、国有鉄道に編入された（国鉄関西

本線・同参宮線）。

ところで、参宮鉄道という社名は、文字どおり参拝客輸送という同鉄道の性格をそのまま簡潔に表現したものである。後年になって国内の各地に数多くの個別的な参宮鉄道が起業されその経営を展開する。しかし、当該伊勢大神宮へのアクセスとしての参宮鉄道は、その種の鉄道としては最初の事例でもあり、またわが国で参宮といえば伊勢参宮を意味することからも、とくに「伊勢」の神社名を謳っていないが、それ以外の各地での後発の参宮鉄道群は、ただひとつ伊勢参宮のより新しいアクセスとしての「参宮急行電鉄」（現、近畿日本鉄道）をのぞき、それぞれの対象社寺の名を社名に明示している事例が表2のように多く見られる[17]。

四　都市圏私有電気鉄道の発達

明治中期以後、わが国の産業革命の進展にともない、京浜・阪神・中京・北九州など国内の主要な工業地帯における生産活動が急速に伸長し、日本資本主義は本格的な成長段階に入った。とくに東京・大阪・名古屋などの大都市を中心とする生産と流通の質的・量的な発展は、資本関係および労働関係を通じてそれらを推進する社会階層に一定の利益や所得をもたらし、それらのより多くの部分が有産階級や一般都市住民にとってレジャー旅行・行楽などの消費性支出へと向けられるようになった。

経済的余裕を享受するそれらの人々は、正月の初詣機会や春秋の行楽期には昔ながらの「巡礼」志向にうながされるように、休日等を利用し、ないしは積極的にヴァカンスを設定して各地の有名社寺参拝と名所見物・湯治などを組み合わせた旅行に出向いたことから、消費性輸送需要を大量に創出したのであった。

近代日本の経済的発展・技術的進歩とともに起こったこの新しい輸送需要は、人的移動の手段あるいは交通アクセスとしての役割を明治期以来担ってきた馬車鉄道あるいは蒸気鉄道にたいし、新時代にふさわしいより高度なサーヴィスの実現を要請することになった。こうして、新しい世紀とともに実用化時代に入った電気エネルギーを動力とする電気鉄道・電気軌道の登場となる。

すでに明治二八年一月、京都の地で市街電気軌道が私営（京都電気鉄道京都市内軌道線、のち市営化）により開業を見ていたが、その後、明治後期～大正中期にかけて大都市圏を主要なマーケットとして多数の私営電気鉄道（軌道）が開業することになる。

それらのうちいくつかのものは現在の大都市圏のいわゆる大手私鉄にまで成長、変貌をとげているが、そのなかでもっとも早く明治三二年（一八九九）一月下旬に開業を見た神奈川県下の大師電気鉄道（六郷橋・大師間）は、関東地方一円にひろく信仰され古くから有名な寺院である川崎大師へのアクセスとして、参拝客の大量輸送の目的で建設されたもので、その後横浜方面と東京方面とに路線を伸ばし、同三八年（一九〇五）には官設鉄道東海道線に並行、競争して品川・神奈川間の直通運転を開始し、のちの京浜急行電鉄への発展の第一歩となった。

この大師電気鉄道が、わが国内ではすぐれて早い時期に、しかも創業時から電気動力方式を採用したのには、大量の参拝客＝「巡礼」に根ざす伝統的心意の発動による輸送需要に対処し、その効率化を通じて経営上にプラスをもたらす計算があったと考えられる。すなわち、同鉄道の主要な輸送対象たる川崎大師への参拝客大衆が、年始詣または縁日に際し移動経路上の結節点（乗換駅）において、東京または神奈川方面から幹線鉄道によって続々と運び込まれてくる結果、ラッシュ状態の激化からパニックに陥ることを未然に防ぐためには、自社線の列車のピストン運転をスピーディに実施することにより、客が乗換駅で滞留せぬようスムーズに捌いていかねばならない。そのためには自社線の両端のターミナル駅で、片道ごとに、前・後の方向転換にそのつど機関車の切り離し・再連結の手数と時間とを要する蒸気鉄道をやめて、よりスピーディな車輌運用の可能な電車方式を採る方が、幹線鉄道に従属する小運送的な同鉄道にとっては「小廻り」が利いて輸送効率も上がったことであろう。

この大師電気鉄道から現在の関東における大手私鉄京浜急行電鉄に至る社業の発達史の原点に「巡礼」本位の理念が認められるが、それはかならずしも特殊なケースではないことに注目したい。すなわち、大都市圏の有力私営電気鉄道の発達は、むしろ関東よりも関西方面において、より早くより先進的であったが、それら関西側の有力私営電鉄の成立と発展の過程を見ると、同じような「巡礼」本位の経営的特質がより一般的に指摘されるのである。

関西において、すぐれて早い時代に——というよりも、本邦の私有鉄道の歴史の経過のなかでもっとも早く設立・開業を見たことになる大阪の阪堺鉄道は、のちに堺以南和歌山に至る区間に起業した南海鉄道と明治三一年（一八九八）一〇月に合併したのちも久しく蒸気鉄道として運行していたが、やがて同四〇年（一九〇七）八月から電車運転を開始、関西では先発的な電鉄企業として発展に向かうことになる。

ところで、その前身の阪堺鉄道当時の経営展開に見られる「巡礼」本位＝「社寺参拝」アクセスとしての役割の大きさについては、本稿三節ですでに触れたが、その後同鉄道を合併した南海鉄道は和歌山方面へ路線を伸ばし、さらに全国有数の霊地たる高野山に向けては、元高野鉄道（明治三一年一月開業）のあとを引継いだ大阪高野鉄道・高野大師鉄道を合併し、やがてのちに高野山電気鉄道（大正一四年三月設立・昭和三年六月開業）と連絡して、高野山上までの鉄道輸送ルートを確立した。南海鉄道は、その広範な沿線各所に有名社寺（今宮戎・阿倍野神社・住吉大社・我孫子観音・妙国寺・大鳥神社・家原寺・蛸地蔵・願泉寺・水間観音・百舌鳥八幡・観心寺・高野山・紀三井寺など）や史蹟名勝（大浜公園・浜寺公園・大仙陵・牛滝山・犬鳴山・金熊寺梅林・砂川奇勝・加太浦・和歌浦など）を多数擁して巡拝・周遊スポットに恵まれ、大阪市民にとって便利な行楽アクセス・付帯サーヴィス施設を通じて余暇活用機会を提供しつづけたのである。

南海鉄道は、自社のこうした「巡礼」行楽本位の経営路線を推進するためのPR戦略として、明治三二年（一八九九）六月に沿線全域にわたり巡拝・周遊スポットの地誌や情報を網羅した綜合的ガイドブック『南海鉄道案内』上・下二巻を刊行した。これは、阪堺鉄道の合併による南海鉄道の新発足を契機に、同社が旅客誘致・案内サーヴィスのため当時の著名な文筆家宇田川文海に執筆を依頼し刊行を見たもので、江湖にひろく好評を以て受け容れられたという。同書を手にして一見するだけで、南海鉄道もまた「巡拝」「周遊」というわが国固有の伝統文化的理念に根ざす経営路線を踏んでいたことがうなずける。

次に、関西交通界では、電気鉄道としてもっとも早く明治三八年（一九〇五）四月に開業を見た阪神電鉄の事例をとり上げよう。阪神電鉄は大阪湾岸沿いに古くから開けた商業地尼崎、工業地西宮・灘などの市街地を連ねて大阪・神戸の両大都市を結び、阪神間の商工的発展にともなう貨客の移動需要の増大という市場基盤に恵まれていることから、電鉄経営の面では「自然的に放任するも尚ほ且つ相当乗客を吸収し得べし」[18]と、当時評定されていたように、積極的に「巡拝」「周遊」客の誘致をはかる切実性に乏しい印象を否めない。しかしながら同電鉄の場合も、立地する西摂沿海部一帯は歴史上古く開けた地域であり、沿線の中間には全国的に著名なエビス信仰メッカ西宮戎神社が鎮座するほか、摩耶山上霊場や尼崎の太閤記ゆかりの史蹟あるいは西宮・灘など国内有数の酒造地帯としての歴史的集積など、「巡拝」「周遊」の集客スポットもすくなからずあり、それらが同社の経営上相応の寄与を為していたことも事実であろう。

むしろ阪神電鉄はそれに甘んじず、実際には進んで沿線海浜・山上リゾート開発や六甲山麓部の土地住宅開発に取組んでいたのであるが、同社のそうした経営の動向は、同じ阪神間交通市場に新規参入しようとする同業の後発他社にやがて「追われる」立場となることを予感した同社の経営首脳陣が迫られつつあった「戦略的展開」と見てよかろう。

まさにその阪神電鉄をやがて「追う」立場になる阪急電鉄もまた、創業時代の箕面有馬電軌という社名が示すように、当初は大阪北郊の西・北摂平野の山寄りを縫って箕面・有馬という古来の名勝地や名湯へのレジャー行楽客をターゲットとして「箕面宝塚の山容水態に対して、詩人らしいセンチメンタルの感情的生活に、田舎電車の遊覧設備、それも、みすぼらしい旅役者[19]」と、創業者小林一三が自虐的に表現した企業体質を帯びていたことは否定できない。

路線網の一角に限って見れば、箕面についてはとくに動物園開設など近代レジャー施設への整備をある程度実現しているが、広域的に見わたすと能勢妙見・中山観世音・清荒神など北摂各地に散在する社寺古蹟をめぐっての「巡拝」的旅客輸送というモードは、創業時代にはまだ色濃く存していたといえよう。当時、箕面有馬電軌が旅客誘致用に刊行した小冊子『電車と名所』(明治四三年一一月)は、その表紙の意匠からして旧時代的図柄であり、その本文内容も沿線の社寺や景勝地の紹介に終始していて、これが後にモダンな欧風芸能文化の華として宝塚少女歌劇の夢の舞台を実現し、さらに大阪・神戸間にスピーディな急行電車を走破させる阪急電鉄のスマートな企業イメージにはおよそ結びつかないものであった。

むしろ、そうした「巡拝・周遊」本位という伝統的・在来型の交通サーヴィス施設の発展の限界を予見した小林一三が、既成の経営路線に乗った箕面有馬電軌をして大都市間連絡重点化の阪神急行電鉄へと脱皮させることにより、先発の阪神電鉄に「追い着く」ことができたのである。

さらに、箕面有馬電軌とほぼ同時期の明治四三年（一九一〇）春に開業した京阪電鉄は、千年の古都として幾多の著名な古社寺・史蹟・名勝を擁する京都と、多数の潜在的行楽客人口を抱く大阪とをより速く電気鉄道で結んで、大阪市民の京都観光に快適かつ便利なサーヴィスを提供するために起業されたもので、創業以来「巡拝・周遊」本位の電鉄の典型ともいうべきものであった。もとより同社の沿線にも石清水八幡宮・宇治平等院・万福寺・御香宮・桃山御陵・伏見稲荷大社・三室戸寺・淀城趾など有名な社寺・史蹟が点在して、京阪電鉄のそうした経営的特質をいっそう強めている。このように大阪市民の手軽な訪古観光のメッカとしての京都の市場的支配をより拡充する目的で、昭和期に入り京阪電鉄は淀川西岸の北摂・洛西部に進出すべく子会社の新京阪鉄道（のち京阪電鉄新京阪支線、現阪急電鉄京都線）を設立・開業した。京阪は、これにより新たに沿線に水無瀬・山崎・長岡天神・嵐山・嵯峨などの遊覧スポットを確保するとともに、京・阪間にわたる淀川の両岸を電気鉄道により制圧し、その市場独占を果たす。

京阪系電鉄資本による「巡拝・周遊」本位の経営戦略の触手は、その後さらに京阪三条から自社京津支線・石山坂本支線を介して滋賀県南部に達し琵琶湖上航運をも傘下に入れたことで、比叡山・三井寺・近江神宮・石山寺・竹生島宝厳寺などの有力社寺を「巡拝・周遊」ターゲットとして掌中にするに至ったのである。

その一方、京都と比肩する有名社寺・史蹟の一大集積地として、京都よりもさらに歴史の古い古代文化遺産や懐旧的景観に富む奈良県（大和地方）への、大阪からの進入ルートは、古来ひさしく阪奈両地を隔てる生駒山塊の壁により難路とされて交通の便に恵まれず、近代の鉄道時代に入ってもなお、先述した私設大阪鉄道・同関西鉄道などの蒸気動力方式では生駒山塊の中央突破による鉄道輸送は技術的に困難であったため、同山地の南麓（大和川筋＝大阪鉄道）あるいは北麓（寝屋川・木津川筋＝関西鉄道）の低地を縫って大きく迂回する路線建設を余儀なくされた。

ようやく大正期に入って、当時の私鉄業界では最長とされたトンネルと電気動力方式により、大阪電気軌道が生駒山塊横断の直行捷路を電車運転で走破することで阪奈間のスピーディな連絡が可能となり、大正三年（一九一四）四月に奈良線の開業を見て、ここに近代大阪人の奈良への快適な行楽（社寺巡拝を中心とする周遊）が実現することになった。

その後、大正一二年（一九二三）三月に同社線西大寺で分岐する畝傍線が八木を経て橿原神宮前まで、次いで昭和四年（一九二九）一月に同社線布施で分岐する八木線が八尾・八木を経て桜井まで、それぞれ開業を見たことにより、それらの沿線一帯に数多く散在する古社寺・史蹟を連ねて大和平野一円をカヴァーする「巡拝・周遊」電車路線網が形成されたのである。さらに大阪電気軌道は輸送経営戦略の仕上げとして、国民的「巡拝・周遊」のメッカともいうべき吉野山および伊勢神宮への電車アクセス整備を着々と進めていく。

現在の近畿日本鉄道の前身企業として、大阪電気軌道とともにその幹線体系の一翼（南大阪線）を形成する大阪鉄道（前述の私設大阪鉄道とは別）は、大阪電気軌道よりも古い蒸気鉄道としての前史をもつ。すなわち、かつて明治三一年（一八九八）三月に南河内（古市）地方と大阪を結ぶ目的で設立・開業した私設河陽鉄道（のち河南鉄道）を前身とする大阪鉄道が、大正一二年（一九二三）四月に大阪天王寺まで進入を見たあと、新市場開拓に転じ、古市以東への路線延長建設により南大和地方の有名古社寺・史蹟へのアクセスとしての経営展開をはかり、昭和四年（一九二九）三月久米寺まで開業を見た。大阪鉄道は、さらに南方に位置する全国的に著名な史蹟・行楽地吉野山へのアクセスとして既設の吉野鉄道との連絡輸送体制を整えたあと、後発ながら強力な競争相手となって参入してきた大阪電気軌道との妥協を余儀なくされたが、実質的には吉野山を始め南大和地方の「巡拝・周遊」電車路線網の半分を担う有力私鉄としての地位を確立した。とくに日中・太平洋戦争下では、「肇国・勤皇」関係神社・史蹟の多い南大和の交通市場を二分しつつ共有する大阪鉄道と大阪電気軌道の両社は、当時のわが国内の思想的状況に発する「敬神崇祖」的社寺巡拝ブームの経営的余沢に、すぐれて多く浴したものと思われる。

以上を要するに、これら関西圏の有力私有電鉄企業群は、畿内というわが国最古の歴史をもつ土地柄から、国内他地方にくらべて有名古社寺・史蹟名勝の集積密度の高さと、中核的大都市大阪への巨大な人口集中が生み出す「巡拝・周遊」型レジャー交通需要の大きさとにしっかり支えられて、すぐれて高性能・快適な電鉄輸送サーヴィスの質的量的発展を実現したのである。

日本人の鉄道願望の民俗的基調——結びにかえて——

もちろん、わが国の鉄道事業に見られる「巡拝・周遊」本位という交通史上の伝統文化的特質は、前節で多くの事例を紹介したような関西一円＝京阪神都市圏における私有鉄道グループに限ってその表出を見たわけではなかった。たとえ、そう見えたとしても、それは、ひとえに「畿内」とよばれるその地域においてわが国の古代史以来の政治・経済・文化のいとなみが、すぐれて集約的かつ持続的に展開し、その中核的大都市大阪への人口集中をうながしたことの当然の結果と理解すべきであろう。

むしろ、畿内や首都圏ほどに集約的・持続的ではなかったにせよ、わが国内社会の歴史的いとなみが、いかなる地方であれそこに一定の展開のあとを刻んでいるかぎり、近代以後全国各地において地域に関わる鉄道計画・建設・経営をめぐって見られた「巡拝・周遊」的特質の類型的な表出の事例は、全国的に枚挙にいとまがないといってよかろう。

ところで、わが国内の地方社会の場合、民間資本蓄積の絶対的不足・相対的低位という現実からして、鉄道問題はもっぱら国有鉄道の建設請願・誘致運動というすぐれて政治的な展開を見せる。明治後期から大正期を通じて、中央（都市圏）と地方（農村部）との利害対立に揺れ動く政党政治の時代、地方社会の振興・活性化を謳って鉄道の「建主改従」政策を推進する立憲政友会が、とくに鉄道交通サーヴィスに恵まれない地方社会への行政サーヴィスの「均霑《きんてん》」を実現するための鉄道建設を重点化目標として、自党の票田への「テコ入れ」を積極的に進めていたことは周知の史実であった。

立憲政友会がそうした地方党勢拡大をめざす地元工作の「目玉」として、国有鉄道の誘致・延長建設促進に向けて取組んだ一事例を、全国的に見て鉄道サーヴィスに長い間恵まれなかった高知県についてとり上げてみよう。

高知県を含む四国全土を見ても、明治三九年（一九〇六）九月現在、すなわちわが国の鉄道史上画期的な有力私鉄グループの国有化により国内の基幹的な国有鉄道網が形成されつつあった時期においてさえ、四国では愛媛県に伊予鉄道、香川県に山陽鉄道（高松・多度津・琴平間）、徳島県に徳島鉄道の三私鉄路線が孤立的に散在しているにすぎなかった。

しかしながら、その内の山陽鉄道については同年一二月一日に、徳島鉄道については翌四〇年九月一日に、それぞれ国有化され国有鉄道路線体系の一環として整備される前途が確定を見たが、四国四県の内ひとり高知県だけが鉄道空白エリアに留まることとなった。

やがて、日露戦後経営の強行が国内外にさまざまな暗雲を拡げつつある間に、わが国内政界の再編成が進み、明治四三年（一九一〇）に入って三月に立憲国民党が創立され、立憲政友会との党争が激しく展開することになった。そして、かねてより立憲政友会の地盤とされていた高知県に、早くも同年六月六日立憲国民党の河野広中

（院内総務）・島田三郎ら有力代議士が乗込んで来て県内各地で遊説をしたことから、危機感を強めた立憲政友会では松田正久（院内総務）・長谷場純孝（衆議院議長）・菅原伝（院内幹事）ら有力党員が早速高知入りし、六月二四日から七月六日かけて県内各地で演説会を開催し、対抗して論陣を張ったのである。

同党の広報誌『政友』一二〇号の記述によると、六月二五日に高知市内で県下政友会同志大会が開催され、同党高知支部の設立が議決され「当支部は立憲政友会の主義の綱領に基き国運の進歩民力の発展を図り特に四国鉄道の速成を期」するとともに、県政の面では「産業の奨励・道路港湾の改修・教育施設の改善・県財政の整理」の遂行に努めることとなった。次いで同日夕刻に開催された官民連合大歓迎会において、長谷場純孝は県会議長檜垣成義の歓迎の辞に答えて「北海道は勿論台湾、樺太等の新領土にすら鉄道の敷設を見るに、未だ本国に於ける四国に鉄道なし」と未発達な県下の鉄道の現況を批判し、政友会政権においてその実現を期することを力説した。

この時の立憲政友会有力代議士団の高知遊説の成果と党勢の動向を総括した松田源治は報告文（前出『政友』所載）の末尾において次のように述べている。

予は……四国に鉄道なかるべからざる事を付記して置かんと欲す。試に一度其地を踏み、其の交通機関に欠けたるを見れば、予等は彼等の為めに其の必要を叫ぶを禁じ能（ママ）はず。土佐に於て俗謡を聴く。曰く。

早く北山「トン子ル」抜けて
金比羅日帰りしてみたい

と、鉄道一度通ぜば、金比羅詣での日帰りのみならず、産業の発達、人文の進歩期して待つべきなり。

立憲政友会が、この時期なお鉄道未開通の高知県の選挙民の心を摑むため、北方からの国鉄（土讃線）の延長建設促進工作を最重点化したのも、今は山の彼方で「遠い」が、トンネルにより汽車が通じたら「近く」なるはずの聖地金比羅宮への高知の人々の熱い思い、すなわち県民心理に占める伝統的な「巡拝・周遊」志向の強さが、自党の政治戦略上大いに利用価値ありとの感触を得たからであろう。

その金比羅宮を近代的な「巡拝・周遊」ツアーの対象として、それへのアクセス公共交通が整備される動きとして、すでに早く明治二二年（一八八九）五月、私設讃岐鉄道により高松・琴平間が開業し、のち同三七年（一九〇四）一二月に山陽鉄道に譲渡され、さらに同三九年（一九〇六）一二月に山陽鉄道が国有化されたことにともない同区間の路線は国鉄予讃線（一部）および同土讃線（一部）となったのである。

その間、瀬戸内海航運も近代化して四国航路も整備され、金比羅詣の旅客は本州または九州各地からの船便により四国の高松・坂出・丸亀・多度津の各港に上陸、そこにに接続する鉄道に乗継ぎ、金比羅宮が鎮坐する琴平の地に向かうという形で、金比羅詣は近世期をしのぐ盛況を見たのであった。

「汽車場」を指す石柱（多度津）

その中でもとくに多度津は琴平までの陸上移動距離がもっとも短いため、多くの金比羅詣の旅客が来集する所となった。その多度津の市内で、船着場と鉄道駅とを結ぶ街筋の一角に訓みやすい平仮名で「きしやば」（汽車場）と刻字し、その上部の浮彫りの手首のフィギュアが多度津停車場の方向を指し示している高さ約三メートルの石柱が建てられ（大正一〇年四月三日建立）、いまも存置されている。[20]

その石柱が、同じ場所で「右はしくら道」（四国八十八ヶ所霊場・箸蔵寺への道標）と刻んだ石柱と並んで建てられているのは、まさにわが国の鉄道が「巡拝・周遊」の伝統的文化習俗に支えられて発達した歴史を明らかに傍証するものといえよう。

ところで、明治期から大正期に入って以後のわが国民大衆層の金比羅詣という「巡拝・周遊」習俗の近代的展開は、ひとり国有鉄道高松・多度津・琴平間の旅客輸送経営をうるおすだけにとどまらぬほどの拡がりを見せつつあった。そのことは、とりもなおさず、既設の国有鉄道路線の輸送体制だけでは、四国西讃地方に集中する金比羅詣の旅客の増加トレンドや、あらたに求められる輸送サーヴィスの社会的要請に対応できなくなったことを意味する。そこで大正期から昭和期にかけて、瀬戸内海側からの金比羅詣旅客輸送市場に、従来の国鉄（蒸気鉄道）よりも高性能・高密度のサーヴィスを提供できる私有鉄道（電気鉄道）が複数の輸送ルートを以て左に示すように新たに参入を見たのであった。

琴平参宮電鉄（大正一一年）　丸亀・琴平間
琴　平　電　鉄（大正一五年）　高松築港・琴平間
琴平急行電鉄（昭和五年）　坂出・琴平間

こうして、わが国においては、鉄道開通を待望する地方住民の政治的動機の形成や、鉄道旅客輸送市場の拡大・業界再編成にも、やはり伝統的な「巡拝・周遊」志向が基調となっていたことが認識される。そうした視点から、わが国民文化における鉄道の歴史的意義を再検討してよいのではなかろうか。

（1）Berghaus, Erwin: *The History of Railways*, Barrie & Rockliff, 1964. pp. 117-121.
（2）柳田国男「明治大正史・世相篇」（『定本柳田国男集：第二四巻』）。
（3）宇田正「わが国における『鉄道社会』の歴史的形成・序説――柳田国男の鉄道観をめぐって――」（追手門学院大学経

済学会『追手門経済論集』三巻二号、昭和四三年一二月、六二～一〇四頁）。

同右「鉄道文化と近代社会――鉄道日本文化史への試論――」（鉄道史学会『鉄道史学』第二号、昭和六〇年八月、一～八頁→本書収録）。

同右「本邦鉄道発達の文化史的考察――柳田国男の所見を中心に――」（同右第一〇号、平成三年一〇月、一三～二〇頁→本書収録）。

同右「鉄道経営の成立・展開と『巡礼』文化」（山本弘文編『近代交通成立史の研究』、法政大学出版局、平成六年、三九六～四二一頁）。

同右「わが国の鉄道史と『観光』の理念――巡礼・遊覧・観光――」（鉄道史学会『鉄道史学』第一三号、同年一二月、一～六頁→本書収録）。

（4）柳田国男前掲書。
（5）鉄道省編・刊『日本鉄道史　上篇』（大正一〇年）。
（6）阪堺鉄道株式会社編・刊『阪堺鉄道経歴史』（明治三二年）。
（7）大阪鉄道会社『大阪鉄道会社第十一回報告』。
（8）大阪鉄道株式会社『大阪鉄道株式会社第十二回報告』。
（9）同右。
（10）鉄道省編・刊『日本鉄道史　中篇』（大正一〇年）三四六～七頁。
（11）同右、三五一頁。
（12）同右、三五二～八頁および三六二～六頁。
（13）同右、一七二～八頁。
（14）前掲「鉄道経営の成立・展開と『巡礼』文化」四〇九～四一一頁。
（15）同右、四一一～二頁。
（16）同右、四一六～七頁、および関西鉄道株式会社『第十一回報告』、同『第十二回報告』。
（17）宇田正「本邦鉄道発達の文化史的考察」（『鉄道史学』一〇号、平成三年一〇月→本書収録）。

(18) 大久保透著・刊『最近之大阪市及其付近』(明治四四年九月) 四七五頁。

(19) 小林一三稿「此の会社の前途はどうなるか?」(『阪神急行電鉄二十五年史』、昭和七年一〇月)。
同右『逸翁自叙伝』(産業経済新聞社、昭和二八年一月) 一三九頁。

(20) 宇田正「『汽車場』への道標」(交通科学博物館『交通科学博物館だより』二七号、平成四年六月)。

Ⅳ章　国民教育と鉄道の役割

わが国近代教育の進展をささえた鉄道の文化的役割

はじめに

わが国の近代化を促進したさまざまな要因のうちでも、鉄道の果たした役割がきわめて大きかったということは、比較的よく一般的に認識されているところである。しかしながら、その一般的認識の内容をよくたしかめてみると、そこに把握されている鉄道の役割の有効性というものは、この国土の全域ないし重点化地域を政治的または軍事的に、もしくは経済や産業といった面で統合・支配・運営するための手段として鉄道のはたらきが実現、達成した物理的・即物的効果というものに限られている感がある。たしかに鉄道というものは、その成立・発展の歴史からみて、すぐれて即物的な機能としての輸送サーヴィス生産手段という性格を備えてはいるが、そうした政治・軍事・経済・産業といった物理的・即物的な局面での直接的なはたらきとは別に、いわばその外部的効果として文化諸領域にまでもすぐれて大きな影響を及ぼしてきたことを見落してはなるまい。すなわち、鉄道が旅客や貨物を運ぶという本来の機能を通じて、間接的なはたらきとして、近代社会に生きる人間の心理・感情・思想・文学・芸術など精神的・文化的な局面に投げかける影は、意外と大きいものなのである。いやしくも近代社会における鉄道の歴史的役割を明らかにしようとするとき、それが及ぼした効果や影響について、上に述べた二つの局面にわたって総合的に考察する必要があることはいうまでもない。

本稿は、そうした視点から、従来の鉄道史研究上ひさしく等閑に付されてきた精神的・文化的な局面、とくにその重要な一領域たる近代教育の進展についての鉄道の関わりやその及ぼした影響についてとり上げることにより、近代日本の教育史と鉄道史のそれぞれの学問的研究にあらたな展望をひらくためのひとつのささやかなこころみにほかならない。

一　近代教育・文化振興と鉄道の役割（文献紹介）

明治維新を契機として近代的統一国家の早急な建設へと踏出したわが国の政府は、近代化政策を推進するためにいち早く様々な物的条件の整備に努めると同時に、その推進の人的条件の整備にも重点を置き、その基本的な施策の一環として学校教育の確立・振興にかなり早い時期から着手した。

明治五年（一八七二）に近代的学校制度の基本として制定公布された「学制」は、大・中・小各学区、督学局、教育養成学校などの設立を骨子としていた。施行の三年後には全国で二四、二〇〇余の小学校が開設を見た。やがて「学制」の全国画一的な学校教育体制がしだいに行きづまり、明治一二年（一八七九）に新しい学校教育制度の大綱を示す「教育令」が制定公布され、義務教育がはじめて法文化されるとともに、学校の設立や教育方針については地方社会のそれぞれの実情に合わせてその自立的運営にゆだねるという方針がうち出された。ところが、たまたま同じ年に天皇の「教学大旨」がしめされたことから、天皇制イデオロギーを主軸とする教育方針へ基調が変わり「教育令」は早くも翌年全面的に改定された。以後わが国では政治・社会的諸制度の中央集権化にともない、学校教育への官僚支配の動向がしだいに強くなっていった。そして、わが国の学校教育は、近代日本一三〇年余を通じて、短期的・部分的にはそれとは反対、あるいは独自な動きも見られたものの、大勢としてはそうした流れのなかで現在に至っている。

また、近代日本における国民の教育・学習機会としては、学校教育と並んでいわゆる社会教育・企業内教育の諸施設・制度化や成人学校などの組織的文化活動があり、それらのうちいくつかは早い時期に成立しており、それぞれ拡充を重ねてこんにち見られるような発展と多様化の時代を迎えたが、それらもまた、学校教育と同様に、歴史的には国家の文教政策による官僚支配からけっして自由ではあり得なかった。

しかしながら、もとより本稿は、そのようなわが国の近代教育の歴史的展開の論理をさぐってその意義を明らかにすることを目的とするものではない。むしろ、そのようなわが国近代教育の実現過程の或る一役を担うことにより、近代日本人の内面的形成に何程かの関わりをもった鉄道の役割を再確認する作業として、以下論述を進めていくことにしたい。

過去において、わが国の鉄道史研究ないし調査のかたちでこうした視角から鉄道の歴史的役割をテーマにとり上げてまとめた数少ない文献のひとつに、鉄道院編纂『本邦鉄道の社会及経済に及ぼせる影響』（大正五年＝一九一六刊）の第一七章「鉄道の文化風俗に及ぼせる影響」の一篇がある。参考までにその節・項（小見出し）の細目を示しておこう。

文化の発達と鉄道

教育と鉄道

文明と鉄道／小学教育の発達／小学教育と鉄道／学校用品及教科用書籍／中学教育の発達／中等教育と鉄道・学校の設備／生徒の通学／学校用品及書籍／修学旅行／高等学校、大学、専門学校の発達／学校

の位置と鉄道の利便／学生旅行と賃金の割引／鉄道に依り通学する学生の数／各種教育上の会議と鉄道／講習会と鉄道

鉄道に依る智識の交換

泰西文明の輸入／鉄道は古来の交通の障碍を除去せり／鉄道に依る智識の開発／鉄道に依る団体旅行／鉄道と巡回講演／鉄道と博覧会共進会等の計画

新聞紙、雑誌及図書の刊行及普及

新聞紙及雑誌の発達／新聞紙及雑誌と鉄道／新聞紙の輸送と鉄道／雑誌の輸送と鉄道／図書発刊の趨勢／図書館／図書の輸送と鉄道／巡回文庫と鉄道

風教に及ぼせる影響

（略）

民心の結合及統一に及ぼせる影響

（略）

すなわち同章第一節「文化の発達と鉄道」の内容は、各種の学校教育制度、知識・情報の交流機会、出版物の普及、という三項目を掲げてそれぞれが国民文化の啓発・増進に寄与するに当たって、全国的な鉄道網の形成に支えられるところ大であったことを縷々と述べている。しかしながら、たとえば「小学校の設備に要する各種建築材料の運搬と、鉄道との関係」には言及しているのに、中学校以上の施設についての同じ点には開設件数が相対的に少ないからか触れておらず、またその反面、小学校の「各教師が東京其他大都市の見学、集会、講習等に対する便益」を鉄道が増進したことから「是等は鉄道の普及に伴ひ年々盛んに行はるゝに至りしを以て、其結果として教育及管理の方法は勿論、種々の新事物に接触する為め、小学教育の統一と改善とに（鉄道が——引用者補足）寄与する所甚だ大なり」[1]と述べた上に、あらためてまた「中学教育界に於ては近時鉄道を利用し、見学旅行等を試むるもの多し、（略）尚各地に在る（中学校の——引用者補足）教員が或る一堂の下に集まり、講習集会等を開くことも亦容易と成りたる為め、生徒の教育上裨補する処尠なからず、是又鉄道影響の一」[2]と同趣の行文を重ねたりしている。あるいはまた学用品・教科書等についても、小学校の「児童の使用する文房具類が鉄道に依りて低廉に潤沢に、且比較的容易に供給せらるること〻なり、殊に教科書に就て之を見るに、（略）就学児童の増加と共に国定教科書の発行部数大に増加し、（略）夫れ〻発送して其需用上に遺算なきを期しつ〻あり、斯かる多数の教科書を全国一般に配布し、而も低廉に供給し得るに至りたるは全く鉄道普及の賜」[3]と述べた上に、あらためてまた「中学校及女学校生徒の学校用品及教科書の供給に対し、鉄道の開通普及が之に利便を与へたるもの亦鮮なからず（略）之を鉄道開通前、或は海運に依り、或は中間都市商人の手を経て、更に水運其他不便なる運送機関に依り供給を受けたる時代に比すれば、迅速且低廉に之を購求するの便を得るに至」[4]ったのも鉄道のメリットとして、同様の叙述をここでもくりかえしている。

要するに、この文献の内容は、ただ便宜的に関連事例を列挙・羅列したという印象であって史料的根拠にも乏しい上に、何よりもその論述構成において体系性を欠いているところに問題があるといえる。しかしこの文献の当該章節の着眼点には学ぶべきものがあるので、それをひとつの「叩き台」として以下筆者自身の考察を加え学問的整理をこころみることにしよう。

二　学校教育・社会教育用資材・情報と鉄道輸送

わが国の近代教育の進展過程において、鉄道はそれを支える外的手段あるいは内的素因として下記のような多面的な役割を果たしたと考えられる。ただし、いうまでもなくこれは明治維新のわが国近代化の始動以後の歴史的観察であり、鉄道部門が全国交通ないし陸上輸送の主幹的機能を有していた時代を背景としている。

Ⅰ　教育関連資材の輸送手段

1　学校教育

①　学校建物・付属施設建築用資材の輸送

②　学校教育活動関連機器・備品の輸送

2　社会教育

①　公共的教育文化諸施設建築用資材の輸送

②　上記施設における諸活動関連機器・備品の輸送

Ⅱ　教育関連情報の輸送手段

1　学校教育

①　教科書・参考書および学校教育関係図書・雑誌など定期刊行物ないし官公庁刊行物の輸送

②　学校対象調査・講演当事者の移動

③　学校対象催物の設営・実行関係の人的および物的輸送

2　社会教育

①　社会教育関係図書・雑誌など定期刊行物ないし官公庁刊行物の輸送
②　一般対象調査・講演当事者の移動
③　一般対象展示会などの設営・開催関係の人的および物的輸送

Ⅲ　教育機会の確保・拡充手段

1　学校教育

①　学生・生徒・学童の日常的通学および教師の日常的通勤
②　上記学生など（引率教師を含めて）の校外での学習または各種大会行事への参加、および修学旅行

2　社会教育

①　日常的鉄道利用の場における社会教育ないし主体的学習機会
②　自然・歴史・文化に関する見学・観光旅行、または各種研修・保健・レクリエーション旅行

Ⅳ　内面的近代化の素因

1　近代的時空認識の一契機として
2　近代的人間行動の一指針として
3　近代的人間形成の一基底として

上記についてここに必要と思われる程度にコメントを加えてみよう。

Ⅰ1①にいう「付属施設」とは、具体的には各種スポーツ競技用に整備された運動場や水泳プール、教材用動植物園・温室・実習農場・養魚池、さらには遊歩庭園・教育上の顕彰記念碑などが、それに含まれよう。②にいう「関連機器・備品」には、理科教育用実験・観測設備や工業教育用機械設備、保健体育用器材、ピアノやオル

ガン、書架や資料標本用ケース、学習机・椅子など諸調度が挙げられる。また、Ⅰ2①にいう「諸施設」とは、公共図書館・博物館・歴史文化資料館・美術館・音楽ホール・劇場・公会堂・物産展示館・動物園・植物園・水族館、さらには市民体育館などをさしている。これら「諸施設」が多種多様であるのにともない、それらの「諸活動関連機器・備品」もまた多種多様であって、たとえば図書館や美術館におけるより新しい収納・保存用器材、あるいは音楽ホールのパイプオルガン、その他文化・体育諸施設における利用者サーヴィス用の各種装置・機材などその事例はいちいち枚挙にたえない。いずれにせよ、ここにとりあげた各種教育施設の建築資材やそれらの施設の活動に関連する機器・備品のほぼすべてにわたって、かつては鉄道がそれらを貨物として生産地から需要地へ輸送する役割を果たすことにより、間接的にわが国近代教育の諸施設の推進を支えてきたのであった。

Ⅱ1①に挙げた教科書など学校教育関連印刷物については、とくに教科書の鉄道輸送サーヴィスが、わが国近代教育を促進した一要因として大きな意味をもつ。すなわち、明治初期以来の国民皆教育政策のもと、義務教育制度の整備が進められ、国民の間にしだいに就学率が高くなっていくのにともない、教科書の需要も伸びる一途であったことは想像に難くない。たとえば、明治後期から大正初期にかけての数年間だけを見ても、東京地区における国定教科書共同販売所の販売実績は、明治四〇年（一九〇七）度の一九八八万八六〇〇冊から大正三年（一九一四）度の四〇二八万四九四八冊へと倍増の勢いを示している。(5) 全国的、長期的に見てもその数量的増加の勢いは推して知るべしであろう。

こうして全国をくまなくその販売市場として年々その刊行部数を増す教科書の全国各地の需要先への輸送は、出版元の所在する国内中央大都市から主として鉄道貨物として、次学年度の「四月の前学期より用ふるものは、前年十一月より翌年三月十日迄に、九月に用ふるものは七月より九月上旬迄に、夫れ々々発送して其需用上に違算なきを期し」[6]たのである。義務教育の小学校学童向けのものとくらべて、中学校・高等女学校生徒ないしそれ以上の高等教育機関の学生向けの教科書については、数量こそ少ないが「其使用の品種多様なるが故に、之を鉄道開通前、或は海運に依り、或は中間都会商人の手を経て、更に水運其他不便なる運送機関に依り供給を受けたる時代に比すれば、（鉄道の開通普及によって）迅速且低廉に之を購求するの便を得（略）此他各学生が自己の嗜好に依りて通読する書籍の如きは、殆んど東京に於て刊行せらるゝを以て、是又鉄道の発達と共に、随時地方の書肆を経、又は直接購読し得るの便を得たるを以て、中学及高等女学校生徒（およびそれ以上の高等教育機関の学生）の教育及其智識開発の為めに（鉄道の開通普及が）裨益すること頗る大」[7]きいものがあった（カッコ内は引用者補足）。

ところで、鉄道はこのように各学校用教科書を全国各地に輸送するという物理的サーヴィスによってだけではなく、その貨物輸送運賃を割引により低減するという方法で、経済的サーヴィスの面でもわが国学校教育の普及推進に大きく寄与したのである。本論文の取扱う時期を通じて、わが国の鉄道貨物運賃制度のおおまかな動向のなかでは、時代の進展にともない、すくなくとも国定教科書については運賃政策の面で「生活上ノ必需品タル米、麦、食塩、薪炭、肥料」[8]に準じて、つねに低率となるように運賃が設定されてきている。

たとえば、大正七年（一九一八）九月、欧州大戦による国内経済界の好景気に乗じ、鉄道院が貨物運賃を大幅に二割引上げて国有鉄道全線統一運賃体系を確立した際においても、米・麦その他生活必需品一七品目が除外されたなかに国定教科書が含まれていた。さらにまた、昭和初期の国内経済の深刻化する不況の中で陸運貨物市場に新規参入してきたライバルたるトラックとの競争力を強化するため、鉄道省（大正九年五月に鉄道院を廃止して設置）が昭和五年（一九三〇）四月、貨物運賃の引下げを主眼として従来の「鉄道貨物運賃等級」（大正一〇年制定）を改正した際にも、国定教科書は、新しく設けられた「特別等級」の適用をうけてより大きい割引率となる米・

麦等の生活必需品としての特別扱い品目に含まれていたのである。

すなわち、この改正により、鉄道貨物の小口扱いと貸切扱いのそれぞれについて、従来の五等級立てが廃止されあらたに「普通等級」（一〜一〇級）および割引率をより大きく、しかもそれを恒常化する「特別等級」（一一〜二〇級）が設定された。当時この改正の趣旨と要点とを一般利用客向けに解説した鉄道省のパンフレットの一節には、「特別等級」の適用をうける貨物品目について次のような記述が見られる（傍線部分の語句は朱字印刷）。

生活の必需品として特に運賃等級を引下げた貨物

イ、米、麦、薪炭は特別等級の最低とし更に小口扱の運賃を引下げました。

ロ、雑穀大豆の類に《ママ》は特別等級として、其の割引率を多くしました。

ハ、味噌、醤油、野菜の類は特別等級とし貸切扱の引下率を増すと共に小口扱の運賃も引下げました。

ニ、鮮魚、鮮肉を通じて特別等級を設け運賃を引下げると同時にすべて小口扱の運賃をも引下げました。

特に鰯、秋刀魚のやうな安い鮮魚の運賃をずっと安くいたしました。

ホ、国定教科書も生活の必需品に準じて特別等級とし運賃を引下げました。

此等各種の生活必需品の運賃を引下げましたので鉄道は一年に約百八十一万円宛の減収を予想して居ります。[9]

鉄道省のこうした社会政策的運賃制度化の動きに同調して私鉄各社においても、国有鉄道との荷主サーヴィス競争ということもあって同様な対応が見られた。たとえば南海鉄道では、さきに「大正十五年二月鉄道省に於て小運送料金の低減と取扱の簡易とを図り一般荷主の利益を増進する為め特別小口取扱制度を新設し（略）配達料を含む同一率の簡明なる運賃によつて取扱ふこと、なりたるを以て当社も同様の取扱を開始し……同年十月特別小口扱制度新設の趣旨、即ち小運送料金低減を一層徹底せしめる為めに鉄道に於て集貨をも取扱ふこと、した[10]」

のち、昭和五年（一九三〇）に至って運賃改定の一環として「特別小口扱」に特別賃率を設定した。そしてその適用対象品目を次のように指定した。

一、塩乾魚介類・鯨肉（鮮ノモノヲ除ク）
二、国定教科書
三、米・麦類・豆類・雑穀・小麦粉
四、昆布・若布類
五、食塩
六、薪・木炭・炭団類
七、漬物類
八、味噌、醤油類・酢類
九、麺類
十、甘藷及馬鈴薯・野菜類（菜類ヲ除ク）(11)

しかし、その後まもなく、戦時体制化の急速な進行にともない、あらたな輸送国策に対応すべく鉄道省は昭和一五年（一九四〇）二月、従前の貨物運送規則を改定し、貨物等級については小口扱を無等級とし、貸切（車）扱だけを対象として普通等級を一～五級の五等級、特別等級を一一～一六級の六等級にあらためた。これによると国定教科書は特別等級の一五級に分類されたのである。この貨物等級表に対応して貨物賃率表が定められており、五等級にわたる普通等級品目の貨物には五段階の普通賃率がそれぞれ適用され、各等級間の賃率較差を（指数で）示せば、一級（二五〇）、二級（一九〇）、三級（一四五）、四級（一一五）、五級（一〇〇）となっていた。特別等級貨物（一一〜一六級）にたいする特別賃率も同じく一一〜一六級の六等級に分けられ、普通賃率にたいして一定の割引をした賃率となっていた。これによると、特別等級一五級の国定教科書の場合、その割引率は「四級賃率の三割四分引程度[12]」となったのである。

次にⅡ1②に挙げた学校教育関係専門家・学識経験者の地方における教育現場での調査や講演活動を効率的・合目的的に進めるには、その出向先への赴任・巡回を円滑、スピーディならしめる近代的交通手段、とりわけ鉄道の整備に俟つところ大というのが、明治中期から大正期さらに昭和期半ばまでのわが国の実情であった。たとえば、明治二七年（一八九四）六月、「実業教育費国庫補助法」が制定公布されたことにともない、当時文部省書記官として実業教育指導行政担当者であった小山健三は、「その月十九日、実業教育費補助取調委員を命ぜられ、その翌年四月には、栃木県下の足利、群馬県下の桐生に、その七月には、福島、山形の両県下へ、その十一月には九州の各県下へ、更に翌二十九年四月には、福井、石川、富山の三県に、いずれも出張して実業教育の視察取調に従[13]」っているが、この広域的な調査活動の実施の大前提として、山形県・福井県・石川県・富山県など一部を除いて、東北方面（日本鉄道）、関東北部（両毛鉄道）、東海道方面（官設鉄道）、九州北・中部（九州鉄道その他）、江越間（官設鉄道米原・敦賀線）など各地にはすでに鉄道が通じていたということがあった。時代が下って「阿遅摩佐の島」という題目で「大正十年二月二十一日夜、久留米市中学明善校にて談話。此夕大いに雪ふる[14]」と記した民俗学者柳田国男の場合も、同様の大前提が存在したわけである。

さらにまた、昭和一〇年（一九三五）四月上旬から五月にかけて、朝日新聞社の幹部であり高名なジャーナリストであった下村宏（筆名海南）・飯島幡司（筆名曼史）の両人が約一ヶ月間、九州・沖縄地方を一巡し視察とあわせて各地の学校・公会堂などで講演をおこない、その回数は海南一八回、曼史一一回に及んだ。その時の旅行の記録[15]から曼史の記した一説を引いておこう。

（略）此夜大分にて講演、会場は新築されし教育会館、モダーンにて快適。

久住高原に向ふべく竹田で汽車を捨て、自動車に移る。久住の町は竹田から西北三里、つま先上がりの岨道を走る。（略）自動車が雨上がりの泥土にめり込んで、なかなか動かない。ぐづぐづしてゐると竹田町における講演に間に合わぬ。海南博士が県立種畜場で昼餉を認め、久住の小学校で臨時一席弁じ上げてゐる間に、僕は先を急いで竹田の公会堂へ駆けつけ、昼飯抜きで一席弁じ上げる。[16]

さらにⅡ1③に挙げた学校教育の一環としての各種巡回催物関係の輸送としては、たとえば、学生・生徒・学童向けの移動教育劇団による各地諸学校巡回公演の場合などがある。モータリゼーション時代に入る以前には、こうした場合の一座の人々や大道具・小道具・舞台衣装などの資材一式はもっぱら鉄道輸送が担うところであった。巡回あるいは単発のいずれにせよ、学校を対象として開催される音楽演奏会、科学や美術に関する展示会なども、同様の事情に在ったとみてよかろう。

三　新聞・図書・雑誌等文化情報の鉄道輸送

Ⅱ2①にいう社会教育関係図書その他各種刊行物の輸送とは、直接的にはさきのⅠ2①の項の説明でふれた社会教育関係「諸施設」向けのものをさしている。ただし、実際問題としては、学校向けのものを除いてひろく一般向けに各地の出版物販売ルートに乗せるべく版元・取次業者が所在する大都市から鉄道貨物便として全国各地に輸送される図書・雑誌などの刊行物についても、社会認識・能力啓発・文化教養に資するだけの情報内容をそなえていれば、この項に含めてもよいと考えられる。

その一斑として、新聞は、時事報道・社会文化諸問題解説・世論形成などの機能を通じてすぐれて社会教育的役割をそなえていると同時に、その特質により速達性を生命とし、かつ大量性・日常性・公共性をもつ刊行物であるため、かつてはその速度・積載能力・運行体制・運賃などの関係上、鉄道輸送に依存するのが通例であった。モータリゼーション時代の現在でも、地域的・季節的制約から自動車輸送に依存できない場合には、依然として列車便で積送することも多い。ここでは、戦前から戦後しばらくにかけて、大都市圏内の郊外私鉄各社において日常的に見られ、世相風俗詩的一寸景として人々に親しまれていたいわゆる「新聞電車」について述べてみよう。大都市の新聞社でその夜遅く刷り上がったばかりの翌日付の新聞を大量部数とりまとめて幾つかの包みにした「荷物」を、同夜おそく都市ターミナル駅で終発電車に積込み、やがて電車の走行につれて沿線各駅で次々に下ろし、各地区の新聞販売店がそれを受取って翌朝の配達に備えるという慣行であった。

昭和戦前の大阪電気軌道（現在の近畿日本鉄道奈良線・橿原線および吉野線、同大阪線桜井以西その他）において「大正三年貨物営業を開始した当時は荷物、貨物の区別もなく、雑品と大小動物に対する運賃の定めしかなかつたが、大正十年漸く貨物を一級及び二級に分ち、各その運賃が制定された。次で昭和六年には荷物と貨物と取扱が始めて区別され、（略）国有鉄道同様の運賃が設けられた」[17]。この間、新聞の輸送については、その取扱が当初の「雑品」から「貨物」、さらに「荷物」へと変更を重ねつつ次のような推移をたどったのである。

当社が大朝、大毎両新聞紙の輸送を開始したのは、大正六年十二月である。当時に於ける沿線は今日の如く発達せず購読者も極めて少数であつたため、両新聞社より受ける運賃の如きも月額僅か五円にしか過ぎなかつた。其の後託送量は逐年増加し之に伴ひ爾来数回に亘り運賃引上が実行され、遂に昭和六年四月運賃査定方法が根本的に改正せられ、爾後若干の変更を見て今日に至つたのである。現在大朝、大毎両社の一箇月託送量は約一四六〇〇〇瓩にして、その運賃六百九十円（連帯のものも含む）となり大正六年の開始当時に比し何れも増加を示してゐる。[18]

同じく大阪の郊外私鉄でも南海鉄道（現在の南海電気鉄道南海本線・高野線その他）の場合は、会社の歴史も古いだけに大阪電気軌道よりも早い時代に新聞・雑誌類の「小荷物」としての列車輸送の取扱を始めていた。同鉄道の社史の記述から新聞・雑誌類の小荷物制度の動きをたどってみると次のとおりである。

明治三〇年八月　手小荷物運賃の認可。
同　三四年四月　哩数の遠近に拘らず、重量一斤につき運賃一銭（最低五銭）。
大正　七年九月　手小荷物運賃値上げの際も「特殊小荷物」として措置。
同　一〇月一日　手小荷物運賃再度値上げの際も、哩数の遠近に拘らず、重量一斤につき運賃八厘（最低四銭）に引下げ。
同　一四年三月　社線内発着分を重量一斤につき運賃四厘五毛（最低四銭）に改定。
昭和　五年四月　鉄道省に足並をそろえて貨物運賃を改正。うち本件品目の小荷物運賃の要点についてここに示す。

新聞紙・雑誌運賃

イ、社線内発着のもの
粁程の遠近に拘らず一瓩に付七厘五毛、最低四銭

ロ、他線と連帯扱のもの
粁程の遠近に拘らず一瓩に付一銭三厘、最低四銭

ハ、他線と連帯扱にして特別運送のもの

一、一定の駅より毎月千八百瓩以上託送するもの

粁程の遠近に拘らず一瓩に付八厘、最低三銭

二、右以外のもの

粁程の遠近に拘らず一瓩に付一銭三厘、最低四銭[19]

同　七年八月　鉄道省に足並をそろえて貨物運賃を改正。うち本件品目の小荷物運賃の要点についてここに示す。

新聞紙・雑誌に対する運賃は社線内運送と連帯運送との別無く一率に運送距離の遠近に拘らず一瓩に付七厘五毛、最低四銭とした[20]。

さて、本項に該当する鉄道輸送サーヴィスのうち、より重要なものとしてここにとり上げたいのは、社会教育などの教育活動を振興する目的に供される特定の図書の鉄道輸送について運賃割引制度があったということである。すなわち昭和一〇年代中期に施行されていた国有鉄道貨物運賃制度のうちの割引賃率表には、その適用対象たる諸品目について、それぞれの輸送目的や内容に応じた割引率や適用条件が掲げてあったが、そのうち特定の社会教育向けの図書類について、その特例的取扱の要点は次のとおりであった。

貸出文庫の図書　各扱　五割減

本賃率は官公立図書館、市町村、学校、大日本青少年団等の間に往復する無料貸出図書に限り適用する。之が適用を受けんとする者は官公立図書館長又は市町村長に於て無料貸出図書なることを証明した書類の提出を要する。この割引は文教政策に基づくものである[21]。

これとほぼ符節を合わせたように、私鉄の南海鉄道においても、昭和一〇年（一九三五）一〇月の貨物輸送制度改定において、とくに運賃料金関係では「貸出文庫図書」の運賃引下げを実施したのであった。その要点は、次のとおりである。

品目　貸出文庫ノ図書
発駅　社線　及連帯線
着駅　社線　及連帯線
扱種別　小口
　　　　瓩
　　　　貸切扱
賃率　三割減
記事
一、本貨物は官公立図書館、市町村、学校、青年団、処女会等ノ間ニ往復スル貸出図書ニ限ル
二、本賃率ハ官公立図書館長又ハ市町村長ニ於テ無料貸出図書ナルコトヲ証明シタル書類ヲ提出シタルモノニ限リ適用ス(22)

上掲二例は鉄道省と南海電鉄との間でそれぞれの割引賃率こそちがえ、その手続的内容の類似性からして、鉄道省の制度改定に南海鉄道が若干の手直しをして追随したとみてよかろう。

次に、Ⅱ2②に挙げた一般社会人向けの教育的情報の輸送についての鉄道の寄与という面に目をむけるならば、やはりまず柳田国男がいみじくも指摘した近代日本常民文化交流史の原点に立って見る必要があろう。すなわち

明治の新時代に入ってもなお、一年の半分は深い雪に閉ざされた山国の村々に住む人々が今よりはるかに多かった日本の国土に「汽車は雪害には自分も散々悩みながらも、兎に角この間へ新たなる一道の生気を送り入れたのである。是だけは可なり大きな変化であった。既に自然の閑散に倦み切って居た住民は、この外部の刺激を善意に解して……雪の底は俄かに活き活きとして来た。……人の往来も自然に多く、今頃漸くのことで外に知られる事実も少なからず、……日本は始めて真冬でも共同し得る国となったのである。これは電信電話などの力もあるが、主としては汽車の大きな効果であった[23]」。

近代日本において、すくなくとも社会教育、地方の一般住民の意識改造の出発点に鉄道が在ったといって過言ではあるまい。しかも鉄道はその後も永らくこの国土の到る所で社会教育活動の牽引車であり続けたのである。本項でとり上げる社会教育関係専門家あるいは学識経験者による地方社会の実情視察や一般住民を対象とする文化教育講演活動の実行に当たっても、さきにⅡ1②の項の冒頭で述べたのと同じく、全国的な鉄道の普及・発達によってそれらが支えられる時代が、永く続いたのであった。

たとえば、山陰地方は、明治期に入って国内諸般の近代化の動きのなかで全国的鉄道網の幹線体系の一ルートの建設が計画されながら、地理的阻害要因や社会経済的諸事情により鉄道の整備が他の地方にくらべて遅れていた。しかしようやく同地方の中央部まで鉄道建設が進捗を見たことから、同地方と他地方との間の人的往来が活発化し、外来人士による地方事情調査・視察あるいは講演会の開催など相互の文化・情報交流の増進を見るに至った。たまたま当時の鉄道による初期来訪者の一人であった早稲田大学教授久米邦武の記述からその一節を引こう。

明治四十五年六月の初め、山陰鉄道が杵築の大社まで開通すとて、彼国々には博覧会、展覧会等を思ひ思ひに催し、東京貴紳を誘ひたれば、早稲田大学同窓の校友会は大隈重信伯の来遊を請しにより、伯は夫人と共にこれに赴き、法学博士天野為之、早稲田大学幹事田中唯一郎、其他随員廿余人、余も亦これに加はりて東京を発し、京都に再泊し、五月終りの日午前七時五十分七条よりの汽車に搭載して発軔したり。（略）

城崎は海岸の津居港を距る一里の上流にして西山の渓に拠り、人家三百余あり、湯島村（一に大谷）といふ山下より温泉を噴出す、（略）旅館は大小六十戸あり、是日東京商業会議所会頭中野武営氏父子山陽道より来り加はり、一行はみな西村氏（旅館——引用者注）に宿す。（略）

六月一日午前九時湯島を発し、大隈伯は劇場に於て公衆に演説し、当村の温泉を公有する法よりして、凡そ一村公共の利を謀りて自治の根基を篤くすべき事をいひ、公共の積成したる力は偉大なる功験のあるべきを述べたり。九時五十分発の汽車にて城崎駅を発し、入海に沿つて北す。（略）

六日は特産博覧会（於米子町——引用者注）の褒状授与式を行ふ、名誉総裁大隈伯は之に臨まれ、中野、天野、田中諸氏及び余も同じく之に参列……是日は西伯郡の倉吉町より一行を招きたるを以て、中野、天野、余の三人は式畢るを待たず汽車に乗じ米子を発せり。……当町（倉吉——引用者注）は木綿織、鋤、鍬等の製作と共に商業も競ひ起こりて、戸口は米子の半に及ばざれども、劣らず繁昌を競ひ、今度山陰鉄道の開通について共進会を催ほし、是日劇場に於て褒状授与式を行ひ、東京商業会議所会頭中野武営氏を請うて演説をなして褒状を与へ、終つて講演会を開き、余は後醍醐天皇船上山還幸について誤伝の事を述たり。（略）[24]

さらに、Ⅱ2③の項にいう一般社会人向けの各種展示会・博覧会など社会教育的イヴェントの開催・運営について関係者や出陳物の輸送の面での鉄道の寄与もさることながら、たとえば、さきの山陰路における事例からもうかがえるように、鉄道の実在そのものが地方社会にとって文化的・経済的・社会的活性化の起動力になっているといってよかろう。ひきつづき久米邦武の記述をたどってみよう。

……今度其学校（米子高等女学校――引用者注）を博覧会の本館とし、教育館、農林館、機械館、及び演芸館を特設せり、京都、大阪、名古屋等よりも米子町と共に各々専館を占め、而して陳列したる物品は朝鮮、台湾、北海道、満州に及び、其盛んなる山陰空前の盛挙と誇れり、……全国特産品博覧会とは伯州の特産を集むるの意なるべし、山陰地方は是まで日本の一隅に僻在して時代の文明と阻隔し、随つて産業状態にも特異なる習俗を認むるが、此度山陰鉄道の開通によりて受くる影響は如何なるべきとの問題について判断を下さんがためなる歟。（略）

今度山陰の交通機関始めて開け、当米子町にては特産博覧会を催ほし、倉吉にも亦実業展覧会あり、鳥取には教育大会を開くなどの企てあり。（略）

当地（米子町――引用者注）の博覧会を見るに、注目に値するは大阪館、京都館、名古屋館等凡て内国にて先進の都会よりの製作品出品にあり。（略）[25]

こうして、鉄道の開通によって国内各地の間に人や物の大量輸送が容易となり、鉄道交通上の拠点として便利かつ重要になった土地に文化や産業などの情報を集積して、一般社会向けの博覧会・共進会・品評会など社会教育的意義をもつイヴェントが開催されることが、全国的に通例となった。

ところで、鉄道はこの種のイヴェント開催にともなう大量の旅客・貨物の輸送について、その物理的移送サーヴィスのみならず施設の拡充や運賃割引という経済面のサーヴィスをもって、間接的ながら一般社会向けの教育の普及振興に大きく寄与したのである。

その一事例として、私設関西鉄道は「明治三十六年一月天王寺ヨリ第五回勧業博覧会場内ニ至ル七十五鎖ノ線路ヲ敷設シ之ニ博覧会停車場ヲ設ケ五日ヨリ貨物ノ取扱ヲ開キ三月一日旅客及手小荷物ノ取扱ヲ始メ天王寺今宮間博覧会停車場ニ接近セル場所ニ仮乗降場ヲ設ケ博覧会停車場ノ付属トシ三月一日ヨリ旅客貨物ノ取扱ヲ開キ博覧会場内ニ案内所二箇所ヲ置キ会期中鉄道運輸ニ関スル案内ヲ為サシメ」(26)、また会期中「回遊切符」という形で「湊町、天王寺、博覧会駅ヨリ山田ヲ経テ名古屋、愛知行双方ノ駅ヨリ低廉ナル切符ヲ発売」(27)したという。

また昭和一〇年代中期、国有鉄道の貨物運賃割引制度において、次のような取扱がなされていた。

博覧会、共進会、品評会等の出品物

小口扱、車扱　二割減

本賃率は官公衙、官公立学校、公法人又は公益法人の主催に係る博覧会、共進会、品評会等の出品物に対し適用されるもので、この適用を受けんとする者は規則書其の他参考となるべき書類を添付した書面をその割引区間が二鉄道局管内以内の場合は主催地最寄駅所管鉄道局長に、その他の場合は業務局長に提出して承認を得ねばならぬことになつてゐる。業務局長又は鉄道局長に於て承認したときはその会名、主催者名、開催の期日及場所、割引区間並に期間を大臣達又は局長達で達示するのである。この割引は産業の奨励、文化の向上等の見地から行はれるのである(28)。

本項に含まれる鉄道の役割の特例として、鉄道（車輛）そのものが、その本来的機能たる大量物品積載能力と移動能力とによって列車形態のままみずから巡回博覧会などの主体となり、沿線地方の一般社会向けの教育活動にも一役買うということがあった。その一事例として明治四一年（一九〇八）八月上旬、滋賀県湖東平野部を走る私設近江鉄道の車輛を利用した「汽車博覧会」についての一記録を紹介しよう。

彦根五二会ノ主催ニテ近鉄線ニ汽車博覧会ヲ開催サル　開催時刻ハ（停車）四日夜彦根、五日午前高宮、午後豊郷、夜八日市、六日午前愛知川、午後日野、夜水口ノ各駅ニ開催スル筈ニテ即チ今五日夜八時ヨリ十一時迄八日市停車場ニ開催サル、列車ハ六輛外ニ来賓車楽隊車等アリ、中ニ商品ヲ陳列ス、彦根町各商家ノ出品ナリ、車内ハ「ボギー式」ニアラザルタメ枠ヲ取外シアリ、汽関《ママ》車ハ満装《ママ》飾ヲナス（球灯ヲ吊ス）敢テ美観ト言フニアラズ且ツ成功ト否トヲ知ラサルモ兎ニ角此地空前ノ壮挙タル丈ケソレタケ町民ノ殆ンド全数ハ開催時刻中詰メ掛テ入場シテ混雑ヲ極ム、多クノ査公ハ警束セリ、場内ハ陳列ノ為メニ狭隘トナリ二列ニ並ブ能ハズ毎々満員ナルタメ炎熱甚ダシク商品ヲ熟視スル能ハズ為メニ購買客ハ甚ダ稀ナル状況ナリ（略）此開催ニ付遊廓ヨリ延命寺山ノ公園ニ球灯ヲ蛸吊リシ盆栽ヲ陳列セリ、開催時刻ノ前後約二十発ノ煙火ヲ山上ニテ打揚ケ光彩ヲ添ヘタリ煙火ノ何レノ催主カ知ラズ。(29)

四　通学・校外学習用輸送と自主学習機会

道路交通が発達した反面、鉄道が「斜陽」化したといわれる現代のわが国でも、地方農山村地帯では小学生も中学生も高校生もみな、日常的通学交通は鉄道依存型であるというのが現実である。いわんや、モータリゼーション以前の時代では、徒歩か、あるいは汽車・電車による通学というのが全国的に一般の姿であった。

その意味で、鉄道の開通や延長は、通学交通にとってその空間的範囲を拡大し、また地方によっては冬期の雪害のような季節的制約からの解放を意味した。あるいは、農村地区のある家の子弟がその地方の中心的な町にある上級学校で学びたいのに、家計の都合で町に下宿できないため進学を断念するという社会的閉塞状況が、近くの村からその町へ鉄道が通じたことにより、自宅からの通学が可能となり志望がかなうという形で解決を見たというような事例は、まさしく枚挙にいとまがないであろう。全国各地において、鉄道は日常的通学のための輸送サーヴィスを提供することにより、学校教育という教育機会を確保し拡充する役割を果たしてきたのである。ここでは、Ⅲ1①に挙げた鉄道の通学手段の確保に果たした役割のコメントとして、物理的輸送サーヴィスにはふれず、学生定期乗車券制度という経済面のサーヴィスをとり上げよう。

参考までにその制度史の一端にふれておくと明治一九年（一八八六）一月以来、官設鉄道の上等・中等客だけに発売されていた定期乗車券が同二八年二月にはじめて「学生定期乗車券」の場合に限って下等客にも発売されることになった[30]。

のち明治三四年（一九〇一）六月、一連の旅客運賃制度改定のなかで「学生定期乗車券規程」の制定施行により、制度的根拠が明確となった。等級は三等だけで、通用期間種別は三ヶ月・六ヶ月と一年の三種となっていた。運賃建ての一例を示すと、一〇マイル未満の乗車区間の三ヶ月・六ヶ月・一年分の運賃は同区間の通常往復運賃の一五・三〇・四〇パーセントの割引になっている。さらに同三六年三月の規程改正により、学生定期乗車券の運賃率が普通運賃の四五〜八〇パーセント割引となった[31]。

大正七年（一九一八）七月、国有鉄道旅客運賃が改定され約二〇パーセント値上げが実施されたが、一般に定期乗車券は政策的に優遇され、とくに「学生定期乗車券は、各月とも三等普通定期乗車券の二割五分減であった……。以上のように定期旅客運賃は、大正七年改正以来昭和三年に一部改正されたのみであるため、普通旅客運賃に対する割引率は（略）学生定期乗車券では一か月六割五分〜七割六分三厘、三か月七割二分二厘〜八割一分一厘、六か月七割八分一厘〜八割五分、一二か月八割二分二厘〜八割八分二厘（略）と、著しく高率となったのである[32]」。国の文教政策にこたえて、鉄道省が学校教育の振興に寄与するところ大であったといえよう。

かつての私設山陽鉄道においても、すでに明治三一年（一八九八）当時、さまざまな内容をもつ割引乗車券を制度化しているなかに、「学童通学切符」がある。これは、他に「定期切符」という券種があるので、いわゆる通学定期乗車券の性格をもつものか否か確認できないが、要するにその内容は「社線沿道各地方の学童にして其住処付近に就学すべき小学校なきが為め遠隔の地に進学する者の便利を謀り発行するものにて其賃銭は普通賃銭より凡そ七割九分引に当りて非常の廉価[33]」のものであり、その文教振興上のメリットと乗客獲得戦略とを結びつけて「明治三二年七月から中学生またはこれと同等以上の公私立学校生徒にまで発行の範囲をひろげた[34]」という。同じ頃、私鉄南海鉄道においても自社線を利用する通学生のための「割引往復切符」制度のあったことが、当時同社経営のトップにあり一面教育畑出身らしく教育に高い見識をもっていた取締役佐々木政乂に宛てて相識の地方有力者から次のような書簡が届いていることからもわかる。

拝啓　就ハ本日ノ朝日新聞ニ南海鉄道線路沿道ノ小学生徒通学ノ便ヲ図リ普通半賃ノ上尚半価ノ割引往復切符ヲ発売シ云々ト記載在之、就テハ中学生徒モ右同様ニ参リ不申候哉可相成義ニハ壱ケ月分往復切符ヲ買求メ候モノニハ小学生徒同様ノ事ニ御相談相願度、諸市ヨリ小生迄照会ノ次第モ在之候間、早々御相談ノ上何分ノ御回答相成度御依頼申上候先ハ右用事迄如此御座候　草々不一

川崎長右衛門

（年次欠）十月廿七日

佐々木政乂様[35]

これら私鉄各社の通学用往復割引乗車券は、やがて国有鉄道にならい学生定期乗車券となるまでの過渡的なかたちであったと考えられる。

そうした日常的な通学交通のための学生定期乗車券以外には、非日常的な鉄道利用について学校教育振興政策に沿った経済上の優遇制度として、教員・学生・生徒を対象とする特殊割引旅客運賃（いわゆる「学割」）が古くか

ら国有鉄道において設定されていた。その目的は「教育の奨励策としてその旅客運賃を低減し、旅行の機会を多くさせ、実地教育を助長するほか、休暇・帰省等の旅行に対してはその負担を軽減して、幾分なりとも学校教育を受ける機会を多くさせる」[36]ところにあった。制度化の当初は、中等学校程度以上の学校の教員・学生が夏・冬期の休暇中に五〇マイル以上旅行する場合に限り三等運賃を二割引していたが、大正一〇年（一九二一）一月の改正により期間や距離の制限をはずし、官公私立学校の教員・生徒監・舎監には二・三等運賃の二割引、学生・生徒には三等運賃の二割引という取扱になった。その後同一四年（一九二五）一一月改正により、あらためて片道三〇マイル以上の乗車という制限が加えられ、さらにのち昭和七年（一九三二）八月の改正により官立の講習所・教習所・養成所および私立学校令により設立された各種の学校についても、修学年限一年以上かつ年間授業時間七〇〇時間以上であって鉄道省が指定したものにまで、適用対象となる学校の範囲が拡げられたのである。

次にⅢ1②に挙げた学校外における学生・生徒集団の学習活動には、遠足・社会見学・野外学習・合宿研修・修学旅行などがあり、その移動には自動車が普及するまでは徒歩か鉄道利用が一般であった。この種の学校教育活動にたいする鉄道の経済上の寄与として、学生団体の旅行に際しての旅客運賃の割引扱については、官設鉄道が明治三三年（一九〇〇）「十二月兵員、学校生徒其他団体乗車割引ヲ実施」[37]したというのが記録としては早期のものである。その後、大私鉄の国有化にともない、同「四十年十月旅客運賃ヲ改正統一シ十一月一日ヨリ施行シ（略）又同日ヲ以テ……学生団体乗車割引規程……ヲ各買収線ニ施行シタ」[38]と記録に見えるので、すでにそれ以前に官設鉄道において学生団体乗車割引が規程のかたちで制度化されていたと考えてよい。それがのち鉄道院において大正二年（一九一三）三月より団体旅客輸送の季節的な集中による業務の繁閑を調整するために、季節により等差を付した割引率が適用されることとなり、同四年にはすでに「団体割引規程」に一本化されていた。その第三条には「同一官、公、私立学校の学生、生徒、職員及び付添人を要する生徒の付添人に依り組織せるもの二十五以上一団と為り十哩以上の区間を旅行する場合は左表に依る」[39]として、第一期（三月二一日～五月一〇日）と第二期（一月一日～三月二〇日、五月一一日～一二月三一日）とに分け、二五人以上一〇〇人未満の学校団体が一〇マイル以上五〇マイル未満の区間を三等で旅行する場合に限って、それぞれ割引率が一五パーセント、三〇パーセントと定められ、以下同じくその乗車人数と距離との一定の幅ごとに時期に対応する割引率が掲げられていた。

修学旅行という教育・学習機会を確保・拡充するための鉄道当局の積極的な取組みとしては、昭和戦後の三〇年代に入って実現を見た日本国有鉄道による修学旅行専用電車の製作と運転とを挙げなくてはなるまい。これは昭和三二年（一九五七）度国鉄第一次五ケ年計画において策定、実施されたもので、わが国の経済成長にともない国鉄経営において年々増大する旅客輸送量への対応のなかで、修学旅行という教育・学習活動を円滑かつより効果的に実施できるように学生・生徒の団体輸送施設を整備することが志向されていた。かくして同「三四年四月二〇日からは、東海道線に修学旅行専用車両による『ひので』・『きぼう』の運転を開始し、修学旅行の平均輸送、混雑緩和をはかった。これは、全員の座席確保、速度は特急・急行並みとして、修学旅行が快適なものとなるよう計画されたもので、品川・京阪神間でピストン輸送を行い好評を博した。」[40]その後、次々に新しい電車やディーゼル動車が開発、投入され、「わかば」「わかくさ」「こまどり」「わこうど」と列車愛称も若々しい修学旅行専用列車が登場し、その運転区間も東京～北九州と伸びたのである。

次に、鉄道が一般社会人向けの教育・学習機会の確保ないし拡充のために果たしてきた役割についてふれてみよう。一般社会人にとって、とくに夜間学校や各種カルチュアセンターまたは自主的学習グループなどで学ぶ以外には、組織的・体系的な教育・学習の機会がないというのが、一般の認識である。そのかわり、そうした欠落を埋めるように、「世間」こそが生きた学問を教え身につけさせる「教室のない学校」であるという認識もまた一般的に通用している。人々は（かならずしも社会人だけに限らず）、近所づきあいや職業、就学などの諸活動を通じて日常的に世間とかかわり他人と接触するなかでさまざまな体験ないしは冒険を重ね、無数の多様な情報の渦にまきこまれつつ、日々、社会生活をいとなんでいる。ところで人々は、日々自分をとりまく情報の渦のなかから、みずからの主体的条件さえ整っていれば、いくらでも「良きこと」を学び「良きもの」を身につけることができるのである。そういった社会人としての主体的な学習活動やそれを開発し促進する仕組みとしての社会教育といった内的課題と、鉄道という外的装置との関わりは、どのようなものであるのか。

わが国が明治期以来、近代国家として進展を重ねてきた間に、とくに昭和戦後、人々はしだいに鉄道という大量旅客輸送システムに脈絡された大都市圏に集中して生活をいとなむようになった。しかもその大半の人々は大都市域内やその近郊に集中する企業・諸団体・学校などのさまざまな組織に所属して生活の手段や根拠としており、人々の多くは日々鉄道により通勤・通学することが一般的であるが、その通勤・通学交通のために要する日常的鉄道利用時間は、社会全体として、あるいは個人としてでも長期的にトータルしてみれば莫大なものとなるはずである。その一方、たとえば通勤ラッシュアワーの電車内の吊広告の週刊誌の見出しを眺めるだけでも当面の時事・世相・風俗についてのおおまかな認識が可能であるように、鉄道利用の現場には、日常的な世間体験・人間観察の素材や情報交換の契機がおびただしく、しかも集約的に存在している。こういう都市化社会、情報化時代に入って、鉄道はもはやたんなる通勤・通学交通の手段だけではなくなったのである。鉄道が、沿線地域社会の一般住民や乗客・荷主等利用者大衆に外現的サーヴィスを提供するだけではなく、それらの人々の内面的形成にプラスとなるように高度の教育機会や情報交流機会を開発し、整備しようという動きは、こんにちようやく始まりつつあるといってよい。
一般社会人にとって、鉄道には駅と車内というふたつの教育・学習の場がある。駅はたんに乗降客の通過ゲートではなく、ひとつの社会的完結性と総合性とをそなえた公共的生活文化空間として、すでに一部では再開発が進められてきた。大都市ターミナル駅や沿線拠点都市玄関駅には、デパート、コンビニエンスストア、各種レストランなどとともに、小劇場・音楽ホール・画廊・図書館・カルチュアセンター・各種専門学校・体育センターなどが組込まれている例も多い。また、こうした駅空間の総合的「社会教育」施設としての再開発が進められる一方では、先年JR東日本旅客鉄道会社によって企画、実施された東京駅構内スペースを活用したいわゆる「駅コンサート」など、ユニークなアイデアによる、テンポラリイなイヴェント活動にも今後期待するところが大きい。

車内での生活（!）は、おたがいに乗客としてほぼ平等な社会的状況のもとで一定時間ともに過ごすことから、人間観察ないし人格的接触によって人間性や世間のことどもについて学習できるこよなき機会である。混雑を極めるラッシュアワーは論外として、車内でたまたま知り合った人から貴重な知識や情報を得たり、人格的感化を受けることさえも、かつては珍しくなかった。また、車内に在って狭い居住空間での一定時間の集団的雑居行動や言語的・肉体的接触を通じて、共同生活のマナー、市民社会の公徳心などを体験的に身につける学習機会とすることもできたし、現在でもそれは可能である。

近代以前の日本人は、屋内生活では床に直接座ることを公私の場での習慣としてきたが、明治初期に西欧から鉄道が導入された時、はじめて汽車に乗込んだ日本人は車室に入って、屋内では椅子に腰をかけるという西欧の生活文化に接し、当初はなかなかそれになじまなかった（挿図参照）。しかし、鉄道の普及発達により異文化体験を重ねるうちに、しだいに西欧風生活様式に同化したのであった。

もちろん、車内で見知らぬ他人の乗客に伍して、そのときの状況なり気分しだいでは対人的な観察や接触を避けて自己の内部に沈潜し、すぐれて個人的な方法により情報を得つつ学習する機会を見出すこともできよう。すなわち車内での読書またはウォークマンによる音楽鑑賞、ニュース聴取、外国語会話習得などである。また列車の車窓から日々見慣れた景色を眺めているだけでも、そのポイントや見方によっては学習の名に値する情報の発見や感動があるものだ。こうした自己学習のために、一定時間の余裕と安息を保証してくれる通勤・通学電車の車内はこよなき学習機会である。とくに車内での読書というすぐれて主体的な学習機会を鉄道が十分に保証してくれることは、毎日の通勤電車の車内を「自分の書斎」と称して時間を活用している人がけっこう多いことからもうなずける。

図１　二等車……履物の陳列……下駄……
(『ビゴー日本素描集』岩波文庫版)

なお、車内での読書という鉄道の社会教育機会としての一側面に関連して、かつて明治四四年（一九一一）、当時の鉄道院が一部の優等列車内に図書室（小図書館）を設置して旅客への文化的サーヴィスたらしめるべく計画を進めていたことについて、一先学からご教示いただいた。鉄道院のこの「列車図書館」計画が新聞紙上にその実施予告まで出しながら、その実施結果についての報道や記録が見当たらないことから、図書館学の高田克太郎（元大谷女子大学教授）は、それが当時すでに著名な社会主義労働運動家でありかつ図書館問題についても造詣が深いことで知られた片山潜の批判をうけて流産したものかと資料にもとづいて推論し、あわせて近代社会における図書館の在るべき姿について論及した示唆に富む一文を公けにしている。(41)

Ⅲ2②の項に掲げた社会教育機会ないしその活動を支える鉄道の役割の大きさについては、あらためてここで強調するまでもないが、たとえば鉄道事業者が主催・実施する沿線史蹟文化財見学旅行・講演会など、その典型であろう。

内面的近代化の素因としての鉄道——結びにかえて——

近代日本における教育と鉄道との歴史的関連という研究テーマは、その組合せがいささか違和的に見えるからでもあろうが、むしろそれが教育史からも鉄道史からもほぼ等距離のニュートラルな領域であるがゆえに、かえってどちらの側の専門研究者もすすんでとり上げようとしなかったものと思われる。

しかし鉄道史研究者であると同時に、人間の内面的形成ということにより根源的な関心をもつ筆者は、みずからの専門的研究の新地平を開拓するためにも、かねてからこのテーマとの取組みを進めつつあった。このたび発表の機会を与えられて、近代日本における学校教育または社会教育の諸活動の推進と展開とについて、鉄道という工学的人貨輸送手段がどのように関わったかというその歴史的役割を、いくつかの角度から検討、整理してみたのが本稿である。

ただし、筆者が本稿の二項のはじめに整理・分類した鉄道の役割のうち、自分自身としてもっとも関心を持つのは、紙数の制約上ついに本文中ではふれることのできなかった「内面的近代化の素因」としての鉄道のはたらきである。

そこで、残り少ない紙数を充ててここにその要旨だけを述べることによって、筆者の当研究テーマについての全体的な展望を示して、本稿のむすびにかえることとしたい。

何よりもまず第一に、近代教育のさまざまなプログラムにしたがい教科内容をうけいれ消化するための内面的素地として、近代的な尺度での時間や空間について日本人の認識が形成されている必要があった。わが国の鉄道はその創業当初から、列車運転時刻を「分」単位まで一般に表示して、それまではせいぜい小半刻（三〇分）を日常の最小時間単位としていた日本人の時間感覚をあらためていった。また、鉄道は、箱庭のような農山村の小天地にとじこめられて代々生きてきた日本人の眼前に、鋼鉄のレールを光らせてまっすぐ平野をつらぬき地平の彼方へと伸ばすことによって「この島国では処々の大川を除くの外、斯うい ふ見霞むやうな一線の光を以て、果も無く人の想像を導いて行くものは無かった[42]」日本人の心の眼を広い世界へと開かせたのであった。さらに、幕末すでに洋学の知識として「地動説」の学理を学問上の概念において理解していたという元の福山藩の儒者江木鰐水が、維新後上京した際はじめて汽車に乗って車窓から眺めて山が移り動くように見えることから、その学理をようやく実感できたというエピソードも、きわめて興味ぶかい[43]。

第二に、鉄道の歴史におけるシンボリック・イメージとしての蒸気機関車（ＳＬ）が、すぐれて「人間的な」構造と表情とをそなえた機械として、輸送の第一線を引退した現在なお強く人々をひきつけるのは、それがたんに過去の栄光へのノスタルジーからだけでなく、その人間的な構造や表情によって、今や人間疎外の方向へ突っ走りつつある機械文明への反省を人々の内面に訴えかけるからであろう。ＳＬの現役時代を体験で知っているゼネレーションの人々の中には、その力強くひたむきな全力走行の姿を自分の生き方に重ねあわせる向きも少なくない。たとえば「大阪で鋼材商社を経営する西野公庸さん（六〇）。自分の生き方から会社経営まで、すべて『力強く走るＳＬに学べ』が信条だ」という。現代人の生活信条から現代企業経営におけるモラールにまで、ＳＬのイメージは今なお強い影響力をもつ。幼い頃、教わってよく歌った童謡の「汽車」のなかの「何だ坂、こんな坂」という一節の余響も、わが国の第一線企業人たちの胸奥からまだ消えてはいるまい。[44]

第三に、鉄道の具体的存在としては、機械・金属・電気・通信・燃料・建築・土木など総合的な工業技術の応用体系であることから、わが国への鉄道の導入は、それに関わる多くの日本人の内面に科学技術的思考力を培養、育成して工業立国の主体的一要因となった。また、鉄道の実務的運営体制はすぐれて複雑、多岐な組織・情報系統から成り立っており、その整備と運用の過程を通じてそれに関わる多くの日本人の内面にシステム的・組織管理的思考力や対応能力を開発、育成して企業経営発展の人的基盤を強化するなど、近代企業人の形成に資した。

最後になったが、鉄道はまた、わが国でもひろく一般的に文学作品の素材や芸術作品の主題としてしばしばとりあげられ、それらの鑑賞を通じて近代日本人の内面形成にふかく関わったことをも、見落としてはなるまい。

（1）鉄道院編『本邦鉄道の社会及経済に及ぼせる影響』（大正五年九月）一五九二頁。
（2）同右、一五九五〜六頁。
（3）同右、一五九二〜三頁。
（4）同右、一五九五頁。
（5）同右、一五九三頁。
（6）同右。
（7）同右、一五九五頁。
（8）鉄道省編『日本鉄道史　下篇』二四七頁。

(9) 同右『貨物運賃の改正』(昭和五年)六~七頁。
(10) 南海鉄道株式会社『南海鉄道発達史』(昭和一三年九月)二三六~七頁。
(11) 同右、二四三~四頁。
(12) 高橋秀雄『鉄道貨物運賃と商品学』(陸運研究社、昭和一七年一二月)七四頁。
(13) 三十四銀行『小山健三伝』(昭和五年一二月)三八九頁。
(14) 『定本柳田国男集:第一巻』、三五〇頁。
(15) 下村海南・飯島曼史「南遊記」(下村海南『一期一会』、昭和一七年六月)。
(16) 同右、一一五~一一七頁。
(17) 大阪電気軌道株式会社『大阪電気軌道株式会社三十年史』(昭和一五年一二月)四〇五頁。
(18) 同右、四〇九頁。
(19) 南海鉄道株式会社前掲書、二六九~八一頁。
(20) 同右、二八四~五頁。
(21) 高橋秀雄前掲書、八二頁。
(22) 南海鉄道株式会社前掲書、二六六頁。
(23) 『定本柳田国男集:第二四巻』二六三頁。
(24) 久米邦武『裏日本』(公民同盟出版部、大正四年一一月)一・一一〇・一一二・三四五・四一一~二頁。
(25) 同右、三三二~三・三四九・三七一頁。
(26) 鉄道省編『日本鉄道史　中篇』三六一頁。
(27) 関西鉄道会社宣伝パンフレット「博覧会ト関西鉄道」。
(28) 高橋秀雄前掲書、八二頁。
(29) 滋賀県八日市市史近代史料「清水元治郎日記」。
(30) 日本国有鉄道編『日本国有鉄道百年史:第一巻』四七〇頁。
(31) 同右第三巻、四〇一頁。

(32) 同右第八巻、一〇〜一一頁。
(33) 山陽鉄道会社「山陽鉄道乗客の御注意」(大阪朝日新聞、明治三一年七月三〇日付録)。
(34) 前掲『日本国有鉄道百年史:第四巻』四二六頁。
(35) 宮本又次・宇田正・藤田貞一郎『佐々木政乂伝』(昭和五四年九月)二五二頁。
(36) 前掲『日本国有鉄道百年史』第八巻、一二〜一三頁。
(37) 前掲『日本鉄道史　中篇』、一八六頁。
(38) 同右下篇、二二〇頁。
(39) 庚寅新誌社他二社『公認汽車汽船旅行案内』(大正四年二月)一二頁。
(40) 前掲『日本国有鉄道百年史:第一三巻』一三二頁。
(41) 高田克太郎「鉄道列車図書館のはなし」(大谷女子大学学内報『志学』昭和五三年一一月号)。
(42) 『定本柳田国男集:第二四巻』一二四頁。
(43) 宇田正「明治初期わが国一知識人よる鉄道体験——江木鰐水の日記から——」(『追手門経済論集』九巻二号、昭和四九年一一月→本書収録)。
(44) 読売新聞(昭和五九年六月二四日付日曜版)。

近代日本小学校国語教育における「鉄道」教材化の諸相

はじめに

近代日本史の展開過程における鉄道の歴史的役割を多元的綜合の方向で解明・把握することを学問的目標のひとつとする筆者は、鉄道史研究において従来看過されてきた近代日本国民の内面的形成と鉄道との関わりを明らかにし、文化史的問題視角を伐り拓くことに、近年その意欲を深めつつあるところである。

その課題への一接近として、教育と鉄道との発達史的関連という視角が考えられる。その具体的な作業として、本稿においてはわが国民初等教育体系の基本的構築たる国語教育の側面に焦点を定め、その教科内容の主題ないし素材や背景として、鉄道そのものが学校教育体制のなかでどのように取扱われてきたかということについて、明治初期〜昭和戦後初期の小学校用国語教科書のなかにさまざまな実例を通じてさぐってみよう。

一　わが国「近代化」政策の両輪——教育と鉄道——

明治維新を契機として、近代的統一国家建設に踏み出したわが国の新しい政府の指導者たちは、政治・軍事・法制・経済・産業・民生など多方面にわたって近代化をめざす政策を推進した。

それらの諸政策の実行に当たっては、基本的にふたつの推進装置が必要であった。そのひとつは、近代化の理念や目的を国民に認識させ、その内容や手段についての知識・情報を国民に学習させる形而上のシステムとしての教育制度である。そして、いまひとつは、近代化を全国的規模において推進し実現していくため、旧時代の封建割拠の壁を破って中央政府の統治権能を実現させ、文化や情報の全国的交流を促進し、また物資や労働力の大量かつスピーディな流通を推進して国内市場・対外通商を拡大し国民経済の成長をうながす形而下のシステムとしての交通制度であった。

とくに、明治初期わが国の近代化政策の第一着手段階においては、全国的交通制度として、さしあたり近世期から持越された陸運体制と水運体制とが併立していたが、わが国土の地形的特質からして前者の後進性に比し、後者の方が発達を示していた。すなわち水運は近世期を通じての国内市場経済の発達の原因ないし結果として、ほぼ全国的に高密度の河川・沿岸航路網を張りめぐらしていた。そこに投入された船舶は一般的には機械制以前の技術水準＝帆船であったが、幕末期にはようやく軍用船舶など一部に蒸気機関による近代的改良が試みられた。

これにたいし陸運は封建領主的人貨輸送を主眼とする権力的な街道＝宿駅制度のもとに、人力・役畜力にのみ依存してきた交通用役体制が維新変革の過渡期に解体と再編成を迫られるなかで、交通用役の機械化の展望を欠いたまま、およそ近代的輸送需要に対応できる段階にはなかったのである。

近代国家建設の物質的基盤としては不可欠な交通の近代化を目指した明治新政府は、一般の水運体制というものがすでに近世期以来国内物流の主たる担い手としての実績を持ち、とくに軍用船舶を重点的に蒸気動力化する形での技術革新の展望が与えられていることから、その近代的整備については民間の主体的努力に期待しつつ、それに対し相応の保護助成策を講ずれば足ると認識した。その反面、陸運体制の近代化については如上の実情に加えてその政治上の重要性と緊急性からして、政府みずから新規の陸上輸送システムたる鉄道の導入・創設に積極的に取組まねばならなかったのである。すなわち、維新変革早々の明治二年（一八六九）一一月にはいちはやく国有国営としての鉄道の建設方針が決定され、資金面・技術面で先進国イギリスに依存しながらも、同五年九月には第一着手の東京（新橋）・横浜間路線が開通を見た。

あたかも同じ年八月、国民教育制度としての学制が制定され全国に学区制が布かれ、近代学校教育が第一歩を踏み出した。ここにおいて、わが国の近代化を促進する国家的システムの両輪が、その普及・発達に向けてのスタートの軌を一にしたのである。

二　分類項目と鉄道発明家の人間像

昭和八年（一九三三）度から同一五年度にわたってわが国の小学校で使用された第四期国定国語教科書『小学国語読本』は、一年生の前期用すなわち『巻一』が、「サイタ　サイタ　サクラガ　サイタ」の一篇を巻頭に置いていることから『サクラ読本』ともよばれている。

昭和七年（一九三二）二月に生まれた筆者が、同一三年四月に小学一年生となり生まれてはじめて手にした国語教科書がまさしくそれであって、その巻頭の一篇はいまなお記憶に鮮明である。それと同時に、筆者の小学生（昭和一六年度からは国民学校生）時代に使われていた国語教科書には、汽車・電車や鉄道ないし鉄道旅行のことがしばしばとり上げられていたことも印象に残っている。

そのことを筆者はのちに鉄道エッセイスト・作家宮脇俊三の著書(1)で読んであらためて認識した。宮脇は筆者より数歳も年長であるが、おたがい初等教育では同世代に属して同じ教科書を用い、学習体験が共通であることから同人の著書の記述に共感するところ大であった。すなわち、宮脇の記述のとおり「この、いわゆる『サクラ読本』には旅行記の類が数多く掲載され」、当時は旅行のための一般的な交通機関が鉄道にほかならなかったので、当然ながら「鉄道に関する文章も少なくなかった。『キシャ』（巻二）、『電車』（巻五）、『清水トンネル』（巻八）、『京城へ』（巻九）、『汽車の発明』（巻十）、『「あじあ」に乗りて』（巻十）の六篇である」。こうした教育面での動向の社会的背景について、つづけて宮脇は次のように考察する。

戦前の国鉄の黄金時代は昭和一二年七月のダイヤ改正時にあると言われる。（略）

「燕」が登場した昭和五年頃から、この昭和一二年七月のダイヤ改正までは、従来の乗りたければ乗れ型から旅客誘致型へと姿勢を変えていった国鉄がつぎつぎと「新商品」を開発した時代であった。それが長期化した不況の乗切り策であり、あるいは台頭してきた私鉄や自動車への対抗策であるとしても、旅客サービス面での進歩は顕著なものがあった。線路の増設、改良が積極的におこなわれ、ダイヤ改正ごとに列車は増発され、スピード・アップされた。（略）

いっぽう、清水トンネルや丹那トンネルの開通をはじめ、新線建設は三〇〇〇キロにも及んだ。国鉄が明るい話題をつぎつぎとまいた時期であった。

私たちが昭和八年四月から一四年三月までなじんだ第四期『小学国語読本』に旅行記や鉄道を扱った文章が数多くとり上げられていたのも、そうした時代を反映したのではないかと思われる。(2)

かねてより近代日本の国民教育と鉄道との内的・外的関わりの歴史的展開について問題意識を深めていた筆者(3)は、上掲の宮脇の一文に触発され、さしあたり小学校用教科書のなかでの鉄道の教材としての取扱われ方に関心を持ち、それが明治初期以来のわが国民教育の展開のなかで、鉄道輸送体制の社会的・技術的発達という現実を反映しつつどのように変ってきたかという問題を、近代日本教育史の一局面として考察することにした。いいかえれば、国民教育の普及・発達と鉄道そのものの普及・発達というまったく次元を異にする軌跡の接点を、教科書という教育実践のマニュアルのなかでの鉄道の取扱われ方に求め、その時系列的な観察をこころみることにしたのである。

その作業に着手するに当たって、資料となる教科書の選択については、より基礎的・一般的かつ綜合的な視点を定めるために、小学校の国語教科書が最適と判断し、具体的には、海後宗臣編『日本教科書大系』四〜九巻に収められた『国語(一)〜(六)』(講談社、昭和三九年)に拠ることにした。「この大系においては国定の国語教科書の全部と、それ以前に刊行された教科書の中から代表的なもの」(『国語』編集のことば)が選定、収録されているからである。そこに収められたすべてのテクストについて目を通し、それぞれの内容を構成する各篇の文章において、その主題、背景、関連事項、情景描写など様々な形で鉄道に関わる事柄が採上げられている事例を探査した(その一応の整理結果が、別表のとおりである)。

上記「『国語』編集のことば」からもうかがわれるように、この大系本が近代日本小学校教育における国語教科書の全部ないしは代表的なものを網羅していることから、その内容の定性分析的悉皆調査が抽出した観察結果には、一定の客観性・普遍妥当性を認めてよかろう。それらのテクストのなかから多少なりとも鉄道に関連すると認められるもの(別表所収の八七篇)を通して、わが国近代国民教育の基礎的なレベルで鉄道というものがどのように位置づけられていたかという点について一般的な様相をうかがうことができよう。

備　　考
「蒸気車」「鉄道」の語句。図版。
地理の項目22のうち「鉄道」の語句。
器材二の項目40のうち「蒸気車」の語句。
図版㋗に対応する説明文第37の文中に「蒸気車」の語句。
第34課「気車を発明す」。文中に「ステフヘンソン」「蒸気車」「鉄道」の語句。
第21課「罐中ノ水汽機ノ大用ヲ開ク」。文中に「瓦徳」の語句。
「種種ノ器械」。文中に「蒸気車」「汽車」「鉄道」の語句。挿絵。
「旅行ノ二」。文中に「神戸、大阪、西京ノ間ハ汽車ニテ往復スベシ」と記述。
「旅行ノ四」。文中に「余ハ…宇都宮ヨリ汽車ニテ帰レリ」と記述。
第28課「明治維新」。文中に「吾等が、最も便利とする、瀛車瀛船…」と記述。
第23課「横浜」。文中に「本港ノ西端ヨリ、東京新橋マデ、鉄道ヲ布設シ…」と記述。
第４課「火ノ話」。文中に「火ハ…水ヲ蒸気ニ変化シテ、瀛車瀛船ヲ走ラセ…」と記述。
第29課「紐約克」。文中に全国鉄道の同市への集中と市内高架鉄道（挿絵付）の説明。
第12課「遠足二」。文中に「けむりをはき、都へかよふ鉄道もあり」と記述。
第19課「石炭」。文中に炭坑内の運炭用の「馬車鉄道」「土工鉄道」の語句。
第26課「汽車汽船」。文中に「一ノ機関車、数多ノ列車ヲ引キ、鉄道ノ上ヲ走ル」と記述。挿絵。
第30課「理学の力」。七五調の新体詩。「蒸気車」の語句。
第22課「汽機の発明」。「ゼイムス・ワット」の事績。文中に「汽車の力」の語句。挿絵。
第15課「汽車の発明」。「ゼームス、ステヘンソン」の事績。文中に「鉄道」「機関車」の語句。
第20課「五港　其一」。横浜と神戸の紹介。文中に「鉄路ノ往来」「鉄道」の語句。
第６課「我が国の商業」。文中に「国内には汽車汽船を通じ、道路を改め」と記述。
第７課「交通」。文中に「陸ニハ鉄道ヲ設ケテ、汽車、馬車ノ往復ヲ盛ニシ」と記述。挿絵。
第25課「明治の御代」。文中に「郵便、電信、汽車、汽船の便」の語句。
第13課「きせん・きしゃ」。文中に「ワット」「汽車」の語句。挿絵。
第14課「東一の旅行」。東一少年の東京・大津間「汽車」旅行記。
第21課「東一の旅行」。東一少年の大津（「汽車」）神戸（「汽船」）厳島旅行記。
第17課「東京」。文中に「鉄道」「鉄道馬車」の語句。
第18課「道路及ビ鉄道」。本邦鉄道建設の概略と旧交通体制との比較。
第19課「水運ノ便」。鉄道と水運との輸送経済性の比較。
第12課「船ト車」。文中に「汽車ハ、汽船ヨリモナホ早シ」の記述。
第14課「みやこの一日」。文中に「かねの声につぎて、汽てきの声聞こえ」の記述。
第10課「石炭及び石油」。文中に「汽車」の語句。挿絵に運炭用軌道。
ダイ10「水ノコーヨー」。運動エネルギー源としての水の説明。文中に「汽車」の語句。
だい11「汽車のたび(一)」。文中に「停車場」「切符」「汽車」「機関車」の語句。挿絵。
だい12「汽車のたび(二)」。文中に「汽車」「とんねる」「停車場」「鉄橋」の語句。挿絵。
第14「停車場」。文中に「駅夫」「乗場」「客車」「貨車」「駅長」「赤帽」の語句。挿絵。
第８課「箱根山」。文中に「明治二十二年、東海道鉄道」開通の記述。
第９課「昔の旅行」。江戸時代の東海道交通の状況と鉄道の利便について。
第10課「じょーじ、すちぶんそん(一)」。
第11課「じょーじ、すちぶんそん(二)」。
第９課「親切の報」。アメリカの鉄道防災美談の紹介。
第10課「水成岩、火成岩」。鉄道線路の切通しでの地層の観察。挿絵。
第14課「蒸気機関の発明」。「うーすとる」「じぇーむす、わっと」の事績紹介。
第14「ていしゃば」。文中に「汽車は…きまった時間にちゃんと出ます」と記述。挿絵。

No.	編著者名	書　名	刊行年月	巻　別
01	古川正雄	絵入智慧の環	明治3年9月	初編下　詞の巻
02	文部省	単語篇	5年	二　篇
03	同	小学読本	8年3月	首　巻
04	同	同		巻之一
05	原亮策	小学読本	16年9月	巻　四
06	内田嘉一	小学読本中等科	18年2月	巻ノ二
07	新保磐次	日本読本	19年1月	巻　五
08	同	同	同	同
09	同	同	同	同
10	文部省	小学校教科用書尋常小学読本	20年5月	巻之七
11	同	同　高等小学読本	21年5月	巻之一
12	同	同	同	巻之二
13	同	同	同	巻之四
14	学海指針社	帝国読本	26年9月	巻之四
15	同	同	同	巻之七
16	同	同	同	同
17	同	同	同	同
18	同	高等科用帝国読本	27年3月	巻之二
19	同	同	同	巻之四
20	同	同	同	同
21	今泉定介 須永和三郎	尋常小学読書教本	同　11月	巻　八
22	同	同	同	同
23	同	同	同	同
24	金港堂	尋常国語読本	33年9月	巻　五
25	同	同	同	同
26	同	同	同	同
27	同	高等国語読本	同　10月	巻　三
28	同	同	同	同
29	同	同	同	同
30	坪内雄蔵	国語読本尋常小学校用	同　9月	巻　五
31	同	同	同	同
32	同	同	同	巻　六
33	文部省	尋常小学読本(Ⅰ)	36年8月	五
34	同	同	同	同
35	同	同	同	同
36	同	同	同	七
37	同	高等小学読本(Ⅰ)	同　10月	一
38	同	同	同	同
39	同	同	同	同
40	同	同	同	同
41	同	同	同	三
42	同	同	同	同
43	同	同	37年	四
44	同	尋常小学読本(Ⅱ)	43年2月	巻　五

第15「汽車ノタビ」。文太郎少年の鉄道旅行初体験記。
第19「炭ト油」。文中に「石炭ノ火ノ力ハ…汽車…ヲウゴカス」と記述。挿絵に運炭用軌道。
第11「太郎の日記」。文中に「午前六時の汽車で、おとうさんが京都へお立ち」と記述。
第12「京都からの手紙」。文中に「昨日六時の汽車に間に合って」と記述。
第10課「汽船・汽車の発明」。文中後段に「スチブンソン」の事績。
第11課「昔の旅」。江戸時代の東海道交通の状況と鉄道の利便について。
第12課「箱根山」。箱根越えと鉄道開通の影響。文中に「電車」の語句。
第１課「日本一の物」。「日本一の大トンネル」としての笹子トンネルについて。
第７課「車と船」。文中に「今や全国鉄道の延長五千哩を越え」と記述。
第15課「南満洲鉄道」。沿線各地と支線・連絡鉄道の案内。地図。
21「汽車のたび」。文中に「てつけう」「トンネル」「てい車場」の語句。挿絵。
3市街地のスケッチ。文中に「電車」「電車の停留場」の語句。挿絵。
26「東京停車場」。文中に「東京停車場は東洋第一の大停車場」の記述。挿絵。
第３「ヤクワントテツビン」。文中に「キクワン車」の語句。
第12「大連だより」。文中に大連港での航路・鉄道連絡の記述と挿絵。
第16「東京から青森まで」。東北本線沿線各地紹介・紀行文。
19「キシャ」。「クヮモツレッシャ」の観察記。挿絵。
7「遠足」。文中に「汽車」「白い煙」「トンネル」「停車場」の語句。
16「大川」。五五変調の叙景詩。「汽車」「鉄橋」の語句。挿絵。
23「電車」。市電の車内での座席の譲り合いの情景。挿絵２。
7「山羊」。農家の娘と、鉄道で輸送されてきた山羊とのふれ合い。
第26「清水トンネル」。上越線経由で清水トンネルを抜ける新潟への紀行文。
第12「アメリカだより」。サンフランシスコ・ロサンゼルス間鉄道。NY 都市交通。
第19「京城へ」。釜山より京釜鉄道で京城へ、特別急行の旅行記。
第25「汽車の発明」。「キュニョー」「トレビシック」「スチーブンソン」の事績。写真３。
第26「『あじあ』に乗りて」。大連・ハルビン間の鉄道旅行記。写真５。
12「デンシャゴッコ」。童謡歌詞。挿絵。
26「汽車」。「くわもつ列車」の観察記。挿絵。
14「電車」。市電の車内での座席の譲り合いの情景。挿絵２。
付録１「『あじあ』に乗りて」。大連・ハルビン間の鉄道旅行記。写真４。
付録２「愛路少年隊」。日本帝国主義による中国侵攻下の鉄道支配の一面。
18「お月さんのくに」。「きしゃ」で「お月さんのくに」へ行った少年の夢。挿絵12。
1「この町」。文中に「えき」の説明と挿絵。
2「私の旅」。汽車旅行をする兄弟の対話。手紙（擬人化）が鉄道で旅をする話。挿絵。
3「ありがとう」。電車の中あるいは駅での、三人の少年少女のエピソード。
4「石炭」。「貨物列車」を走らせるなど石炭の有用性と、その生成。挿絵６。
4「汽車の中」。東北本線の満員の列車内での心暖まる情景。挿絵２。
6「雨の中」。満員の市電の車内でのユーモラスな情景。挿絵。
「きしゃ」「ばんざい」。童詩。挿絵各１。
「かいもの」の章のうち「でんしゃ」「まちかどで」「でんしゃのまどから」。童詩。挿絵２。
「えんそく」の章のうち「きしゃ」。童詩。挿絵２。
「おばさんのうち」の章のうち「えきで」「きしゃのなか」「おりるとき」。童詩。挿絵２。
「どうぶつえん」の章のうち「さるのでんしゃ」。童詩。挿絵２。

45	同	同	同	同
46	同	同	同	同
47	同	同	同	巻　六
48	同	同	同	同
49	同	同	同	巻　九
50	同	同	同	同
51	同	同	同	同
52	同	同	同	巻　十
53	同	同	同	巻　十
54	同	同	同	巻十二
55	同	尋常小学国語読本(Ⅲ)	大正８年	巻　四
56	同	同	同	巻　五
57	同	同	同　９年	巻　六
58	同	同	同	同
59	同	同	同	巻　七
60	同	同	同　11年	巻　九
61	同	小学国語読本(Ⅳ)	昭和８年	巻　二
62	同	同	10年	巻　五
63	同	同	同	同
64	同	同	同	同
65	同	同	同	巻　六
66	同	同	11年	巻　八
67	同	同	同	巻　九
68	同	同	同	同
69	同	同	12年	巻　十
70	同	同	同	同
71	同	ヨミカタ(Ⅴ)	16年２月	二
72	同	同	同	同
73	同	初等科国語(Ⅴ)	17年	一
74	同	同	同	五
75	同	同	同	六
76	同	こくご(Ⅵ)	22年	一
77	同	同	同	四
78	同	国語(Ⅵ)	同	第三学年　上
79	同	同	同	同
80	同	同	同	同
81	同	同	同	第四学年　上
82	同	同	同	第五学年　中
83	同	まことさん　はなこさん(Ⅵ)	24年	
84	同	いさむさんの　うち(Ⅵ)	同	
85	同	同	同	
86	同	同	同	
87	同	同	同	

※書名に付された(Ⅰ)～(Ⅵ)は、各期国定国語教科書であることを示す。

そこで、筆者がその八七篇の素材についてそれぞれの内容を検討し、その文中での鉄道関連事項の取扱われ方を分類してみたところ、ほぼ次の七項目に整理することができる。

1 鉄道（蒸気機関車）の科学的原理の発見とその実用化に貢献した先人の事績
2 鉄道のわが国への導入・発達と、それによる明治期日本の国勢進展
3 近代的交通生活における「文明の利器」としての鉄道の具体的効用
4 鉄道旅行体験・見聞あるいは沿線地誌
5 鉄道の利用または運行上の諸施設
6 鉄道およびその周辺の風景
7 鉄道を背景とする人間関係

以下、その各項目について適宜に実例を紹介しつつコメントしてみよう。

分類1については、鉄道がまさに文明開化の代表的利器のシンボルとして、その原理やメカニズムに象徴される近代科学技術がわが国の近代化に不可欠の「洋才」であることから、その啓蒙教育は明治期を通じてわが国民教育の重点化テーマにほかならなかった。しかしながら、国語教育という枠内では叙述はおのずから純然たる科学的解説のスタイルをぼかして、むしろその原理を発見しその実用化の方法を開発した科学史上の人物の人間像や、その事績の紹介に重点が置かれたのはいうまでもない。

この大系本に収められたテクストのなかに採上げられた科学史上の人物（その登場回数）は、スティーブンソン（六）、ワット（四）、ウーストル（二）、キュニョーおよびトレビシック（各一）の五人である。

〔史料05〕『小学読本　巻四』（明治一六年九月）

英国の。ステフヘンソンといへる人は。家甚だ貧しくて。父と共に。石炭を掘ることを。業とせしが。鉱山局のつかさにめされたり。いとまあれば。機械の学に。心をつくし。いかにもして。良き器を作りいだし。世の為め人のためを。はからばやと。数年考へけるが。遂に蒸気車を作りいだし。また鉄道を工夫せり。今の蒸気車鉄道は。この人のたくみになれり。

〔史料19〕『高等科用帝国読本　巻之四』（明治二七年三月）

（略）鉄道は、今より二三百年の昔、英国にて石炭を山より積み出すに、荷車の通行を便ならしめんがため、木道を造りしが始なり。然るに、木にては、損じ易ければとて其上に鉄を貼りしかど、尚ほ便あしとて、遂に鉄にて軌道を造りなせり、是れ即ち今の鉄道の起りなり。

ワットが汽機を発明せし後、汽車を工夫するものありて、これを鉄道の上にて運転せしに、機関車の造方や悪しかりけん、車の進み遅く、石炭を費すこと多かりければ、実用には立たざりき。其実用に立つべき機関車を造りしは、英国の人ゼームス、ステフヘンソンなり。（略）

〔史料69〕『小学国語読本　巻十』（昭和一二年）

蒸気機関が出来たのは、二三百年も前の事であったが、初の中は、炭坑《たんかう》などで水を汲上げたり、掘った石炭を地上に引上げたりすることに使用されるに過ぎなかった。フランスのキュニョーは、これを車に取付けて走らせようと企てた。これが、そもそも汽車といふものを造らうとした最初で、今から百数十年前の事であった。此の時出来上ったのは、荷車に蒸気機関を装置したやうなもので、速度もおそく、人の歩くくらゐの速さに過ぎなかった。其の後、イギリスのトレビシックといふ人が、キュニョーの汽車に大改良を加へた。それが七八人を乗せて、ロンドンの市中を走り廻った時、市民は、始めて見る地上の怪物に驚の目をみはった。其の後、彼は更に大改良を加へ、とうとうレールの上を走る汽車を造り上げた。それ以来、追々汽車の効用がみとめられ、炭坑などではかなり用ひられるようになったが、まだ旅客や貨物を運ぶには至らなかった。それが今日の如く発達して、重要な交通機関となるのには、一にスチーブンソンの力にまたなければならなかった。

スチーブンソンも、イギリスの人であった。……或炭坑にやとわれて、蒸気機関を取扱ふことになった。……昼は仕事をしながら、機械の組立を研究し、夜は夜学に通って一心に勉強した。さうして、よい汽車を造らうとして工夫に工夫を重ねた。（略）

スチーブンソンは、其の後なほ研究を続けて、一時間五十粁も走る汽車を造り上げることに成功した。其の構造は、大体今日のものに似てゐる。

上掲〔史料69〕は、第四期国定国語教科書の『小学国語読本　巻十』に掲載されている。大系本収録の国語教科書全篇を通じて、上掲文のようにキュニョーやトレビシックの事績に言及しているのはこの一篇だけということから、とりわけ「蒸気機関車を発明したのはトレビシックであり、スチーブンソンはそれを受けついでの体系確立者であると規定」したその見識を、宮脇俊三は評価している。(4)

なお、こうした科学史上の人物の輝かしい事績を生み出したものが、彼等の独創的な着眼や非凡な科学的頭脳に加えて、その常人を越えた苦心・努力の賜物であったとする叙述の論理が、おのずから以下のように倫理的教訓を導き出してくるのも、国語という「人文」的な教科のもつ性格が然らしめるところであろう。前出〔史料19〕の省略部分にも、スチーブンソンの成功は「畢竟其才知（と）勤勉なりしに由」るとある。

〔史料06〕『小学読本中等科　巻ノ二』（明治一八年二月）

（略）英国蘇格蘭ニ少年アリ。瓦徳[5]ト曰フ　常ニ炉辺ニ坐シ。食匙ヲ以テ。罐子ノ口ヲ蓋ヒ以テ汽力ヲ試ミケルニ。家人其惰ヲ責メ。隣人其迂ヲ笑フ。長ズルニ及デ。才学絶倫。益々汽力ヲ研究シ。終ニ汽機ノ製ヲ改メ。旧来ノ弊ヲ除ク。今ニ至テ。世人汽力ヲ利用スルモノハ実ニ瓦徳ノ賜ナリ。

　嗚呼。古来鉄罐ヲ見タリシモノ知ラズ幾千万人ゾ。然ルニ能ク其汽ノ力ヲ考ヘ。之ヲ有用ニ施スモノ無カリシハ。抑々如何ゾヤ。蓋シ心ヲ用フルノ精シキト。否ザルトニ由ルナリ。故ニ事々物々。意ヲ着ケ。能ク其理ヲ究ムルトキハ。其発明スル所。或ハ瓦徳ニ譲ラザルモノアラン。

これと類似の事例が、これ以外にも、同時期の別の教科書中の一篇に見え、「（略）何事ニテモ深ク考フル時ハ皆世ノ中ノ用トナスヲ得ベシ。譬ヘバ、湯ノ沸ク時ニソノ湯気即蒸気ガ鉄瓶ノ蓋ヲ上グルコトハ誰レモ知ル所ナリ。昔ノ学者ハコノ力ヲ用フルコトヲ考ヘ、遂ニ蒸気ノ力ヲ用ヒタル水汲ミ器械ヲ作リキ。ソノ後工夫漸積モリ」〔史料07〕、やがて蒸気船、蒸気車の発明に至ったことが述べられている。

　蒸気機関の科学的原理は、やはり小学国語教育の枠内では、原理そのものではなく、上掲のようにその発見・実用化の先人の事績に織込んで述べられるのが一般的であったが、時には次に示すように、「新体詩」の形式をとる事例も見られたのである。

〔史料17〕『帝国読本　巻之七』（明治二六年九月）

（略）

やよ見よ子供　ゆわかしの、
蓋吹き揚ぐる　湯気を見よ、
海原とほく　白浪を、

蹴立て、走る　蒸気船
陸地《くがぢ》はるかに　くろけむり、
靡けて走る　蒸気車も、
もとをし問へば　湯気なるぞ、
理学の力の　尊しや。

三　鉄道の発達と社会的効益

次に分類2については、分類1の科学的原理の実用化と改良により近代的陸上交通機関としての技術革新を具現した鉄道がわが国にはじめて導入されたことを契機に、いちはやく国内の重要な地点を結んで新規な交通の便が開かれたという事実の紹介と、そうした文明の利器の発達を以てわが国近代化の成功のメルクマールとして意義づける一般的論述とがある。とくに後者から、明治国民教育の主調音が聴き取れよう。

〔史料07〕『日本読本　巻五』（明治一九年一月）

（略）汽船ノ後又蒸気車ノ発明アリ。蒸気車ヲ汽車トモ云フ。汽車モ亦汽船ノ如ク、蒸気ノ力ヲ以テ車ヲ廻シ、コレヲ以テ数十輛ノ車ヲ引クナリ。ソノ道筋ニハ二条ノ鉄ヲ敷キテ車ノ当タル処トス、コレ即鉄道ナリ。汽車ノ進行ハ一般ニ汽船ヨリ速ナリ。東京ト横浜ノ間ノ鉄道ハ八里計リナルガ、汽車ハ一時間以内ニ達スルナリ。（略）

〔史料08〕『同上』

（略）京都ノ西南十三里ニシテ摂津ノ大阪アリ。……商売ノ繁昌スルコトハ日本第一ノ地ナリ。大阪ノ西八里ニシテ神戸ノ港アリ。……神戸、大阪、西京ノ間ハ汽車ニテ往復スベシ。（略）

〔史料11〕『高等小学読本　巻之一』（明治二一年五月）

（略）本（横浜）港ノ西端ヨリ、東京新橋マデ、鉄道ヲ布設《ママ》シタレバ、両地ノ往復ハ、極メテ便利ナリ。

〔史料20〕『高等科用帝国読本　巻之四』（明治二七年三月）

（略）横浜ハ、…東京ト相距ルコト、僅ニ八里余ニシテ、鉄路ノ往来便利ナレバ、年々商業繁昌シ、今ハ我国第一ノ貿易場（略）神戸港ハ……街衢ハ湊川ヲ隔テ、兵庫ニ連リ、鉄道其南ヲ過ギテ、東ハ大坂・京都、西ハ岡山・広島ト相通ジ、（略）

〔史料27〕『高等国語読本　巻三』（明治三三年一〇月）

（略）市内ノ道路ハ四方八方ニ通ジ、……。其ノ他鉄道ノ起点ハ、市ノ東西南北ニアリ、又鉄道馬車アリテ、市ノ各所ニ通ジ、行人遊客、到ル処ニ便利ヲ極ム。（略）

これらの文例のもつ語調とは異なり、以下に示す文例は、一様に鉄道の発達に言寄せてわが国の近代化政策の進展を正当化する。とくに次の一文は、倫理教育との結合を明らかに示す。

〔史料10〕『尋常小学読本　巻之七』（明治二〇年五月）

（略）吾等が、最も便利とする、滊車滊船郵便電信なども、多くは、皆維新の頃より出来しものにて、昔の人の、夢にも知らざる所なるべし。吾等は、此あり難き御代に生れながら、我が身を立て、我が国に尽す事無くて、あだに一生を送るが如き事あらば、誠に耻づべき事ならずや。

〔史料21〕『尋常小学読書教本　巻八』（明治二七年一一月）

我が国は、三十余年前までは、外国との交通なく、国内の商業も、亦、盛ならざりしが、今は五港を開きて外国と交易をなし、国内には汽車汽船を通じ、道路を改め、種々の会社などを設けて、盛に商業を営めり。

〔史料22〕『同上』

（略）交通ノ便利ナルハ、大ニ国ノ開化ヲ進ムルモノナリ。……明治ノ御代トナリテハ、交通ノ道大ニ開ケ、タヾニ道路ノ改リタルノミナラズ、山ニハ隧道ヲ通ジ、川ニハ橋梁ヲ架シ、海ニハ汽船ヲ浮ベテ、遠ク海外各国ノ港ニ航シ、陸ニハ鉄道ヲ設ケテ、汽車、馬車ノ往復ヲ盛ニシ、（略）

〔史料53〕『尋常小学読本　巻十二』（明治四三年二月）

（略）思へば今より六十年以前には、我が国に一哩の鉄道も、一隻の汽船もなかりしなり。今や全国鉄道の延長五千哩を越え、又支那・朝鮮はおろか、印度・南洋より亜米利加・欧羅巴の航路をも開くに至れり。国運発展の速なること実に驚くにたへたり。

分類3は現実の交通機関としての鉄道が、他の交通機関や前時代の交通サーヴィスに較べてより効用が大きいとする趣旨の文例に集約できる。

〔史料16〕『帝国読本　巻之七』（明治二六年九月）

（略）汽車ハ陸ヲ走リ、汽船ハ海ヲ駛ル、共ニ早(ママ)キコト飛鳥ノ如シ、此発明ノ出デ来シヨリ、万里ヲ隔テタル遠国モ、隣家ノ如ク、時日ヲ違ヘズ到ルヲ得、重キ物ノ運送モ、亦益々自在トナレリ、今其一例ヲ示サンニ、昔ハ江戸ヨリ京都ヘ行クニ、其道程百三十余里ニシテ、通常ノ旅ニテハ、十日前後ヲ費ヤシタリシニ、今ハ東海道ノ汽車ニ乗ル時ハ一昼夜ヲ過ギズシテ行クヲ得ベシ。

〔史料28〕『高等国語読本　巻三』（明治三三年一〇月）

（略）鉄道ハ、汽車ヲ走ラスル為メニ、鉄ノ軌道ヲ敷キタル道路ナリ。明治五年、始メテ東京・横浜間ノ鉄道ヲ敷設セシヨリ以来、年々増設シテ、大ニ交通運送ノ便ヲ開キタリ。（略）昔東京ヨリ上州高崎ニ至ルニ、其ノ里程二十八里ヲ駕籠ニ乗リテ行ク時ハ、日数三日ヲ要シ、旅費三円余ヲ費シシガ、人力車ノ出デ来リテ後ハ、二日ニシテ達シ、旅費ハ、二円五十銭バカリニ減ジヌ。其ノ後、又馬車ノ往復開ケシヨリ、二十四五時間ノ中ニ、能ク達スルコトヲ得テ、費用モ二円ニ過ギザルニ至リヌ。サレド之ヲ今日汽車ニテ往復スルニ比ブレバ、其ノ遅緩ニシテ且高価ナルコト、如何バカリゾヤ。今ヤ東京ノ上野ニテ、汽車ニ乗レバ、四時間ニシテ、高崎ニ達シ、而シテ車賃ハ、僅ニ八十九銭ナリ。唯人ノミナラズ、荷物ノ運送ニ於テモ亦是ニ均シキ変化ヲナセリ、是ニヨリテ鉄道ノ、世人ノ交通ヲ容易ニシ、且迅速ニスルノ甚ダ大ナルコトヲ暁ルベシ。

〔史料37〕『高等小学読本　二』（明治三六年一〇月）

（略）箱根山ハ、上下、オヨソ、八里アリテ、道、ハナハダ、ケハシケレド、昔、東海道ヲ往来《オーライ》スルニハ、カナラズ、コエザルベカラザル要路《ヨーロ》ナリキ、サレバ、旅人ハ、ココヲコユルニ、大イニ、困難セシガ、明治二十二年、東海道鉄道ノ通ジテヨリ、コレヲ上下スル必要ナク、車中ニ、安座《アンザ》シナガラ、タチマチ、スギ去ルコトヲウルニイタレリ。

〔史料38〕『同上』

（略）ところが、今はどうだ。道は平になり、橋はかかり、……それに、鉄道が通じてゐるから、わずか、十三四時間もかかれば、京都から東京へなり、東京から京都へなり、行くことができる。いや、東海道ばかりではない。たいていの所には、鉄道が通じてをる。……おまへたちは、ほんとーに、よい時代に生れたものだ。

四　鉄道利用体験・沿線所見・車内情景など

分類4は、内容的に見て、鉄道を利用した旅行の体験・見聞の記録的記述と、鉄道沿線各地の地誌的記述とから成る。このうち、前者の鉄道旅行記スタイルの記述は、さらに次の二種類に再区分できる。すなわち、そのひとつは、実際に鉄道旅行をした体験に基づくか、ないしはそういう鉄道旅行をしたという仮構的設定のもとに、具体的に叙述された鉄道旅行記である。

〔史料25〕『尋常国語読本　巻五』（明治三三年九月）

東一は、父にともなはれて、東京の新橋《シンバシ》より神戸《カウベ》行の汽車に乗りたり。

汽車は、程なく、横浜《ヨコハマ》と云ふ大いなる市に著（ママ）きたり。此処は、船の出入にべんりなる地にして、内外の商業、甚ださかんなり。

横浜を出でて、相模《サガミ》の処々のステーションをへ、足柄山の下のトンネルをすぎて、駿河に入り、右に富士《フジ》の山をながめ、左に田子浦《タゴノウラ》・三保松原《ミホノマツバラ》等の海べを見つゝ、静岡《シヅヲカ》に到れり。……静岡より、遠江《トホタフミ》の浜松、三河の豊橋《トヨハシ》などを過ぎて、尾張《ヲハリ》の名古屋《ナゴヤ》に著きたり。此処も、甚だ賑はしき処にして、城のやぐらに、かがやける、金のシャチホコは、瀬戸のやきものとともに、世に聞えたり。

汽車は、名古屋より、美濃《ミノ》の岐阜《ギフ》を過ぎて、近江の琵琶湖《ビワコ》の岸に出でたり。此の湖は、我が国第一の湖にして、南岸に大津《オホツ》と云う市あり。其のあたりに近江八景とて、景色のよき所八つあり。

東一の父は、八景の中を少しにても見物せんとて、東一と共に、草津にて汽車を下り、勢多《セタ》・粟津《アハツ》等をへて、大津に著きたり。

〔史料66〕『小学国語読本　巻八』（昭和一一年）

三月といへば春はまだ浅いが、汽車の窓には関東平野がうらゝかに晴れて居る。ところどころに梅が咲き、麦の緑があざやかに広がる。雑木《ざふき》林の梢が、ぼっと煙ったやうに見えるのも、何となく春らしい眺である。

（略）

町を過ぎ、村を過ぎ、汽車は何時の間にか、利根《とね》川に沿うて北に進んで居た。平野がつきて、山が次第にせまって来た。（略）

東京を去って三時間余、かうして水上《みなかみ》駅に着いた時は、周囲はすべて山ばかりであった。此の駅で、電気機関車に取りかえられる。いよいよ日本一の長い清水トンネルにさしかかるのである。汽車は動き出した。山を分け、川を伝ひながら上ると、残雪がだんだん深くなる。トンネルにはいった。此のトンネルを過ぎ、第二のトンネルを過ぎた所で、真下を見た。すると、さっき上ってきた線路がずっと下の方に見えて、今通る線路と十文字に交わって居る。いはゆるループ線である。汽車は一駅を過ぎて、間もなく第三・第四のトンネルを通過した。第五のトンネルこそ、長さ九千七百二米の清水トンネルである。

中にはいれば、何の不思議もない。たゞ暗やみの中をごうごうと走るばかりだ。（略）

いまひとつの記述スタイルは、鉄道旅行というものを教育機会としてより純化した形で国語教材に採上げるもので、特定の地名はもとより主人公以外の人名をも捨象した「無機的」なストーリイに仕立てられている。その事例は、〔史料34・35〕や、のちにそれをすこし改定した〔史料44・45〕などに典型的に見られる。

〔史料45〕『尋常小学読本　巻五』（明治四三年二月）

文太郎ハ父ニツレラレテ、ハジメテ汽車ニノリマシタ。マドカラ外ヲ見テヰルト、山モ川モ野原モ林モ後ノ方ヘトンデ行クヤウニ見エマス。（略）

ソノウチニ下ノ方デカミナリノヤウナ音ガシマシタ。文太郎ハフシギニ思ッテ外ヲ見ルト、汽車ハハシノ上ヲ通ッテヰマシタ。

汽車ハ急ニマックラナ所ヘハイリマシタ。文太郎ハビックリシテ、父ニキ、マスト、

コレハトンネルトイッテ、山ヲホリヌイタ所デス。

トイヒマシタ。

トンネルヲ出ルト、マタ明ルクナッテ、ヒロイ海ガ見エマス。（略）

左ヲ見テモ、右ヲ見テモ、ケシキガカハルノデ、文太郎ハオモシロクテタマリマセン。

汽車ガ文太郎ノ行ク町ヘツイタ時、文太郎ハモットノッテヰタイト思ヒマシタ。

なお、鉄道旅行案内風の純然たる沿線地誌的記述の事例には〔史料54〕「南満洲鉄道」（『尋常小学読本　巻十二』所収）が挙げられるが、構成上では地理教材に限りなく接近しており、同様の事例は他に見られない。ただし、これと同じ南満洲鉄道という題材を旅行記風に仕立てたものに〔史料70〕「『あじあ』に乗りて」（『小学国語読本　巻十』所収）の一篇がある。

先掲「清水トンネル」〔史料66〕の叙述から文学的要素を消去すれば、分類5に含まれるべきものとなろう。鉄道の物的諸施設とその改良発達についての認識は近代国民に不可欠のこととして、国語教育上も重視された題材である。

〔史料36〕『尋常小学読本　七』（明治三六年八月）

人が、おほぜい、停車場《ていしゃば》の方へ、行きます。あれは八時の汽車に乗るのでせう。汽車は、きまつた時間が来ると、すぐ、出ます。一分でも、まつことはありません。

停車場の中では、人が切符《きっぷ》を買つてゐます。後から、来た人は、さきに、来た人の後について、じゅんじゅんに、買つてゐます。（略）駅夫がべるをならしました。人が切符をきつてもらつて、乗場《のりば》に出ました。

まもなく汽車が見えてきました。まつさきに、煙をはいて、来るのは機関車《きかんしゃ》です。機関車は、蒸気《じょーき》の力で、後の車をひくものです。

機関車の次に、たくさん、ついてゐるのは客車《きゃくしゃ》です。客車の後についてゐるのは貨車《かしゃ》です。貨車は荷物を乗せるものです。（略）

汽車が着きました。客車《きゃくしゃ》から、人がおります。おりてから、ほかの人が乗ります。…人は客車《きゃくしゃ》に乗りました。駅夫《えきふ》は荷物をのせました。まもなく、八時になりました。駅長《えきちょー》があひずをしました。汽笛が、ぴーと、なつて、汽車が出て行きました。

〔史料52〕『尋常小学読本　巻十』（明治四三年二月）

（略）日本一の大トンネルは中央線《せん》の笹子《ささこ》峠《たうげ》にあり、其の長さ一万五千二百七十六呎、即ち一里六町四十間五尺。汽車は此のトンネルを通過するに七八分を費す。其の工事の総費用は百九十万円余にして、一里の長さだけ十円金貨を並べるに等しといふ。

〔史料57〕『尋常小学国語読本　巻六』（大正九年）

東京停車場は東洋第一の大停車場で、宮城《きゅうじょう》の東にあります。赤れんぐわの三階造で、間口が百八十四間もあります。向つて右が入口、左が出口で、まん中が帝室用になつてゐます。停車場の階上には、役所もホテルもあります。階下の入口には、左右に大きな待合室があつて、此の外に中央郵便局の分室もあれば、両替店や、いろいろな売店もあります。又洗面所もあれば、食堂《しょくだう》もあります。此の停車場から、毎日七八千人づつの人が乗降りします。（略）

分類6に含まれるものとしては、たとえば山野の間を走行する列車の姿のような具体的な鉄道のイメージを近

十九　キシャ

「ゴウッ。」

ト、トホク ノ 方デ、音 ガ シマシタ。

「キシャダ。正チャン、見 ニ イカウ。」

ト、ニイサン ガ イヒマシタ。

ボクタチ ハ、ハタケ ノ 中 ノ ミチ ヲ ハシッテ、センロ ノ 方 ヘ イキマシタ。

キシャ ハ、見ル マ ニ 大キク ナッテ、コッチ ヘ 来マス。

「クヮモツレッシャ ダ。長イ、長イ。」

ト、ニイサン ガ イヒマシタ。

「シュッ、シュッ、シュッ、シュッ。」

ト、キクヮンシャ ガ、大キナ 音 ヲ タテテ、トホリマシタ。

「イクツ アル カ、カゾヘテ ミヨウ。」

ト、ニイサン ガ イヒマシタ。

クロイ ハコ ノ 車 ガ、アト カラ イクツ モ 来マス。

「一、二、三、四。」

ト カゾヘテ、十二 マデ 来タ 時、牛 ノ タクサン ノッテ ヰル 車 ガ、イクツ カ トホリマシタ。

「オヤ。」ト、オモッテ ヰル アヒダ ニ、ボク ハ、車 ノ カズ ガ、ワカラナク ナリマシタ。

牛 ノ アト カラ、大キナ 木 ヲ ツンダ 車 ヤ、石 ヲ ツンダ 車 ガ、イクツ モ トホリマシタ。オシマヒ ゴロ ニ ナル ト、ニイサン ハ、大キイ コヱ ヲ 出シテ、カゾヘマシタ。

「三十六、三十七、三十八。ミンナ デ、三十八 アッタ。」

ト イヒマシタ。

キシャ ハ、ダンダン 小サク ナッテ、トホク ノ 方 ヘ イッテ シマヒマシタ。

ボク ハ、サッキ 見タ 牛 ノ コト ヲ カンガヘテ、

「ボク モ、キシャ ニ ノリタイ ナア。」

ト オモヒマシタ。

図1　『小学国語読本　巻二』（昭和8年）

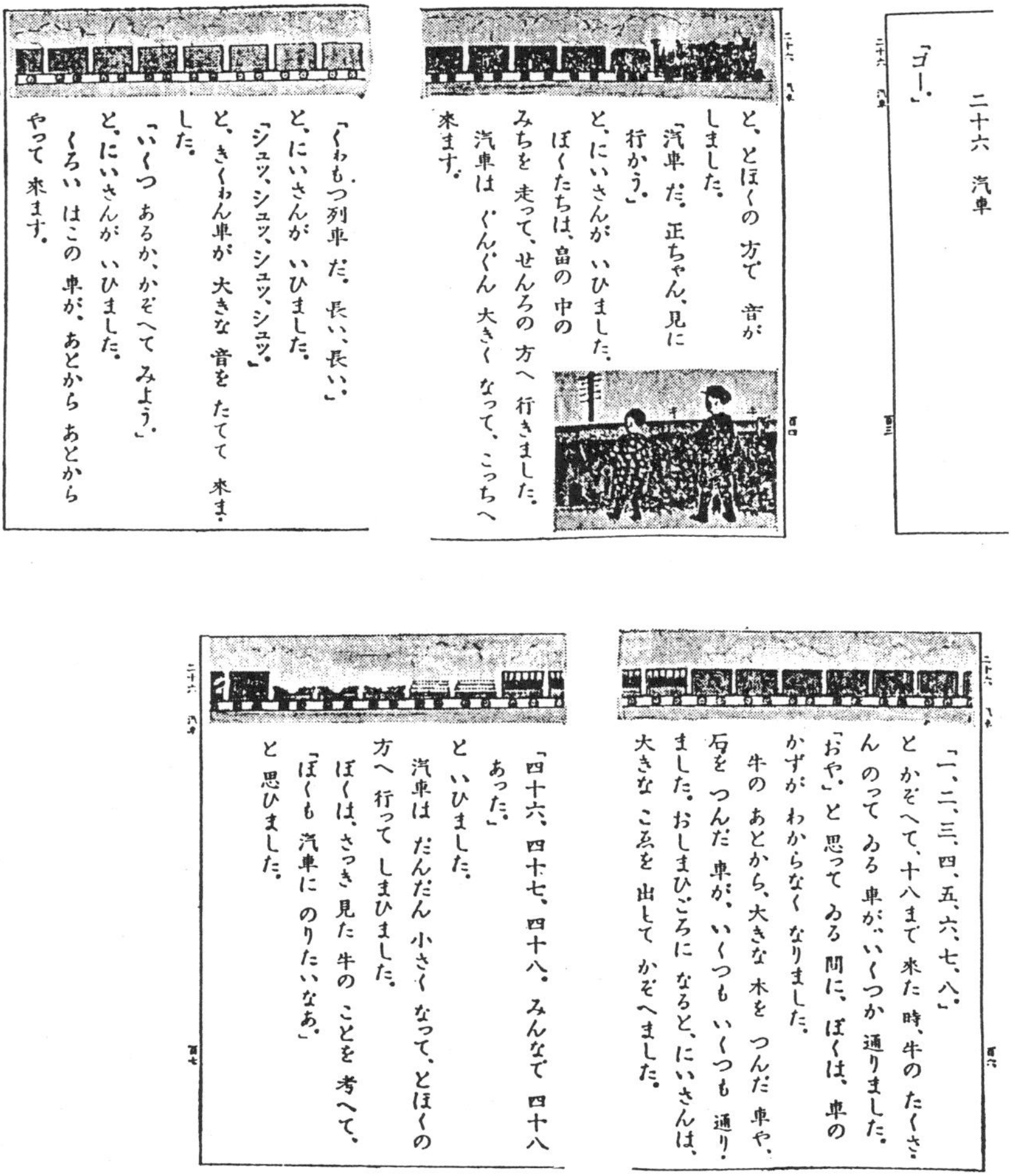

二十六　汽車

「ゴー。」

と、とほくの 方で 音が しました。

「汽車 だ。正ちゃん、見に 行かう。」

と、にいさんが いひました。

ぼくたちは、畠の 中の みちを 走って、せんろの 方へ 行きました。

汽車は ぐんぐん 大きく なって、こっちへ 来ます。

「くわもつ列車 だ。長い、長い。」

と、にいさんが いひました。

「シュッ、シュッ、シュッ、シュッ。」

と、きくわん車が 大きな 音を たてて 来ました。

「いくつ あるか、かぞへて みよう。」

と、にいさんが いひました。

くろい はこの 車が、あとから あとから やって 来ます。

「一、二、三、四、五、六、七、八。」

と かぞへて、十八まで 来た 時、牛の たくさん のって ゐる 車が、いくつか 通りました。

「おや。」と 思って ゐる 間に、ぼくは、車の かずが わからなく なりました。

牛の あとから、大きな 木を つんだ 車や、石を つんだ 車が、いくつも いくつも 通りました。おしまひごろに なると、にいさんは、大きな こゑを 出して かぞへました。

「四十六、四十七、四十八。みんなで 四十八 あった。」

と いひました。

汽車は だんだん 小さく なって、とほくの 方へ 行って しまひました。

ぼくは、さっき 見た 牛の ことを 考へて、

「ぼくも 汽車に のりたいなあ。」

と 思ひました。

図２　『ヨミカタ　二』（昭和16年）

代的景観の一面として把えたいくつかの叙述がある。その代表として、筆者の小学生時代の思い出にのこる「キシャ」〔史料61〕を挙げておこう。「貨物列車の描写が八ページに及び……文章は平板であったが、文の上の色刷りの挿絵がたのしかった。（略）脚光を浴びやすい特急列車などでなく、地味な貨物列車を第一にとり上げたのは、ひとつの見識であろう」[6]と、筆者と同時代人の宮脇俊三もその著書で述べている。

この文章は、のち昭和一六年二月出版の第五期国定国語教科書『ヨミカタ　二』に、題名を片仮名の「キシャ」から漢字の「汽車」〔史料72〕に、表記を元の片仮名から平仮名に変え、用語等を多少あらためたが、ほぼ元の形で収録されている。ただし、貨車全体の輛数が三八から四八に一〇輛ふえ、挿絵の貨車の車種別輛数も、たとえば前部の有蓋貨車の輛数が一一から一八にふえていることは、すでに戦時体制下に入って貨物輸送増強化の動きを反映したものであろうか。

そんな時代に突入する前夜のわが国内社会の最後の奇妙なゆとりが、第四期国定国語教科書に収められた次の詩から感じ取られる。

〔史料63〕『小学国語読本　巻五』（昭和一〇年）

大川の水の上、
川ばたの工場の
えんとつの長いかげ、
ゆらゆら、ゆらゆら。
川舟が静かに通る。
舟のかげ、人のかげ、

人の持つさをのかげ、
　ゆらゆら、ゆらゆら。

ごうごうと音立てて
汽車が行く鉄橋の
かげも、また水の上、
　ゆらゆら、ゆらゆら。

分類7の事例としては、明治中期の『高等小学読本　三（第一期国定国語教科書）』に収められた「親切《しんせつ》の報《むくい》」〔史料41〕あたりが適切であろう。これは、アメリカ合衆国のとある山間部の村はずれに貧しい小屋住まいをしている寡婦と娘が、早春の雪解け水で付近の汽車の鉄橋が押し流されたのを、線路の上で焚火をして走っている列車に知らせて事故を未然に防ぎ、たくさんの礼金をもらって豊かな身の上になったという一種の鉄道美談である。

市電や汽車の車内における乗客どうしや乗務員との触れ合いもまた、鉄道を背景とする人間関係といえよう。それを題材とする国語教科書の記述が、とくに昭和期に入ってから目につくようになる。たとえば、混み合う市電の車内での乗客どうしの座席の譲りあいの情景を公衆道徳訓話臭くなく描いて、表記に片仮名と平仮名とのちがいこそあれ、いずれも「電車」と題したほとんど同一の文章が二篇〔史料64・73〕ある。後者の一篇をここに引いてみよう。

〔史料73〕『初等科国語　二』（昭和一七年）

　にいさんと、電車に乗りました。

人がいっぱい乗ってゐて、あいてゐる席は、一つもありませんでした。私が、にいさんと並んで立ってゐますと、すぐ前に掛けてゐたよそのをぢさんが、私の顔を見ながら、

「ぼっちゃん。ここへお掛けなさい。」

といって、立ってくださいました。私は、

「いいんです。ぼく、立ってゐますから。」

といひましたが、をぢさんは、

「いや、わたしは、もうぢきおりますから、かまはずに、お掛けなさい。」

といひいながら、あっちへ行きかけました。

「どうも、ありがたう。」

と、にいさんがいひました。

「ありがたう。」と、私もいひました。

「せっかく、あけてくださったのだ。おまへ、お掛け。」と、にいさんがいひましたから、私は掛けました。

次の停車場へ来た時、をぢさんは、そこでおりるのかと思ったら、おりませんでした。

それから、二つ三つ停車場を過ぎて、表町まで来ますと、人がたくさんおりて、席があきました。をぢさんも、ここでおりました。にいさんは、私のそばへ掛けました。

しかし、入れ代りに、大勢の人が、どやどやとはいって来ました。席はみんなふさがった上に、立ってゐる人も、たくさんありました。

いちばんあとからはいって来たのは、七十ぐらゐのおばあさんと、赤ちゃんをおぶったをばさんとでした。

すると、にいさんが、小さな声で、「立たう。」といひました。

おばあさんとをばさんが、ちゃうど私たちの前へ来た時、私たちは、すぐ立って、席をゆづりました。二人は喜んで、

「どうも、ありがたうございます。」

といひながら、ていねいにおじぎをして、掛けました。

電車は、また動きだしました。

さきにもふれたように、〔史料64〕と〔史料73〕の文章を読みくらべてみても、ごく一部の末梢的な字句の改変だけで、一篇の内容・構成・叙述表現はもちろん、挿絵に見られる車内情景や乗客の服装までがほとんど変わっていないのは、興味ぶかい。それらの文章を収載した教科書の刊行時期すなわち昭和一〇年（前者）と昭和一七年（後者）との間には数年余のタイムラグがあり、それはわが国が戦争の泥沼へ決定的に陥っていく過程にほかならなかった。にもかかわらず、この両時期の教科書の教材内容に格別の改変が見られないということは、国定国語教科書の編集方針の一具現というべきか。むしろ、いわゆる戦時体制の強まる中での国内社会の変動や国民生活の現実的状況の悪化も、しょせん程度の差であって本質的な変化ではなかったことが、教科書の文章の行間から読み取れよう。

昭和戦後に入って間もない時期には、同様に車内の、疎外的状況下の「人間的な」風景を描いた文章が、国語教科書中に散見する。

同時期の「汽車の中」〔史料82〕は、かなり長文のもので二部から成り、その(1)は超満員の列車の中で幼い弟を連れた少女が大人の乗客たちから親切にされる話、(2)は東北本線の車中でアコーディオンをひく青年と、その演

奏でなぐさめられて喜ぶ乗客たちとの交歓を描いたものである。これもまた、現実に、敗戦直後の汽車の殺人的混雑の中でありえない話と思われるが、それだけに、戦後社会の混乱と苦難の中でのあるべき人間関係を描いて小学生の幼い心に感動をよび起こし、道徳的な面にもその教育的効果を期したものといえよう。

歴史過程と鉄道教材——結びにかえて——

以上のような、鉄道に関連する小学国語教育素材の分類・検討をふまえつつ、日本近代史の展開に即して管見を整理してみよう。

明治日本は、維新早々より、鉄道に象徴される西欧先進諸国の科学技術的精神とその成果を自国の近代化に不可欠として、国民の知識啓蒙や人材育成に努め、学校教育の題材としても鉄道の科学的原理の発見と実用化にかかわる先人の事績を重要視した。そしてそれは、わが国の近代化が一応の達成を見た以後も、いっそう進展する世界の科学のレベルに追いつくためには、なおおこたらず続けられねばならなかった。

その間、わが国内においても現実に主要都市を結んで鉄道の開通が見られ、明治二〇年代中期まではそれが特筆すべき事柄として、ないしはわが国勢の伸張や社会の進展の証左として国語教科書の中に採上げられる事例も多かったが、それ以後わが国内各地に官営・私営の鉄道網が拡伸していくにつれ、そうした意義は失われていく。あたかも、それに代ってより実際的な観点から、近代交通革命としての鉄道の社会的影響の大きさについて、国語教科書の記述の中でふれる事例が一時的かなり見られたものの、やがて鉄道のそうしたイメージが社会全般の発展の中で相対的に薄れていった。むしろ、鉄道網の発達がそれ以後も永く実際的な効果を現したのは、鉄道旅行の盛行においてであった。

わが国のモータリゼーションの後発性も幸いして、国内の鉄道旅行、とくに国民大衆の鉄道利用機会がふえ、そうした社会的動向は明治中期以後の国語教科書の内容にも反映している。さらに、日露戦争以後、大正期から昭和戦中期に及ぶ日本帝国主義のアジア大陸侵出政策の展開に国家教育体制が呼応して、「大連だより」〔史料59〕、『「あじあ」に乗りて』〔史料70・74〕、「京城へ」〔史料68〕、「愛路少年隊」〔史料75〕などの諸篇を国語教科書に登場させた。

鉄道の輸送力増強のための新施設として「清水トンネル」〔史料66〕は国語の教材に採上げられたのに、その後実現を見た丹那トンネルと関門海峡トンネルについては、前者はその難工事と多数の犠牲者を出したダークイメージ、後者はその軍事機密性への配慮から不採択となったのであろう。

敗戦を転機に、戦後いち早く国内の政治・社会の民主化の激しい動きと、経済再建の苦しい歩みの中で、新しい教育への改革の諸施策が進められることになった。昭和二二年に出版された第六期国定国語教科書の内容には当然ながら、新しい時代の動向がはっきりと読み取れる。そこに描かれた鉄道のイメージは、たとえば『国語第三学年上』の中の一篇「石炭」〔史料80〕では石炭を燃料とする蒸気機関車の力で、経済再建に必要な資材輸送を担う「長い長い貨物列車」である。また同じく「汽車の中」〔史料81〕・「雨の中」〔史料82〕の両篇はいずれも、敗戦後のわが国の鉄道の旅客輸送力の臨界的な不足に困る超満員の車内での人間の在り方について示唆するところがある。

まさに鉄道は、みずからが国民的交通の主役であり続けた長い時代を通じて、国語教育の面での教科素材としても重い比重を示していた。その後、近年に至って国内交通市場に占めていた鉄道部門のシェアが激減している状況下においては、国語教科書における比重の低下もまた想像に難くないのである。(7)

（1）宮脇俊三『増補版・時刻表昭和史』（角川書店、一九九七年八月）。
（2）同右、七〇～七一頁
（3）拙稿「わが国近代教育の進展をささえた鉄道の文化的役割」（追手門学院教育研究所『教育研究所紀要』八号、平成元年三月――本書収録）参照。
（4）宮脇前掲書、七〇頁。
（5）Watt の漢字表記。
（6）宮脇前掲書、七二頁。
（7）この点について、筆者は念のため、金田一春彦他編『新編　あたらしいこくご』（東京書籍、昭和六一年）および同『新編　新しい国語』（同、同～六二年）の各冊全頁を検索してみた。その結果、一年～六年の全学年を通じて鉄道関連の記述・字句は分散的に見られるものの、「連結器」（詩、五年生下三六～三七頁所掲）ほか一、二例を除いて、全般的に国語科教材としての鉄道のウェイトは戦後近年に至ってとみに減少していることが確認された。一種類の国語教科書だけからの判断であるが、これは一般的動向とみてさしつかえあるまい。

Ⅴ章　地域社会と鉄道・駅

日本の駅――その歴史と再生――

一　律令国家の駅制

「駅」について日本史の文献に見える最初の記載は『古事記』に第一〇代崇神天皇の治下、「駅使（官用を帯びて駅を利用する使者）ヲ四方ニ班《わか》チ」とある一節である。また『日本書紀』にも「駅使」「駅馬」などの語が散見するので、七世紀中頃にはすでに局地的ながら本邦固有の駅伝制度（以下「駅制」と表記する）が施行されていたと見てよい。それが大化改新を機に唐朝の制度を基に、大宝令により全国の統一的な交通・通信制度として整備、確立された。駅制は国内統治のため、中央集権の必要から政府が設けたもので、官用の交通・通信とくに緊急の命令や報告を伝達するために、国内の主要道路上に四～五里毎に「駅《うま》（家《や》）」を設置し、駅馬を継替え駅使を宿泊させる機能を備えていた。駅使はその資格の証として駅鈴を授与され、それを旅中携帯し各駅で提示して必要な人馬を徴発する権限を持ち、駅鈴を鳴らしつつ街道を駆行した。

図１　駅鈴

要するに「駅」とはもともと古代国家の官用物品・通信を送達するための人

馬の中継場所であり、それを意味する漢字が馬扁で、古い日本語で「うまや」と訓《よ》むのも、当時主要な輸送手段が馬であったことに由来する。ところで、駅の正字体「驛」の旁《つくり》としての「睪」は獣の屍体が骨も皮もほぐれてボロ切れのようにつらなるという無惨な象形であり、それが馬という扁と結びつくと、「早馬《はゆま》」とよばれる官用特急便の激しい使役に耐えきれず斃死する馬が日常的に多かったことまでも想像させられてしまう。歌人折口信夫が、

人も　馬も　道ゆきつかれ死にゝけり
旅寝かさなるほどの　かそけさ

と詠ったのも、思えば大和民族の原体験に根ざしているのであり、律令時代の「道の駅」は、現代の道路であちこちに見られるそれとは違って、いささか暗いイメージを否めない。

二　昔の街道と宿駅

古代の宿駅には、地元の有力者が駅長に任じられていた。平安時代、右大臣菅原道真が政敵の策謀で太宰権《ごんの》帥《そち》に左遷され任地に赴く途中、明石の宿駅で「駅長驚ク勿レ時ハ変改ス　一栄一落　是レ春秋」と詠じた故事や、能楽の名曲「熊野《ゆや》」のヒロイン熊野が遠江国池田宿の駅長の娘であったとする設定は一般によく知られている。しかし律令国家以来の駅制はやがて衰退し、鎌倉時代に入ると幕府のある関東と京都との政治上の連絡の必要から、東海道に六三の宿駅が定められた。その後戦国時代には国内に群雄が割拠し、駅制は区々として統一性を失い、その全国的再編成は徳川氏の天下平定を待って実現を見た。すなわち東海道などの五街道を中軸に諸街道が整備され、東海道では五三の宿次が定められ、人馬による中継輸送や宿泊などの宿駅機能、助郷・飛脚の制度も設けられて国内の陸上交通体制が確立され、幕末維新まで維持されたのである。

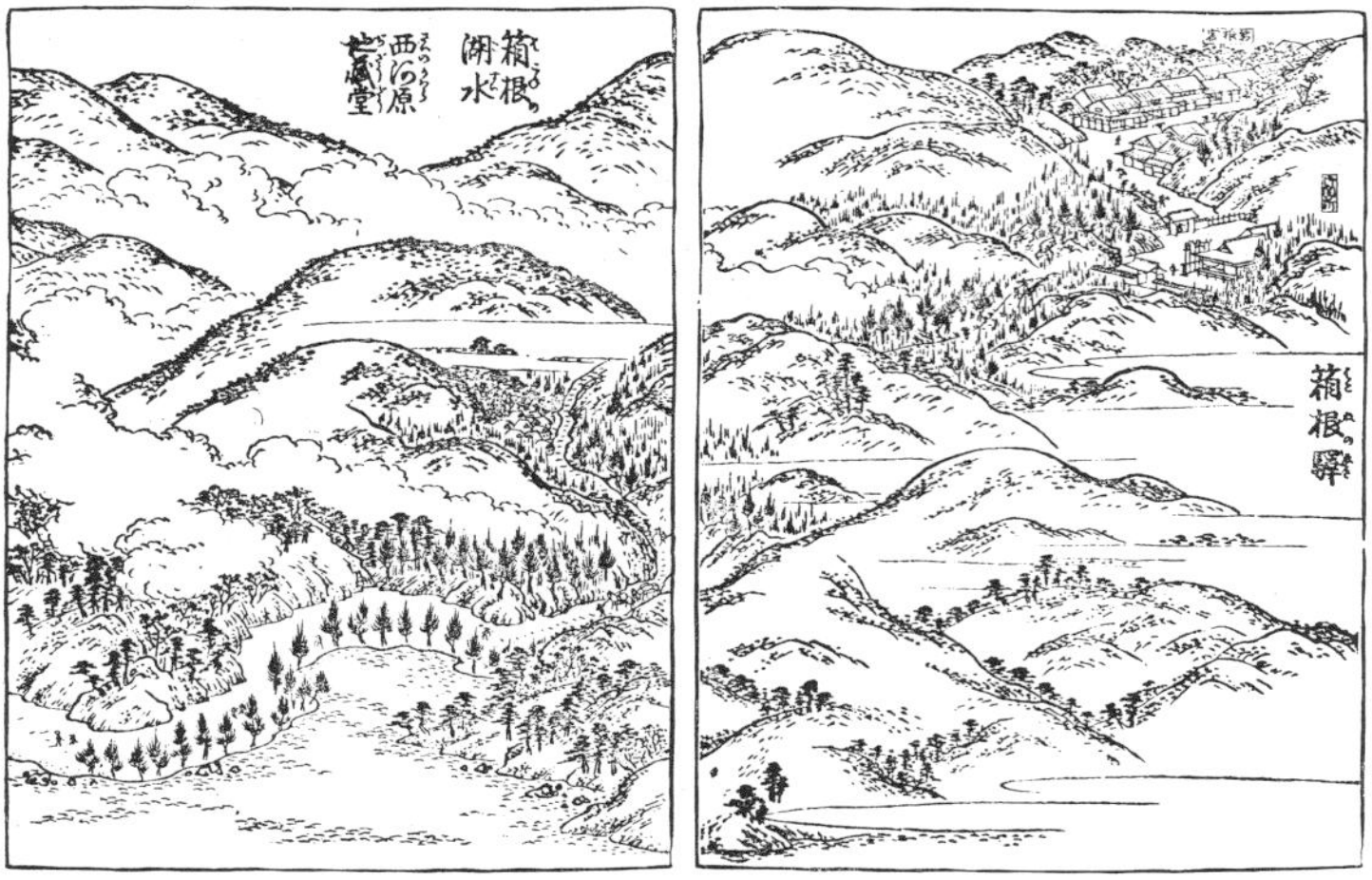

図２　旧街道と宿駅（『東海道名所図会』）

こうして近世以後の駅制も、国内の陸上交通・通信手段として、人の移動は徒歩に、貨物の輸送は馬背によるという原則を踏襲してきたが、維新を機に明治政府は国内交通体制を近代化政策の一環としてとらえ、旧来の駅制を廃止するに至った。街道から駅は姿を消した。

ところで、とくに通信労務を担う脚夫が一刻も早く自身の分担継走区間を走破するという人的交通の伝統コンセプトがその後近代の陸上スポーツに採り入れられ、現代も「駅伝」競争として旧称をとどめているのは興味ぶかい。

三　街道の駅から鉄道の駅へ

明治政府の交通近代化政策は、わが国土の地形上難点の多い道路交通やそれまで国内物流を主力的に担ってきた河川・沿岸航運よりも、あらたに文明の利器として移植した鉄道の建設と改良という面に、より多くの資本を投下することになった。そして本来道路交通用の人馬の中継機関であった駅を、もっぱら鉄道輸送の現場での旅客・貨物の取り扱いサーヴィスの施設として位置づけ、その築造と整備を進めた。駅の主役がその漢字の扁としての馬から汽車に代わったのである。

明治五年九月一三日（旧暦）開業したわが国最初の官設鉄道の起点新橋「停車場」（旧国鉄の建設規程では「駅」「操車場」「信号場」の総称）をはじめ、以後全国各地において鉄道の建設・開業にともない駅が設置され、鉄道を主軸とする国内陸上交通の拠点としての機能を一世紀近くの長きにわたり果たしてきた。昭和四〇年度には、わが国内の国鉄・私鉄を併せての全駅数は、一一、五一九に達していたのである（運輸省『数字で見る鉄道'91』）。

その間、鉄道は国内での大量人口の移動と再配置を促進した。地方の鉄道の小駅は農村の人々にとって大都市での成功に向けて開かれた門戸であり、大都市の玄関に当たる巨大な鉄道ターミナル駅はかつて石川啄木が「ふるさとの訛なつかし停車場の人ごみの中にそを聴きにゆく」と詠った東北本線上野駅のように、大都市の人波に根無草のように漂う地方出身者にとっての自己再確認の場でもあったのである。

四　無人駅を「故郷の廃家」にするな

しかし昭和戦後のわが国の経済が、自動車製造や道路建設を主軸として急激な発展をとげる間に、当然ながら国内陸運市場できびしい競争にさらされた鉄道は、しだいに「斜陽化」の一途をたどった。公共運輸の担い手として鉄道は、その使命を果たすべく組織の改革やサーヴィスの見直しなど経営全般の合理化を余儀なくされた。その一例が過疎地など鉄道の非採算路線の廃止や、駅の無人化であった。

かつての鉄道全盛期を体験した世代の人々は、それぞれ「心のふるさと」としての駅を持っている。いつも利用する駅での親しい人々との出会いや触れ合いのあたたかさは、まさに「ふるさと」そのものの持味として、人々の心に永く保たれていく。汽車通学の仲間といつも待合わせた駅、顔なじみになった若い駅員たち、プラッ

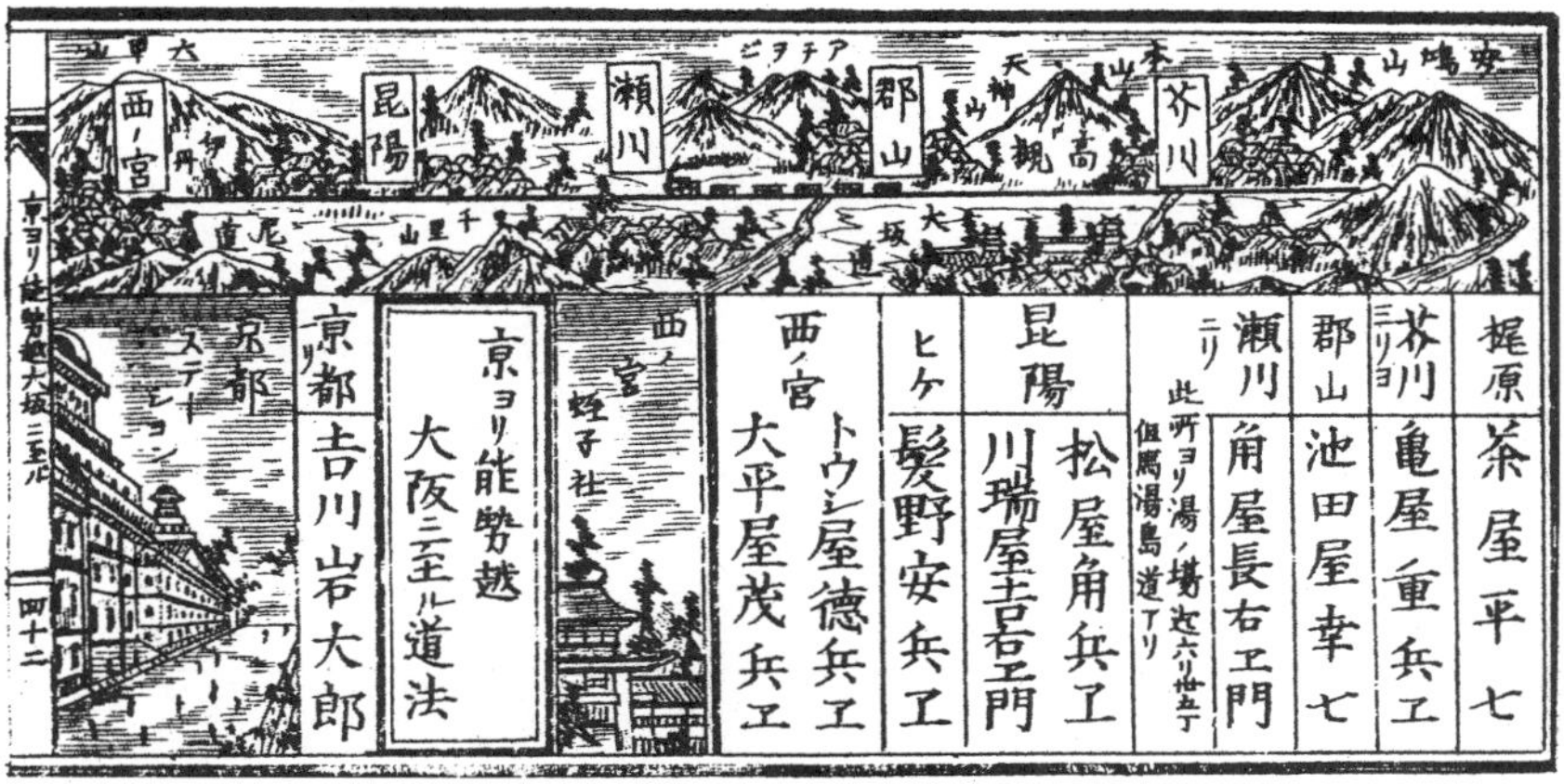

図３　明治に入っても宿駅はのこっていた
（樺井達之助編『旅行必要　諸国道中記　全』明治18年５月刊）

トホームの片隅に花壇を作って季節の花を咲かせていた助役さん、そして集団就職の団体列車で故郷の駅を出発した時、別れを惜しむ見送りの親達のためにわざと発車時刻を遅らせてくれた駅長さん――しかし、駅を舞台とする人生のドラマのそうしたなつかしい登場人物は、単なる乗降客の「出入口」にまで無機能化・無用化された無人駅ではもはや存在しない。無人駅には、故郷と人とを結びつける心の絆を生み出す力がない。故郷の駅へ降り立っても、そこにはなつかしい人たちの気配がないのである。まさに、無人駅は「故郷の廃家」のイメージだ。

そして、無人駅から一歩外へ出ると、そこは過疎の村というのが残念ながら今日のわが国のまぎれもない現実である。

故郷の駅にふたたび昔のような人のぬくもりと賑いをとり戻すには、いまさら駅員の再配置というような「他人《ひと》まかせ」ではなく、地元に住む人々がそれぞれ身につけた知恵や腕前をヴォランティアの形で駅に持ち寄り、鉄道という情報の受信・発信装置を備えた手造りの「ふれあいホール」を開設することであろう。そこに住む人々やそこへ帰ってくる人々のパワーで、昔以上の有人駅を復活させたいものである。

ところで、JR東海飯田線の佐久間駅は無人駅だが、駅舎に町立図書館が併設されていて、列車待ちの旅行者には有難い。しかし、名古屋や東京方面から休日を利用してこの地を訪ねる人が平日よりも多いはずの日曜日が休館というのは如何なものか？ 佐久間は古く栄えた町で、今も駅周辺に町並みが続く。地元の住民で志ある人たちが、せめて日曜日一日だけでも、自身の生涯学習かたがた開館奉仕をして頂ければ、佐久間駅は立派な有人駅としてよみがえり、旅行者の思い出にその駅名がなつかしく刻まれることであろう。

五　鉄道駅による新「公共空間」創造

ヨーロッパの主要大都市の玄関に当たる鉄道中央駅は、中世以来の都市形成の歴史を反映して「頭端式」駅舎が一般的であり、宮殿にも見まがう大理石造りの壮麗な大建築が遠来の旅客の目を奪う。一方、わが国では首都の玄関東京駅をはじめとして元日本国有鉄道の主要駅がみな例外なく「通過式」駅舎であるのが対照的である。それというのも、鉄道創業以来つねに国家財政や法制のきびしい制約下、久しく発展途上過程に置かれたわが国有鉄道の当局者は、ひたすら路線網の拡張と独占依存型増益にのみ腐心してきたからである。その結果、とくに旅客向けの乗・降両端におけるサーヴィス拠点としての駅は、必要最小限の便宜を提供するだけの、いとも殺風景な「通過式」とされた。経営上、駅はすべて大・中・小の通過点として記号化され、機能的ではあっても建築物としての重厚な風格や、「ゆとり」空間のふさわしいアメニティ感覚に欠けるという印象は拭い難いものがあった。

これに対し、わが国でも大都市圏の私有電鉄の多くが都市の玄関として、それぞれ「頭端式」のターミナル駅を早くから整備していたことは周知のことである。たとえば大阪市では阪急電鉄の梅田駅・南海電鉄の難波駅・

図4　日本最初の鉄道駅(新橋)はさすがに「頭端式」だった

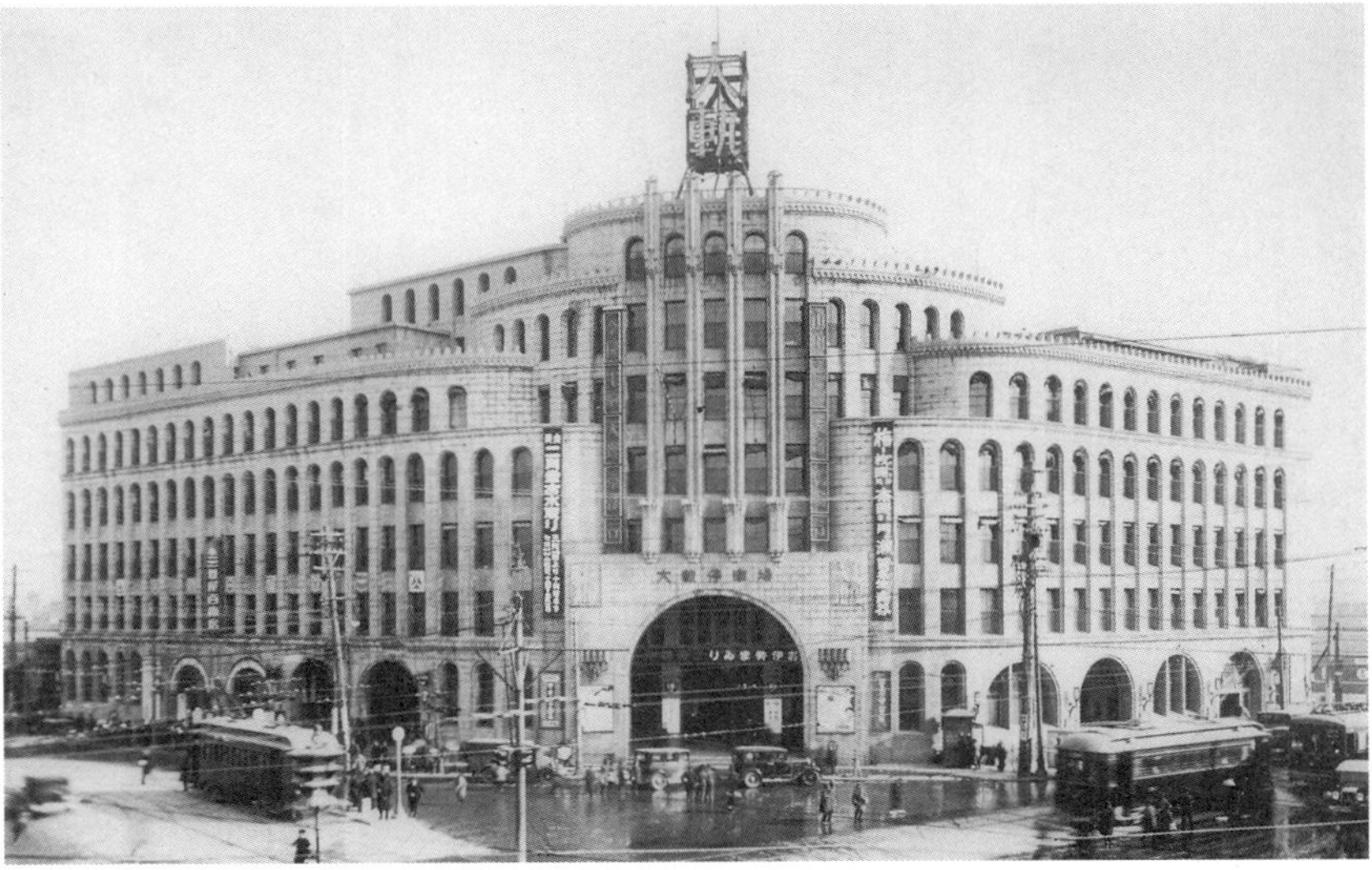

図5　大軌ビル(大阪上本町六丁目／大正15年8月31日落成)

近畿日本鉄道の上本町駅などが、昭和戦前期すでに大都市の玄関にふさわしい現代的建築としての存在価値を示現していた。

ようやく近年、旧国鉄時代のしがらみから解放されたJRがそうした先進的な私鉄による民間のアイデアに学び、それをさらに拡充、新展開しようと動きつつある。「通過式」とはいえJR西日本の京都駅は、それなりに新しい駅空間の構築に成功した一例である。これからの駅はすべからく鉄道の持つ人・物・情報の流通機能を軸に、商業・レジャー・スポーツ・文化・教育・社会厚生など多方面のサーヴィスを組み込んだ公共のパビリオンとして、地域活性化の始動点となることが望ましい。もちろん、大都市圏のみならず、全国各地方の鉄道駅も、これまでの「金太郎飴式」合理化路線を切り替えて、それぞれの地域の歴史・文化に根ざしつつ、住民や来訪者に有用なサーヴィスを取り揃えた個性的な公共のローカル・パビリオンとして再生することが期待される。

六　建築文化財としての駅舎の保存

先に述べたJR西日本の京都駅のように、近年になって大都市の玄関駅に見られる多目的公共空間としての超モダンな駅ビルとは別に、戦前もかなり古い時代に当時の西洋風都市感覚を採り入れて建造され、今ではその古典的な様式美に独自な風格がただよう駅舎が国内にまだ少し遺存している。それらは、国や地方自治体などにより建築文化財の指定を受け大切に保存されつつ、同時にそのまま現役の駅舎として日常的に利用され、その公共的役割を担いつつある。高名な建築学者辰野金吾が設計した東京駅は、一部戦災で損傷したが修復され、名建築として鉄道文化財に指定されつつ今も現役の駅舎として機能している。また、関門海峡トンネル開通までは久しく九州の表玄関として賑った門司港駅は、端正な木造洋風建築の美観を今も失わず、鉄道文化財に指定されつつやはり現役のＪＲ九州鹿児島本線の始発駅として健在であり、とくに近年は関門レトロ観光の重要なスポットとして脚光を浴びている。

それら西洋風の駅舎に対し、日本ないし東洋風の建築様式を採り入れた現存の駅舎としては、まず明治中期の私設京都鉄道の本社が置かれた二条駅が、木造二階建の和風建築であり京都の古風な街並みによく調和していた。その後、国有化され山陰本線二条駅として昭和戦後も近年まで現役だったが、線路が高架式に改築され新駅舎が設置されるのに伴い、元の駅舎は解体、移築されて近くの梅小路蒸気機関車館の管理棟建物に転用するという形

図６　旧奈良駅舎移動工事風景
（平成16年５月／著者撮影）

で保存されている。

次にＪＲ西日本関西本線の奈良駅は、国鉄時代の昭和九年に第二代目駅舎として建造された石造三階建の重厚な建物であり、その寺院風の大屋根に九輪と水煙を備えた塔の尖端部を天高く掲げて、いかにも仏都奈良の玄関駅にふさわしい風格をたたえ、長い間奈良を訪れた内外の旅行者に親しまれてきた。その後ＪＲ時代に入って、奈良駅周辺の都市再開発計画が進むなか、ＪＲ西日本当局は、当世風の経営合理化的発想から、当然貴重な鉄道文化財と評価されてよいこの駅舎を取り壊し、新駅舎を作ることを安易に選択した。しかしさすがに地元市民団体が自分たちの歴史的遺産を守るべく立ちあがり、強力な反対運動を展開して、ついに保存の決定をかちとったのである。すなわち、元の駅舎は現状のまま隣接地（一八メートル北方）に「曳家《ひきや》」という工法で移動され、その後は観光情報センターとして再活用する形で保存されることになった。その後移動工事が平成一六年の五月一一日に始まったので早速現場へ見に行ったが、かなり大がかりな工事であると実感した。たしかに文化財保存にはコストがかかるが、しかし文化財の価値はそのコストを上廻るものであると信じたい。

「聖」から「俗」へ――阿賀神社と湖南鉄道太郎坊駅改築一件――

一般に近代社会の成立・発展を促進する社会経済的要因のひとつとして、機械制交通手段の開発・導入・普及が挙げられる。すなわち水上交通における蒸気船あるいは陸上交通における鉄道がその代表的なものである。とくにわが国の近代化の過程において、国内の政治的・経済的・文化的統一、発展のために全国的な鉄道組織の果たした歴史的役割をうたがうものはあるまい。しかもその全国的な鉄道輸送体系も、地域的な鉄道が数多く結び付いて構成され、あるいはそれらに補完され培養されてこそ、社会経済上重要な機能を実現しうること、また多言を要しないところである。それにもかかわらず、従来わが国の近代史研究の分野では、その点の観察や分析が遅れていたといってよい。今後は、とくに地方史研究・地域史記述の面で、まずミクロな視角から鉄道の社会的機能への認識を踏みかためて、全国的な鉄道網の歴史的役割というマクロな把握に総合していく必要があろう。現実に、一万キロの鉄道網もはじめから全体が達成されるわけではなく、数キロ、十数キロと逐次、局地的路線が延長され、あるいはそこに地方的路線が結び付き、競い合った結果として形成されたものにほかならない。それら数多い局地的・地方的鉄道の経営や沿線社会の対応のありかたは、全国的な鉄道網のはたらきとして総合されつつも、そのさまざまな特質として内在化するのである。

滋賀県八日市地方においても、当国一円の近江商人資本の早期的な蓄積の大きさもあずかって、明治二〇年代後半というすぐれて早い時期に私鉄として近江鉄道が開業し、さらに大正二年（一九一三）同じく私鉄湖南鉄道（のち八日市鉄道、現在の近江鉄道の一部）が開業して当地方をT字型に連ねて国内幹線鉄道体系に直結し、国内市場や中央文化との接触を密にし、当地方の社会経済や文化の近代化を促進し、住民の意識を開明するのにきわめて大きな役割を果たしたのである。

八日市市史編纂事業に近・現代篇分担執筆委員として関係を持つようになって以来、筆者はとくに当市域における近・現代史の形成にかかわる鉄道のありかたに視点を据え、鋭意関係資料の発掘にこれ努めてきたが、鉄道史の視点から当市域の歴史像を照射するには、今後なお一層の博捜が必要であろう。これまでに筆者の目に触れた史料の一部は、すでに当地の郷土史研究誌『蒲生野』第一六号に「近江鉄道の建設計画と『水』をめぐる問題」、同誌第一七号に「八日市をめぐる鉄道史料の断片」として逐次その紹介をして来た。

さて本稿においても、最近入手し得た鉄道関係史料を紹介し、コメントを付して、当市域の鉄道史にたいする諸賢の学問的関心を喚起したいと思う。

一

一件史料は次に掲げるとおり四種の文書から成立っているが、それらはすべて一次史料ではなく、一件完結後、当事者の一人が関係書類を整理し、写本のかたちでとりまとめたものと推定される（ここでは説明の便宜上、各文書に(1)〜(4)の番号を付した）。

すなわち、(1)は大正一五年（一九二六）七月、湖南鉄道会社社長宛に、阿賀神社社掌および氏子総代五名の連名で、同神社参拝客の便宜をはかるため、最寄りの同鉄道太郎坊駅の改築にあたりその工費の相当部分を寄付し、あわせて他鉄道線との連帯乗車券の発売取扱を要請するもの、⑵は同年八月一一日付で湖南鉄道会社社長から阿賀神社社掌にあて寄付の申出を受ける旨の回答、⑶は改築工事予算書を掲げて、一件進捗の事後処理に関するメモ、そして⑷は翌昭和二年二月、阿賀神社社掌から氏子総代として駅改築委員に任じた二名にたいする感謝状、となっている。

これら一連の文書を一件の展開に即して筆写、編集し備忘としたのは、当該史料を検討したところ阿賀神社社掌であるとみてよかろう。

(1)　大正拾五年七月

太郎（坊欠）駅改築ニ付御願

請　願　書

一金参千円也　太郎坊停留所拡張改築費ノ内へ寄附

貴会社沿線太郎坊駅停留所ニ乗降スル阿賀神社ノ参詣者ハ最近著シク増加シ来リ殊ニ連帯切符ノ発売ナキヲ以テ不便尠カラズ加フルニ現在ノ建造物ハ余リ狭隘ナルヲ以テ該場ノ拡張改築ト同時ニ連帯切符ノ発売ヲナシ多数ノ参詣者ニ対シ此ノ不便ヲ脱セシメ貴社共々将来ノ発展ニ資センガ為頭書ノ金額ヲ寄附致度候間御採納相成度此段請願候也

追テ右寄附金ハ御採納相成次第現金ヲ以テ納入致可候

大正拾五年七月

阿賀神社々掌

谷　忠右衛門　㊞

右氏子総代

今宿　哲造　㊞
小沢　菊治郎　㊞
松村　秀治郎　㊞
畑　市太郎　㊞
松山　庄蔵　㊞

湖南鉄道株式会社
社長　藤井　善助　様

(2)右請願書ニ対シ当社ハ重役会ニ図リタル処御請願ノ主旨ヲ対シ（ママ）頭書ノ御芳情ヲ受納致ス事ニ決議相成候依テ該停留場ノ改築費ヘ受納ノ寄附金ヲ加ヘ之レガ速成ヲ期シ施行（ママ）致度以テ聊カ貴意ニ副ハントスル微衷御諒察ノ上右金員納入相成度此段請願書及御請候也

（寅第一八二号）

湖南鉄道株式会社
社長　藤井　善助　印（社長）

大正拾五年八月十一日
阿賀神社
社掌　谷　忠右衛門殿

(3)

太郎坊駅停留所改築工事予算書

一金四千四百八拾円参拾銭也

内　訳

一金弐百拾弐円五拾銭　用地八十五坪

一金弐百八拾円　盛土四十立坪

一金弐拾弐円七拾五銭　石次積足（三字不明）
六坪五（一字不明）

一金弐千九百九拾六円弐拾五銭　停車場本家
三十二坪二合五勺

一金八拾七円六拾銭　便　所

一金弐百六拾弐円五拾銭　停車場上家

一金壱百九拾壱円七拾銭　コンクリート土間
三百八十四才

一金弐百参拾七円　擁壁積足

一金壱百九拾円　柵垣其他

以上

右ハ昭和弐年壱月弐拾弐日大体出来上リ翌弐拾参日ゟ全国各駅ヘ連絡切符ノ発売ヲナス官報ヲ以テ公告シ当神社信者ノ各位ニ通知案内セリ

⑷昭和二年二月左ノ両氏ニ対シ太郎坊駅改築委員ニ付キ左ノ物品ヲ贈呈ス

感謝状

一　鉄瓶　　壱個

貴下ハ夙ニ敬神ノ念深ク氏子総代トナリ神職ヲ補佐シ加フルニ太郎坊駅改築ニ当リ其委員トナリ東奔西走克ク其任務ヲ全クセリ仍テ其功績ヲ永遠ニ顕揚スル為メ頭書ノ物品ヲ贈呈シ感謝ノ意ヲ表ス

昭和二年二月

阿賀神社
社掌　谷　忠右衛門

畑　市太郎殿
今宿　哲蔵（ママ）殿

（阿賀神社所蔵文書）

二

要するに、阿賀神社当局としては、教化上あるいは神社経営上、同社に参拝する人々の来往が一人でも多からんことをねがい、またその事が同社への最寄り駅を擁し当時当地の一般的交通手段であった湖南鉄道としても、旅客運賃収入の増加に直結するところから、参拝客へのサーヴィスとして太郎坊駅の拡張改築や連帯乗車券発売に積極的な協力姿勢を示したのである。

それにしても、はたしてこの両当事者のうちどちらがこの駅舎改築問題により能動的、先導的であったのか、上掲の一件史料だけでは判然としないが、ただ改築工事費の実に六七パーセントにあたる金額を神社側が負担している事実に、さしあたり注目したい。

鉄道が社寺参詣客の大量輸送需要を主要な契機として発達していくのは、わが国における鉄道事業の歴史的形成の代表的な一類型であるが、それはあくまでも鉄道事業者のイニシアティブにおいて実現されたものである。本件のような場合は、それらとはいささか趣きを異にし、阿賀神社からの巨額の工事資金供与は、大正末—昭和初期国内農村経済低迷のもと資金不足に悩む地方弱小私鉄たる湖南鉄道にとっては「渡りに舟」であったろう。それは、むしろ神社という「聖」なる存在が、近代社会経済の法則に規定されつつ延命していくために、鉄道という「俗」なる存在にはたらきかけ、手をむすぶケースであって、まさに近代における宗教の世俗化のあらわれとして興味ふかいものがある。有名社寺と私鉄の多い近畿地方では、他にも同様の事例がいくつも見られる可能性があり、たとえば明治三八年に大阪府泉南郡の名刹林昌寺と南海鉄道（当時）との間に見られたケースについて、かつて筆者が史料紹介※をしたこともあった。

※　拙稿「林昌寺の近代史料から」（泉南市史編集委員会編『市史の窓』、昭和五五年一一月）

終点の無い鉄道線路――箕面電車の初期軌跡はエンドレス――

一　小林一三の箕面動物園経営

「箕面有馬電気軌道」という呼称を耳にして、ちょっと首をかしげる人も、それが現在の「阪急電鉄」の創業期の社名であると聞いてなるほどとうなずき、ついでに頭の片隅に思い浮かべるのが、かつての阪急の経営陣の総帥として縦横にその手腕を振るった小林一三という人の名前であろう。

阪神電鉄・南海電鉄・京阪電鉄・近畿日本鉄道といった在阪の大手私鉄でも、社長の名前までが人々の記憶に刻まれているということは、その会社の社員ででもない限り考えられないのに、小林一三という名前だけはしっかりと阪急電鉄の歴史と結びついて今なお同社の「顔」として健在であり、小林のあとに阪急の経営を担ってきた代々の有能な社長たちが気の毒なくらいである。

ことほど左様に小林一三は、箕面有馬電気軌道（以下「箕有電軌」と略記する）の設立当初から乗客確保・行楽客誘致のためにさまざまなアイデアを創案・実践し、いわゆる郊外電車の「経営の神様」として仰がれるだけの事業実績を挙げたのであるが、その道筋は坦々たる直路ではなかった。

箕有電軌の場合、先発同業の南海鉄道や阪神電鉄とちがい、沿線は当時まだ開発途上の北摂農村地帯で定住人口も少なく、周辺に点在するいくつかの有名古社寺や名所旧蹟を訪ねて休日などに大阪から行楽の人々が杖を曳く程度で、人的輸送事業としての経営の前途が危ぶまれた。そこで小林一三は、沿線の未開発な土地に着目し、そこに中産階級向きの大規模な住宅地を開発しモダンな住宅を建築・分譲して郊外の文化生活を志向する都市中産層の人々を誘致・定住させ町づくりを進める不動産業と、新住民の日々の大阪への通勤輸送の本業とを組み合わせて収益の安定化を実現した。併せて、休日などには大阪市内からの行楽客を自社沿線に誘致するために、在来の有名古社寺・名所旧蹟などへのアクセスとして輸送サーヴィスを提供するだけにとどまらず、新しいアイデアによる近代的レジャー施設を沿線各地に開発して当世風のさまざまなイヴェントを開催し、新たなレジャー輸送需要を開発して本業の増収をもたらしたのである。

その「客寄せ」の目玉施設が、社名に堂々と謳われている「箕面」の地の一角に、大阪府知事の許可を受けて造成されたところの、動物園を中心とする公園であって、本業の電軌の宝塚線・箕面支線の開業（明治四三年〈一九一〇〉三月一〇日）に半年ほど遅れたが、名物の紅葉の秋にタイミングよく一一月一日に開園を迎えた。

その生みの親小林一三はその著『逸翁自叙伝』に次のように記述している。

公園入口左手の動物園は、渓流に日光の神橋を写した朱塗の橋を渡つて、二間四方朱塗の山門から左へ登りゆくのである。園の広さは三万坪、だら〳〵坂を曲りまがつて中央の広場には余興の舞台がある。数十町の道に沿うて動物舎がある。渓流の一端を閉ぢて地を造り、金網を張った大きい水禽舎には数十羽の白鶴が高く舞ふ。

そのころは京都以外に、動物園はなかつた時代であるから、遊覧客は中々多い、殊に自然の岳岩を利用し、四角の箱の中に飼育せしめたものと異り、猛獣の生活を自由ならしめた自然境の施設は自慢の広告材料で

あつた。園内の絶頂には鉄骨の回転展望車を造つて、大阪湾を一眸の裡に望むといふのである。（以下略）

同園内の広場を中心に開催（明治四四年一〇月）された山林子供博覧会も予想外の大成功を見たという。要するに動物園と称しても在り来たりの設備ではなく、サファリ・パークの原型のような、当時としては斬新な構想をもつ施設であったらしい。

しかし現地では猛獣たちを「放し飼い」に近い状態に置いてあるため、万一の事故を防ぐために費用もかさみ、単なる「客寄せ」としては高くつき過ぎるとわかり、また社会教育目的とはいえ、せっかくの箕面山という天与の自然美を人工的施設によって損壊していることへの反省から、同じ頃すでに別途開発整備が進められていた宝塚ターミナル地区での大規模レジャーランド建設プロジェクトへと行楽客誘致戦略の重点を移して、箕面動物園は大正五年（一九一六）三月末を以て閉鎖されたのである。

二　内田百閒の箕面行楽所見から

箕有電軌がその後まもなく阪神急行電鉄（以下「阪急電鉄」と略記する）へと組織改編し事業を拡大していく過程により強い関心を持つ筆者としては、正直なところ阪急の「社史」の枠組のなかでの箕面地区について格別な興味を抱いたことはなかった――先頃たまたま作家内田百閒のエッセイで次の一文を読み直すまでは……。

昔大阪宝塚間の箕面電車が開通した当時、大阪へ遊びに行つてゐて、その新しい電車に乗つて見た。速く走るし、広軌だから車内も広広としてゐるし、床には護謨《ゴム》の様な物が敷いてあつて、複線で、大変立派な電車が走り出したものだと思つた。何も用事があつたわけではなく、どこを見物すると云ふつもりもなく、ただ乗つて見ただけなので、宝塚へ着いてどうしたと云ふ記憶は何もない。乗つて行つた電車で帰つて来た。

ホームの外れで線路が半円になつて、電車がその輪を廻ると複線の帰りの方の線路になつてゐる。だから箕有電車の複線といふのは、単線が終点でこつちへ向いたのが、途中で二線並んでゐると云ふだけの事で、先の曲がつた単線に過ぎないと云ふ理屈を考へた。私の中学生時分の事で、当時の箕有電車は今の何電鉄なのか、それは知らない（「菅田庵の狐」、『第三阿房列車』新潮文庫所収、昭和三四年三月）。

この文章では、百閒少年が終点まで乗った電車の軌条《レール》がそこで行止まりとならず、半円を描いて迂回してそのまま並行する軌条となったというその現場、すなわち停車場の名称を百閒は明記していないが、文脈上から宝塚停車場のように読み取れる。しかしながら当初から箕有電軌はその社名に掲げた最終目的地有馬まで延長建設することになっており、現に宝塚線開業から二年後の明治四五年二月には、宝塚から先へ西宮および有馬まで延長建設工事の施行について当局の認可を受けていることからしても、宝塚停車場構内の軌条を有馬方面への直進延長に不適合な迂回＝引返し型に敷設したとは考えにくい。とすれば、百閒少年が迂回軌条上の電車走行を体験した箕有電軌の終点停車場は箕面であったということになる。

そこで、筆者は当時の実態を確認して自分の推測を裏付けたいと思い、まず基本文献として阪急電鉄が編纂・刊行した同社の社史類の記述をさぐって見たところ、①阪急電鉄編『阪急電鉄二十五年史』（編者刊、昭和七年一〇月）の本文中にとくに「箕面動物園」の一章を設けて、開園から閉園に至る概略が記述されているが、箕面停車場構内の軌条配置の特色については触れていない。ただし同書中の「開業」の章の四頁に収載された「箕面電車唱歌」の歌詞のパンフレットに目を通すと、その一部に、

七、右にわかれて箕面路に
　秦野のつゝじ桜井の

薬師清水に八重桜
　散りし瀬川の古戦場
八、ラケット形の終点に
　止る電車をあとにして
行くや公園一の橋
　渡る渓間の水清く

の詩句が見つかり、まさしく箕面停車場での「ラケット形」の迂回軌条の実在が確証された。またそれと同頁に収載された「初期の沿線案内」の路線図で箕面と桜井の両停車場間に東・西二本の軌道が向い合う曲線で描かれて、一端における迂回の存在が図像的に暗示されている。

②京阪神急行電鉄編『京阪神急行電鉄五十年史』（編者刊、昭和三四年六月）では、本文「施設と事業」の章に含まれた「みのお」の項目のなかで箕面動物園について概略の記述はあるが、「ラケット形」迂回軌条の説明はない。さらに、③阪急電鉄編『75年のあゆみ《記述編《ママ》》』（編者刊、昭和五七年一〇月）では、本文第一章「箕面有馬電気軌道の創立」のうち第六節「観光拠点〝たからづか〟の誕生」の文中で付随的に箕面動物園のことが二、三行程度触れられているにとどまり、迂回軌条への言及など望むべくもない。

　さらに念のため地域社会としての箕面の近代史の一環を成す、箕有電軌の建設・開業という角度からこの問題について探るべく、郷土史の基本文献として『箕面市史』の近代篇を一覧したところ、驚いたことには同書には阪急電鉄と箕面との関係についての歴史的記述がほぼ欠落しているのであった。阪急電鉄の地域社会に果たした役割や影響の歴史的評価を抜きにして箕面の近代史を考えることができるとは思えないのだが……。

三　箕面ターミナルのラケット形軌条

いずれにせよ、一種権威付けられた「基本文献」なるものの眼中には「ラケット形の迂回軌条」など、存在の余地もないのであろう。それならばそれでと、思い直して「基本」ならざる文献を探していたところ、はからずも、橋本雅夫著『阪急電車青春物語』（草思社、平成八年八月）という一冊の本にめぐり会い、ようやく積年の疑問が解けたのである。

同書のカバー裏に記載された略歴紹介によれば、著者は大正一四年五月大阪市で出生、昭和二〇年九月に旧制和歌山経済専門学校卒業後、京阪神急行電鉄に入社、長く運輸部・事業部・宝塚歌劇団などに勤務したその体験や在職中の見聞を基にして「阪急電車の古き良き時代を生き生きと再現」（同書カバーの紹介文）した本書を世に送り出した。筆者もさっそく入手し読み始めたところ、まだ第一章第一節に入ったばかりで筆者の眼は次の記述に釘付けとなった。

明治四十三年九月二十四日、秋季皇霊祭（秋分の日）。市電にて箕面電車前に下車。プラットホームに出で、次の電車にて三十分で箕面に着したり。すぐ動物園に赴く。（略）

箕面停留所前に来りぬ。絵葉書帳、栗等買い求めたるを持ちラケット形内に入る。ブランコなど運動器械あり、日本食料品共進会会場内に入り、一周して門を出る。時をへて満員電車に打乗りて向う。石橋から岡町服部夢の間に、十三橋を右に見て梅田に着く。

これは、著者の父親が少年時代（一四歳）、父子三人連れで開業後間もない箕有電軌で箕面に遊んだ日の体験を誌した日記の一節で、著者はまずこの日記を当時の貴重な資料として紹介したあと、次のようにコメントしてい

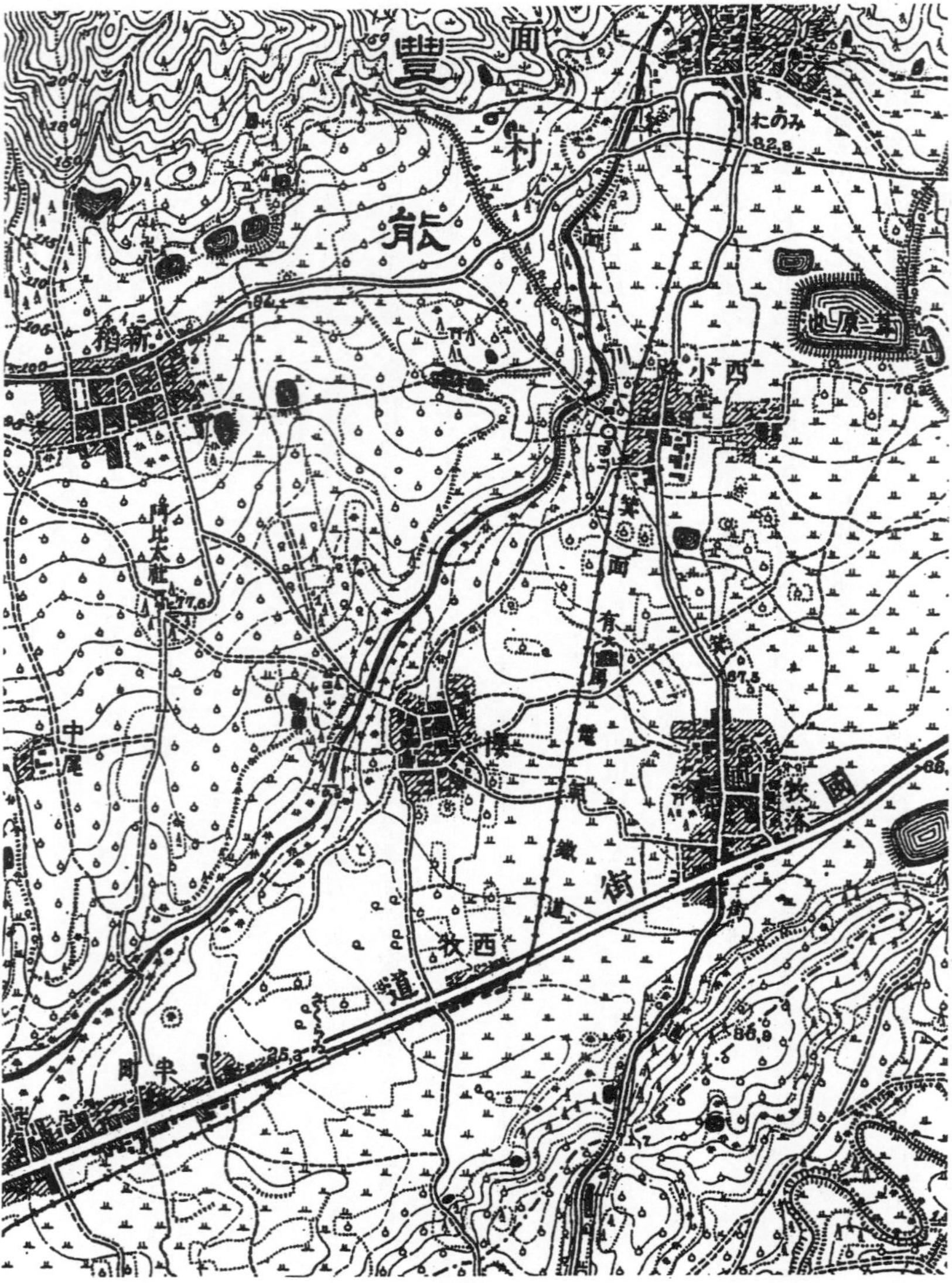

図１　右上にラケット形の迂回軌条がみえる
（明治44年帝国陸地測量部２万分の１地形図）

る。

ところで、箕面電車唱歌にも（略）詠まれているラケット形とは何か。それは明治末期の地図を見て分かったのであるが、箕面終点のところは線路がラケット状になっていたのだ。（略）石橋から来た電車はそのままぐるっと今はバスターミナルになっている広場を回って、つまり遊園地の子供列車のようにエンドレスで石橋の方へ帰ってくるようになっていた。このラケット状の軌道の中に、遊戯機などがあったらしい。このラケット軌道は、なかなか考えた設備だった。箕面線の分岐点石橋は、今は梅田方面からしか箕面線に入れないが、当初は箕面から宝塚へ行く系統もあった。（略）この箕面経由の場合は、ラケット状の線路で電車の先頭がそのまま変わらないので運転士も車掌もその位置を交替しないで済む。

まさに間然するところのない記述で、著者には眼からウロコが落ちる思いであった。

ところで、箕有電軌のユニークな迂回式ターミナル線路がいつ頃廃止されたのか、また現在のわが国鉄道界で他にそうした類例を見ないのは何故か、という疑問については、さしあたり筆者にとっての今後の宿題としておきたい。

筆者は、先日たまたま阪急池田まで所用で出向いた帰途、ふと思い立って久しぶりに石橋で乗り換えて箕面に足を伸ばした。箕面線のルートは桜井の東寄りで大きく北へ折れるほかはほとんど一直線に引かれているのだが、やがて牧落を過ぎて前方に箕面の山が迫ってくるとレールは妖しくくねり始め、アルファベットのSの字を上下に引き伸ばした形でレールが滑り込んだ終点箕面駅自体も、かつてのラケット形軌条のカーブの名残りをとどめるかのようにこころもち右に曲がっているのであった。

長谷川如是閑の大阪郊外文化論——南海鉄道沿線に住んで——

一　長谷川如是閑と大阪の初印象

わが国の近代——明治・大正・昭和の三代にわたり、在野の木鐸として権力や時流に迎合せず、その鋭い批評眼と幅広い文筆活動をもって世に謳われたジャーナリストの名を一人だけ挙げるとすれば、衆目の見るところ長谷川如是閑（本名万次郎、明治八年〜昭和四四年）ということになるであろう。

その如是閑が、実に九四年に及ぶ長い一生のうちでも、もっとも精力的に活躍した大阪朝日新聞の記者時代、三年足らずの短い期間（約八ケ月の外遊を含む）ながら、大阪で住んでいたのが南海沿線の天下茶屋《てんがちゃや》であったことを、記憶している人はすくない。

東京は深川木場の材木商の家に生まれて骨の髄まで「江戸ッ児」だった如是閑は、壮年に至ってたまたま職を得た大阪の地に移り住んだ時、かなり大きなカルチュア・ギャップを感じたという。そのことについて述べた彼のエッセイ「郊外生活から見た大阪人」(1)は、彼にとって異文化である「大阪」的なるものと取組んだ興味ぶかいルポとなっている。

それは、如是閑が「始めて大阪を見た時に、私は大阪の生活と東京の生活との対照の甚しいのに驚いた」という一節から書き起こされ、さらに「私は、随分方々を歩いたつもりだが、遂ひぞ大阪に始めて行つた時位、外国へ行つたといふ強い感じのしたことはなかつた。言葉にも習慣にも通じない外国に始めて着いた時でも、私は、大阪についた時ほど外国へ来たとは感じなかつた。（略）英国へ行かうとしてドーヴァーを渡る時に、船の中の英人に何か話しかけられた時には、大阪へ行く汽車の中に関西人を見出した時ほど、外国人に逢つたような気はしなかつた。（略）大阪で始めて見た人達の方が、私にはもつとずつと外国人だつた」と表白しつつ、彼の筆鋒は大阪人の容貌、大阪市内の交通、大阪風の住宅および大阪郊外の都市化の特質について、するどく向けられるのであった（以下引用は「郊外生活から見た大阪人」）。

　ここでは、その文中から、大阪人の容貌や市内交通の問題はさておき、大阪人の住居文化ないし郊外生活様式についての如是閑のユニークな観察を紹介しよう。

二　大阪型家屋の郊外進出

「大阪の家の特徴は、誰もいふ通り、棟の低いこと、内部の暗いこと」を、如是閑も肯定する。そして、それは「徳川政府の町人に対する階級的若しくは社会政策的禁令」が町家建築の構造に加えた制限と、それへの町人側の面従腹背的対応との歴史的所産であると彼はいう。ただし、そうした外見的なイメージとうらはらに、大阪式の家が「東京のに勝る点は、東京では、普通の家は、間数を柱の中心から取るので畳一畳が、六尺に五寸程足りないことになつてゐるが、木材の豊富な関西では、東京の所謂京間《きょうま》といふ計算で、柱の内のりを六尺に取る。十間について五尺ほど、東京の家より大きい訳である。これがつまらない貸家でも何でもさうなつてゐる」。ところが「大阪の郊外で、東京人の目につくことは、右のやうな大阪式の家が、丁度大阪を切り離して持つて来たやうに、郊外に出来てゐる」。ここで如是閑の指摘するのは、東京人の目から見た大阪人の、郊外生活という近代的市民生活の一洋式についての意識の後進性ということである。

すなわち「元来郊外生活はその性質上主として中流階級の縄張内であるが、大阪の以前の郊外生活は、大金持と極貧者との天地であった」。大阪においても「郊外生活の主張され出したのは学生上りの他国人が夥しく大阪に入り込んでからのこと」、つまり大正中期わが国商工経済の進展のなかで高度化する産業実務の担い手として大量のホワイトカラー層が、産業組織体の集中する大都市＝大阪において創出されたことにともない、大阪市内に職場をもつ「その人々は、東京などでやつてゐた下宿風の生活をしやうとしても、大阪には、学生風の紳士を収容する本郷辺の高級下宿のやうな下宿屋というものは十年前までは一軒もなかつた。でその人達は、普通の家の間借りをするより外仕方がなかつたが、大阪市中の煤煙と、陰鬱な家とは、到底空気と光線とを要求する青年紳士の堪へるところでない。でさういふ人々の間から郊外生活の要求が発生した訳であつた。然るに、その要求に応じて郊外に貸家などを建築するのは純大阪人であつたので、その建築思想は、大阪市中の家屋の思想から何うしても脱することが出来なかつたのは当り前である」。

もちろん、ごく少数の大阪の大金持ブルジョワも同じように都塵を避けて郊外生活を志向するようになったが、彼等も彼等なりに大阪の上流層の家屋建築の伝統主義を郊外にまで持出して、市内の屋敷町と同じようなイメージの別荘地を作ってしまった。少数のブルジョアの方はそれでもよいとして、多数の一般ホワイトカラー層向けの「郊外の貸家区域になると、まるで市中の長屋の組織と全く同じな、空気に乏しく、空間に乏しく、光線に乏しい部落が、忽ち郊外に出来上る」というのが、如是閑の皮肉な眼に映じた「大大阪」の郊外の都市化の実態であった。

三　大阪における郊外開発の特質

さて「大阪の郊外で、今の意味でいふ郊外生活の最も早く開けたのは天下茶屋であるが、その天下茶屋たるや、右にいつた、切り離された大阪が、郊外に建設されたに過ぎなかつた」。短い期間とはいえ、その天下茶屋に居を構えていた経験からして、よりいっそう如是閑にとって、大阪固有の郊外生活文化という問題は見過ごせないテーマであったというべきであろう。それでも、天下茶屋はまだしも大阪という大都会に隣接し付随し「大阪の市の膨脹と見るべき郊外地」として唯一のものであったが、それ以外大多数の「大阪の郊外が大都会に付随する郊外地即ち東京付近の郊外地のやうな発達を見ることの出来」（傍点引用者、以下同）ず「大阪の郊外地の発達が……東京と異って、大阪そのもの、飛地となつた」ことについて、如是閑は「地文上の理由と、人文上の理由と」を挙げて説明するのである。

すなわち、まず前者の理由の一として、大阪の郊外地はもともと大阪とは別個に離れて発達を見た独立の市町村であり、たとえば尼崎、西宮、伊丹、池田、堺、布施、枚方などそれぞれ固有の古い歴史に規定されていて、近代的郊外住宅地域として大大阪を中核に地理上より合理的に再編成されたものではないことを挙げた。次にその二として、大阪の周辺や後背地に樹林や平野の乏しいことを指摘し、そうした大阪人の地文的環境はいきおい「空間」の経済的価値にたいする大阪人の感覚を貧困にさせたと述べる。しかも「空間に対して、……極めて鈍感となつた大阪人は、従つて彼れ等の経済心で空間を評価する時に、空間の値を零に見積るのである。その結果彼等の郊外生活は一層悪化する。即ち彼等は、家を借りる場合ですら、その家の周囲に空間の付随してゐることを借手の利益とも何とも思わない。家を作る方でも需要供給の法則に従つて、空間の需要が乏しく、その代価も零なので、貸家に空間を多く付随せしめることは、誰れに取つても意義がないといふことになる。そこで空間の豊富な郊外に家を建てる場合でも、家に付随する空間は出来るだけ少なくするという結果を生ずる」として、「空間」の文化的役割を評価せぬ大阪人の経済観がするどく批判されている。

また大阪の市内や郊外に比較的樹林の乏しいのは、歴史的にこの地方の文化・開発が早くから進められたため森林が荒廃してしまったことに加えて、もともと関西地方は「地質と気候の関係上樹木に対して手のかゝること は東京付近の比ではない。生垣なんてものは、東京では世話のない囲ひの随一とされてゐるが、大阪付近では反対に手のかゝること夥しい。夏になれば、日に一度づつ水でもやらなければ持ちが六かしい。郊外にも、生垣が極めて稀なのは、その理由が大分助けてゐる。……私は天下茶屋にゐた時、隣の別荘で毎日庭の芝に水を撒いてゐるのを見て驚いたが、それが必要已むを得ないことであるとすると、緑色は、東京人にとつては世話の焼けない好い友達であるが、大阪人には、随分手数のかかる厄介者なのである。郊外地に緑色の乏しいのも、多少の理由がある」と考えられた。

こうして、関西特有の地文的条件に規定されて、緑に乏しく、空間のゆとりをもたぬ大阪の都市的居住文化様式が「郊外生活」の謳い文句で近在各町村の間に、ただ無機的に、アナーキーに再生産されたと、如是閑は観察するのである。

さらに如是閑は、こうした大阪独自の郊外地の形成を規定した人文上の理由として「大阪付近の町村が、東京付近のそれよりも早く発達した故か、その構成上頗る古風の特徴を備へてゐることで……大阪の中心地の繁華の方面でさへ町幅の狭いことは全国稀に見るほどで……付近の町村も、大抵寧ろ大阪以前の発達なので一層狭く、村落も古風な集合式で、道路は農家の間に一間位な幅で作られてゐるのが多い。やゝ大きい町村でも、それに少し広い位である。大阪の郊外生活が、かういふ町村に密着して発達したことは、自からその現在の様式に影響することを脱れない」と述べている。すなわち、大阪をめぐる郊外地の形成は、それぞれ固有の人文的特質を有する伝統的な集合型村落や在郷町をその拠点としたことから、その集落・街区の形状や道路のありかたなど既存の空間的構成に規定され、その影響を受けざるを得なかったということであろう。こうして大阪周辺各地にできた郊外住宅地に、如是閑は「非田園的田園都市」と皮肉なレッテルを貼りたげである。

四　南海鉄道の発達と沿線住宅地開発

如是閑が大阪市外天王寺村天下茶屋の地に、はじめの半年ほど下宿暮らしのあと、借家住居をしていた時期は、明治四一年（一九〇八）の夏から同四四年の春に兵庫県の芦屋に移るまでの間である。

その当時、すでに大阪市はわが国最大の商工都市として、日露戦後経営の進展するなかで順調な発達をかさねつつあり、社会経済の高度化や近代産業活動の拡大のなかで人口や情報が大量に集中して都市化がいっそう促進される間に、ようやく大阪の都市構造にも変化を生じるに至った。こうした動向に対応して市内および近郊連絡用公共交通機関が急速に整備拡充され、都市改造や郊外住宅地の形成もしだいに進もうとしていた。如是閑が大阪朝日新聞の論陣強化・紙面充実のために招かれたことも、その彼が大阪南郊の住宅地に居を定めたことも、すべてこうした時代の一大潮流が、小さいけれども正確に描き出した渦であったともいえよう。

ここで、当時の大阪の都市的諸問題についてくわしく述べた『最近之大阪市及其付近』[2]のなかから、如是閑の寓居のあった天下茶屋をその沿線にもち、彼自身も「電車に飛昇り《（ママ）》をやつて駅夫どもに叱られながら毎日大阪へ通ふ」（如是閑「泉州行脚」[3]）たはずの南海鉄道に関する記述をさぐり、当時をふり返ってみよう。

其の勢力範囲

大阪市の四周には幾多の官私鉄道、電車軌道布設せられ、夫々市内の主要地に起点を有し、日夜旅客貨物を呑吐して、大阪の生産繁栄に多大の貢献をなしつゝあり。……南海鉄道の勢力範囲とも称すべき大阪市の南部は、其の繁栄の度合他に比して著しく優越せり。是れ南海鉄道が阪堺鉄道時代より扶植し来れるところにして、従来大阪市の繁栄が南漸の傾向を有したりしもの蓋し偶然にあらざるべし。

其の線路

南海鉄道は大阪難波和歌山市間四十哩を本線とし、枝線としては鉄道院線天王寺駅に接続し、連絡荷客を輸送する為め、住吉より天下茶屋迄は併行し、天下茶屋より岐れて天王寺に至れる二哩余の線路を有し、現今此間の旅客輸送は専ら電車を使用せり。

本線難波和歌山間は最初は専ら蒸汽動力に依りしも、時世の推移を察し、明治四十年八月他に卒先して電気動力を併用し、難波浜寺間九哩余の旅客輸送に電力を併用運転し、茲に運輸上の大変革を断行せり。……爾来経営者は此の成績を見て、更に浜寺以南に対する電車計画の歩を進め、全線を挙つて電化せしむるの方針を樹立し、既に浜寺以南佐野に至る間を複線となし、現に本年（明治四四年——引用者註）七月を以て電車運転を浜寺以南大津迄延長し、此の秋を以て岸和田以南和歌山に至る間に及ぼし全線を電車化せしめんとす。（略）

社務の経営

南海鉄道が電気化して電車汽車を併用運転するに至つてより、其経営振は漸次電気鉄道の性質を帯び来り、乗客は専ら電車に依らしめ、汽車は主として貨物の運転に充つるの方針を執れり。されば従来の電車区間と称せらるゝ難波、住吉、堺、浜寺間の如きは、最も乗客の来往頻繁なるを以て、宛かも市街電鉄の如き頻繁なる運転方法を取り、……今や盛んに沿道に移住者を吸集し《ママ》、大阪市に通勤する会社、商店員、労働者の実用的交通機関たるに至れり。随て住宅の増加率は実に驚くべきものあり。製造工場又盛んに起り、沿道は幾多の小都市を連接せるの観あり。会社は之に応ずる営業政策として種々の施設を怠らず。堺以南諏訪の森、浜寺、葛葉付近は今や南海鉄道の最も主力を傾注しつゝ、ある郊外移住地にして……尚ほ近き将来に於ては、沿道の電燈経営をも実施すべく、（略）

沿線の居住地

（略）南海鉄道……沿線中最も著しき発展をなしつゝ、ある土地を列挙すれば左の如し。

▲萩の茶屋付近　西成郡今宮村

▲天下茶屋付近　東成郡天王寺村

▲住　吉　付　近　住吉神社及公園を中心とする地方

▲堺市及其付近　北は大和川沿岸より南は湊村海浜一帯

▲浜寺及其付近　浜寺公園を中心として北は石津川より南は高石村沿海一帯の地方

就中近来天下茶屋、玉手《ママ》方面の発達驚くべきものあり、……天下茶屋、玉手付近は大小各種の借家夥しく建築せられ、各階級の人を網羅せる新市街として以て何人の移住にも適し、且つ大阪市には最も近くして而も物価比較的低廉なり。

さて、天下茶屋を内包する東成郡天王寺村は、旧時は大村であったが明治三〇年四月大阪市の第一次隣接町村編入により村域を削られ弱体化し「唯僅かに西部底地の天下茶屋付近に比較的人家の密集したるものありしのみ」（『南大阪編入記念誌』）という状況になった。しかしその後、大阪市の都市的発展と連動して、とくに天下茶屋地区の郊外住宅地化の進展を主軸に、村勢は別表のように拡大を示したのである。

五　大阪人の田園都市運動のために

要するに如是閑がはじめて大阪に移り住んだ頃には、まだ「大阪人は、郊外生活といふ生活様式について全く無知で、無経験だつたのである。（略）多数は、たゞ大阪の生活を郊外に持

別表　天王寺村の人口増加

年　度	戸数	人口
明治30年	385戸	1,347人
38	465	3,146
39	565	3,545
40	605	4,832
41	800	5,194
42	1,552	6,306
43	2,255	7,791
44	2,472	9,837
大正元	3,234	11,582
2	3,637	14,047
6	4,659	21,515

（『天王寺村誌』より作成）

つて行つたに過ぎない」。その後まもなく彼が引越して行った兵庫県の芦屋は「比較的遅く開けた為めに、大阪人も、漸く郊外生活といふ意味は、大阪のカケラを郊外に持つて行くことではないといふことを知り出して後の発達なので、大阪人の所謂東京風と称する家屋なり構へなりを大分その辺に作るやうになつた（略）。然し大多数が覚醒してゐるとは思はれない。何となれば、さういふ大阪式を採つた為めに、郊外の地価は、土地に対する人口の密度に応じて、都会の地価ほどに騰貴してしまつてゐる（略）。それが何よりも一番郊外生活の支配者を満足させる」という彼の指摘はするどい。

如是閑の説によれば「東京付近は……村落そのものが散在式で、近代的特徴を帯びてゐる。田家は一軒一軒自分の区画を有して、その間の連絡は不完全だが、その代り、密集した窮屈さから自由にされてゐる。さうした村落で発達した郊外生活は、初から同じ様式を取って、散在式であることは自然で、東京付近の郊外生活はそれがため、今日のやうな様式を取つたといつて好い」。すなわちそれが理想的な郊外住宅地としての田園都市にほかならない。しかも、「田園都市の必要は東京に於けるよりも大阪の方に多い理由がある。都会生活の殺風景なこ

と、都会の自然の膨脹としての郊外地を持たないこと、は、田園都市を一層必要としなければならない」とする如是閑は、大阪人にたいし次のように忠告を与えたのであった。

「大阪人が田園都市運動を……実現する場合に、最も必要なことは、その趣味性の改造である。生活趣味の大阪的特徴はすべて、田園都市の構成に正反対にして有害なものばかりである（略）。空間、樹木、自然的景観に対する感覚をもつと鋭敏にして、それを尊重した状態を根拠とすることである」。そう言いつつ、やはり「大阪人は……結局最も殺風景にして不幸なる文化を建設する運命にある人間である」としめ括ったのが、いかにも如是閑風だと微苦笑させられる。

（1）『長谷川如是閑集・第六巻』（岩波書店、一九九〇年五月）所収。
（2）大久保透『最近之大阪市及其付近』（著者、明治四四年九月）。
（3）『現代紀行文学全集・第九巻（補遺篇）』（修道社、一九五八年）所収。

戦前日本の田園都市開発と電鉄企業――ニュータウン建設の先駆――

一 「ニュータウン」という概念について

「ニュータウン」という語句は、戦後日本の大都市圏内の遠近各地に見られる新開発住宅地域の呼称であり、いまや普通名詞としても通用するほどに全国的に普及している。かくいう筆者自身も、京都府は相楽郡南山城村に開発された通称「月ケ瀬ニュータウン」にささやかな別宅を構えて一〇年近くになる。

日本人にとってかくも親しみがある――というよりも少々軽く俗っぽいニュアンスをもつニュータウンという語句であるが、なぜか英語の辞書には載っていない。ということは、本物の英語ではなくてメイド・イン・ジャパンの英語なのであろう。英語でいうガーデン・シティ（田園都市）という語句とはやはり微妙なニュアンスの差異があるようである。最新版は未確認であるが、私の机辺の新村出編『広辞苑』（第三版）にもニュータウンの見出し語は見当たらない。しかし、いずれにせよ、敗戦後のわが国の住宅行政や宅地開発上の慣用語として、「団地」とともに創設された新概念であって、戦後の大都市近郊住宅地開発の柱として「ニュータウン」のイメージが目映く輝いていた時代もあったのである。

まさしくニュータウンとは、昭和の戦後も十数年経ったわが国民経済の高度成長期を迎えて、新しい市民社会とそれにふさわしい生活様式、さらには現代風の都市景観の実現を意味する、新時代のキー・ワードにほかならなかった。日本人の生活のさまざまな局面で、ようやく日常的に英語――というより英単語や英米語の慣用語句が唇にされはじめた頃であった。以来三〇年余の歳月を経ても、ニュータウンの語句はいまだに死語にならず、少々歴史の手垢はつきながら依然としてわが国民大衆の住生活におけるあこがれのイメージでありつづけている。その間、わが国のめざましい経済成長、さらに高度大量消費社会への経済発展のうねりのままに国民の大部分が大都市圏に集中して「流民」化しながらも、豊かになった国民所得のそれなりの分配にあずかった人々がニュータウンの住民になれたのである。

二　イベニーザ・ハワードの田園都市――ニュータウンの源流――

しかし、このニュータウンという文字どおりの新居住区施設が、昭和戦後も一〇年余りたったわが国で、雨後の筍のようににわかに、「都市化」の一展開として初登場したわけではない。ニュータウンというコンセプトの源流は、やはり一世紀ほどさかのぼって、明治の末から大正にかけて、西欧先進国とりわけイギリスから学んだ近代都市計画の思想にまで到り着くものであろう。すなわち、理想とされる近代都市の創造的なイメージについては、とくに「十八九世紀の工業戦国時代以後、都市が急激に膨脹してから、その夢が具体性を帯びて来た。有名なロバアト・オーウェンの理想村やハワードの田園都市などその優秀なものであるが、その中ハワードの田園都市はつひに実を結び、現実に二つの田園都市を地上に印し、その思想は今日の都市計画の指導原理になつてゐる」（石川栄耀『都市の生態』、青秋社、昭和一八年）。詳しく述べれば、一九〇〇年に、イギリス人イベニーザ・ハワード（Ebenezer Howard）は、当時世界一の巨大都市に膨れ上がった「ロンドンの害悪を痛感し、これ（から市民——引用者）を救済するにはロンドン市の中から工場を外へ出し、その外へ出た工場を中心に人口三万乃至十万の小都市を造る。この小都市は人口を十万人以上に殖せない。その為に周囲に農業地域を繞らすと云ふ田園都市を提唱した。これを《（ママ）》ロンドンから一時間ばかりの所にレッチヒ《（ママ）》オース、ウェルキンと云ふ二つの田園都市となつて実を結んだ」（同上）ということである。この論者石川栄耀（内務省都市計画委員会技師）による田園都市レッチオースの実地踏査の所見を、参考までに引用してみよう。

——駅を降りるとすぐ正面が並木路で、真直線に町の広場に通じてゐる。右は鉄道線路に並行して小綺麗な商店街を成している。

商店街は二三町で芝生と街樹で縁取られたノルトン通に突き当る。そこが一寸した公園になつてゐる。（略）ノルトン通から工場地域を指して東へぬける中、一廓六七十軒全部前庭に桜を植え、雪のようにその花吹雪をあびてゐる小路へ出た。これも当初の設計者の心の中にあつた絵であろう。

工場地域へ出れば、成程これはあの石油箱の様な、惨憺そのものの様な工場地とは趣きを異にしてゐる。工場と云ふ工場は必ず芝生の広い後庭なり前庭をつきものにしてゐる。或工場は煉瓦塀をことごとく青々とした蔦のはふにまかしている。或工場の入口には——玄関と云つた方が近いが「労働は芸術なり」と書いてあつた。殆んど煙と云ふ煙の見えぬ静かな輝かしい工場地域である。

工場地域をぬければ、そこは茫々千里青々として起伏ゆるやかな丘又丘の牧場である。さうだ、これが田園都市の特徴の農業地帯なのだ。ゴルフの赤旗がそここに翻つてをり、牛はだるそうに午後の陽にねそべつてゐた。長閑さの極致だ。

更にその辺を歩きまはつて、南の方の白堊の労働住宅地に入る。労働住宅とは云へ大抵二戸建ての堂々たる煉瓦造で、周囲には必ず手頃な畑をめぐらしてある。（略）……帰る道すがら、町の教会の夕方の鐘が静かに響いて来た。（同上）

こうして、近代のアナーキーな工業化・都市化の勢いに押し流されつつある「暖き人間生活、隣人生活」を現代社会に再建しようとした石川技師は、その理想のモデルを「初め中世都市に見出し、その近代的な発展としてしばらくは、英国の田園都市に低徊してゐた」（同上）のである。

三　渋沢栄一の田園都市(株)と電鉄経営

いかにも、石川技師が述べたように、イベニーザ・ハワードの「田園都市論は、当時の社会人の常識を強打した。即ち彼の田園都市は人口三万人に限るとか、その都市には必ず市民が働くだけの工場がなければならぬとか、瓦斯、電気はすべて自市経営たるべしとか、都市の周囲には永久に農業地帯が保留されるとか――最後に土地は公共有たるべしといふ風に――厳しく規定される。かういふ都市を無数に大ロンドンの隣接地に造り、ロンドンに集中する人口を食ひ止めようと云ふのである。理論は好かつたが、結局余り厳であることからこの規定に合格する都市（即ち真正の田園都市）は今日四十年間にロンドン郊外に二つしか出来なかつた。（略）そこで何事も実用的なアメリカ人のテイラアと云ふ人が衛星都市論でこれを修正した。即ち母都は母都とし、母都のまはりの都市を田園都市風に修正してゆく、これが実現性ある大都市の理想形式だといふのである。ともかく、ハワードの暁鐘により、今世紀は誠に小都市論でなければ夜も日もあけない時代となつた」（同上）。

極東アジアの一角に位置するわが国にも、その暁鐘への反響がいちはやく起こった。すなわち明治日本の財界の巨頭であり指導的企業家として知られた渋沢栄一は「ハワードにはじまる田園都市の着想を摸倣してこれを企業化し、人口過密で地価の高い東京市内から郊外に住居を移そうと欲する有産階級を対象に土地・家屋経営を思いついた」（中西健一『日本私有鉄道史研究』、日本評論新社、昭和三八年）。そして大正七年九月に中野武営を社長に据え、自らは相談役となり、資本金五〇万円の田園都市株式会社を創立したのである。

同社は大正一〇年までに玉川、調布など東京近郊各村の広大な土地を廉価で買収、整地し、翌一一年度から分譲住宅地として売出し好い業績を挙げた。次いで土地・住宅経営に付随して都市と近郊の開発地との間の連絡に欠かせない公共交通機関として電気鉄道事業に進出するため、まず荏原電鉄を設立して路線免許を受けると、大正九年四月に同電鉄を田園都市㈱電鉄部に改めた。やがて同電鉄の事業の専門経営者として、わが国の私営電鉄経営の大御所小林一三の推挙により田園都市㈱に迎えられた五島慶太は、同一一年九月に同社の電鉄部を独立させて目黒蒲田電鉄を設立し、路線の建設・拡充を進めていく。その一方、五島は年来自らも経営に関わりながら資金難に陥っていた武蔵電鉄を目黒蒲田電鉄との提携により再建するため武蔵電鉄の株式を買占めて実権を握り、大正一三年一〇月に経営陣を田園都市＝目黒蒲田電鉄系で固めて五〇〇〇万円に増資し、社名を東京横浜電鉄と改め、路線の建設・整備に努めた。

こうして田園都市㈱傘下の電鉄事業体制が強化されつつあるのを機に、目黒蒲田電鉄は昭和三年五月に、もと母体であった田園都市㈱を合併した。昭和期に入って、かつて田園都市㈱が買占めていた土地がおおむね売りつくされ、以後は事業の比重が逆転して土地住宅経営を副業化し、電鉄経営に重点を移すことになったからである。

その後、目黒蒲田電鉄・東京横浜電鉄を掌握する五島は、同じ東京西郊に路線をもつ池上電鉄・玉川電鉄などを合併、さらに昭和一四年には目黒蒲田電鉄を吸収、一元化した（新）東京横浜電鉄を基幹とし、昭和戦時下の交通統制の時流に乗じて有力他私鉄を合併し、同一七年五月に東京急行電鉄の社名で一大交通独占を実現した。

ところで、戦後におけるその「東急コンツェルン」への一大展開のことはさておき、その企業経営主体たる東京急行電鉄の歴史的起点は、やはり今日もなお全国屈指の高級住宅地の名を謳われる田園調布などの郊外住宅都市の開発を目論んだ田園都市㈱による一種のニュータウン構想であったとみてよい。いいかえれば、電鉄よりも「はじめにニュータウンありき」なのである。すくなくとも、田園都市㈱の創業期の経営陣の代表的存在たる渋沢栄一のような倫理的にバランスのとれた企業家としては、人が平安に幸せに暮らせる住宅街を実現することを事業経営の第一義とし、そのために役立つ手段として電鉄の線路を敷いたのであった。

この点に着眼して、わが国の私有鉄道史研究上の先学中西健一は「中間町村、大都市近郊町村の急速な郊外化（田園都市の形成――引用者）が電気鉄道を必要とした……目蒲・東横電鉄に代表される郊外電鉄を典型とする関東型」に対して、「逆に電気鉄道の敷設によって漸次人口の集住、郊外化の発展（沿線の住宅地開発――同上）がもたらされた」関西型というかたちで、わが国の私有鉄道史における地域的特質を指摘した（中西健一前掲書、傍点引用者、以下同）。

先に述べた戦前日本のニュータウン「田園都市」株式会社の社業展開について、この中西の類型化にしたがえば、関西型私鉄経営の生みの親小林一三が見込んで送り込んだ五島慶太によって関東型私鉄経営が躍進したことになる。小林と五島と、それぞれのニュータウン経営路線はどうつながっていったのであろうか。

四　小林一三の箕有電軌（株）と沿線住宅地経営

明治末期＝四〇年代当時の大阪の都市的実態をトータルに概観した文献に大久保透著『最近之大阪市及其付近』（著者刊、明治四四年）がある。同書を繙くと「大阪市の付近（総論）」の章で「近く十数年来大阪市が一方には其の商工の勢力によりて、物的方面より年々人口を増加しつゝある間に、一方には又都市生活の不健康と不安を憂ひて、心的作用より之を脱却せんとするものあるは論なく、斯る傾向は都市の膨脹すればする丈け、益激烈となるは言ふ迄もなし。然るにいかに都市生活の不安を訴ふるも全く散開するは難く、又市は此の欠陥を補ひ、其の生活を幸福にせんとするも、其の能力は其の膨脹に伴はずして、多く遅るゝを常とす」と、まず現代の都市生活の現実を直視する。

次いで「是に於てか此の二大傾向を調和するの機関を必要とするは、亦必然の理なり。而して最も早く此の必要に迫られたるは大阪にして、日露戦役後の企業勃興に際し、忽にて企画《(ママ)》は此の自然の要求に向つて進められたり。其の調和機関とは何ぞ、市及び其の付近を縦横する快速の交通機関是れなり。即ち今日の阪神、京阪、箕有、南海の如き、大阪市の付近を縦横せる電気の軌道は皆な此の時代に企画されたる也。（略）産業は人の密集せざるべからざるを云ひ、人道は其然るべからず……此の反対せる要求を調和せしむる……都市付近に於ける快速なる交通機関……を逸早く実現しつゝあるもの我国に於ては只東京と大阪あるのみ、而も東京は大阪の完全なるには如かず」と大都市交通における大阪の先進性を自讃する。

「されど此等交通機関は都市の集注的散開的二大勢力を調和する第一着手に過ぎず。其の実効を収めんには、必ずや別に積極的統一的の設備を必要とし、而して所謂田園都市の建設を忘るべからず。之によりて都市生活の病弊を救治し、間接には都市設備の効果を完ふせしめざるべからず。而して共に永く生活の不安を去り、趣味ある天然を楽しましめざるべからず。都市的施設として如何に努力すと雖も、免るべからざるは健康維持の困難にあり。健康維持の困難は精神の頽敗《(ママ)》を来たし、随つて国民性の将来に大関係を有す。都市は人之を造り、田舎は神之を造るとかや。田園的都市の理想は、即ち神と人とを相調和せしむるものたらずんばあらず」と、大大阪の都市経営の理想を謳い上げて結びとしている。

ここにも、まさしく今世紀初め都市化の進展のなかに生きづらくなった人々の心身をいやす田園的都市というコンセプトで、現代のニュータウンの思想が先取りされていたのであった。

ところで、上掲の論述の要点は、都市近郊の電気鉄道の役割を、都市化に起因する「二大勢力（傾向）を調和する第一着手に過ぎず」とし、それを実効あらしめるにはやはり「田園的都市の建設」を極め手としたことである。それはいうまでもなく大規模な公共的施設のレヴェルに属するプロジェクトであり、通常は私的資本による営利事業の範疇にはなじまない。しかし、その大仕事を最初に実現したのが大阪の一私鉄企業にすぎない箕面有馬電軌であった。

『最近之大阪市及其付近』中の「大阪市の付近」の章は、前掲の「総論」につづけて当時開業中の大阪近郊電鉄四社の事業活動・沿線観光地などを各社別に紹介している。その筆頭に挙げられたのが小林一三の采配下の箕面有馬電軌であって、自社鉄道沿線の「田園的都市」型住宅地開発経営への取組みについては、「吾人は先づ指を箕有沿線に折らざるべからず。箕有電鉄は其会社の新しき割合《ママ》に、其主脳に大々的活動家を有するが故に、常に短日月間に於て他の老成せる同業会社を凌駕せんとするの気慨を有するもの丶如く、其巨額の費用を抛つて各遊覧地を経営するの外、永久的繁栄を講する為め、会社が未だ開業せざる以前に於て、早くも既に住宅経営地として沿道の所々に田畑、山林、原野等総計三十余万坪を購ひ、以て都人士の渇望する田園生活の要求に備へたり。（略）大阪より疾駆四哩《マイル》余、服部天神以北二哩毎にある停留場の付近、必ず会社所有地の木標を目撃すべく、且つ同時に付近一帯の畑地に種々果実熟し、又所在に培養せらる丶植木、苗木等には不断の花を看るべし。森あれば池あり、山あれば流あり。而も東北に面せる丘陵一帯、蜿蜒たる丘陵は箕面、宝塚に走る所謂戌亥に住みて辰巳に通ふ理想的絶好住宅地」と賞讃を惜しまない。その筆致はハワードの文章の和訳かと見紛うほどである。

こうして箕面有馬電軌は、明治四三年（一九一〇）三月の宝塚線・箕面支線の開業を機に沿線に開発した池田室町住宅地（三万三〇二〇坪）で二〇〇戸の住宅の分譲販売を開始したのを手始めに、翌四四年六月に桜井住宅地（五万五〇〇〇坪）、大正三年（一九一四）八月に豊中住宅地（五万坪）、さらに同九年七月の神戸線開業により翌一〇年三月岡本住宅地（一万七五五七坪）に、それぞれ分譲を開始するなど、沿線の田園都市化を積極的に展開していった。

しかしながら、小林一三はハワードの「田園都市論」に導かれて、箕面有馬電軌の土地住宅経営に取組んだわけではなかった。では「何が彼をそうさせたか？」

もともと、何ひとつ郊外都市化の目途もない平凡な農村地帯に敷いた電車で、ただ宝塚温泉や箕面ノ滝への行楽客、能勢妙見や清荒神への参拝客だけを休日縁日に乗せるだけでは採算化が困難と読んだ小林は、とにもかくにも一定量の恒常的な旅客輸送需要を創り出そうとした。そのために、北摂の山手など沿線予定地一帯で地価の低い間に広大な面積の土地を買占め、自社線の駅の近くに大型の住宅地を造成、都塵をへだてた健康で文化的な住環境を謳って宅地と家屋を分譲し、購入した客をそこに定住させて大阪との間の通勤・通学の便をはかって輸送する。また各家庭で使う電灯用電力を販売する。日曜・休日には家族連れで電車に乗り大阪のターミナル梅田駅に設けた百貨店での買物や宝塚や箕面に設けた健全娯楽・文化施設でのレジャー活動でお金を落としてもらう――「さういふ副業を当初から考へて、電車がまうからなくても、この点で株主を安心せしむることも一案」（小林一三『逸翁自叙伝』、阪急電鉄、昭和五四年）という、すぐれて戦略的な企業経営の哲学に支えられたビヘイビアにほかならなかった。

このように電鉄経営を支える一手段として彼独自の田園都市建設・経営を発想した小林の眼鏡にかなって田園都市㈱電鉄部に送り込まれた五島慶太が、結局のところ土地住宅経営を副業化して電鉄経営に本業を移し「大東急」の大を成したことも、成る程とうなずけるのである。

五　関西大都市圏有力私鉄企業の沿線住宅地経営

このあたりで、箕面有馬電軌すなわち後年の阪神急行電鉄とともに関西大都市圏の交通業界の有力電鉄グループに伍して、ほぼ同じ時代に経営を展開していた各社の沿線土地住宅事業を一見しておこう。

阪神電鉄は、明治三八年（一九〇五）四月に大阪（出入橋）・神戸（三ノ宮）間を開業し、関西の電鉄企業としては最も早いスタートを見せた。しかし、同社の起業目的が大阪・神戸両大都市間およびその中間の大阪湾北岸沿いの町村など人口集住地の恵まれた市場を背景とする旅客輸送を重点化しており、副業としては沿線一帯に数多い一般住宅や工場などへの電灯電力供給に力を入れる程度であった。わずかに沿線開発経営につながるものとして、明治四十年代初めに『市外居住のすすめ』と題する小冊子を印刷頒布し、大正期のはじめ頃には月刊誌『郊外生活』を刊行して当時流行の田園都市ブームに追随していたが、実際的な事業活動としてはせいぜい沿線の居住適地（御影・西宮・鳴尾）での貸家・アパート経営の域にとどまり、その事業規模も箕面有馬電軌のそれと比べて桁ちがいに小さいものであった。阪神電鉄の市場立地条件としては、沿線一帯にすでに商工的発展が進んでいて文字どおり余地がなく、大規模な住宅地開発の発想が生まれにくかったといえよう。

南海鉄道（のち南海電鉄）は、大阪湾東南岸に面する沿線のごく一部がその臨海の好風景によって大阪の有産市民階級の別荘地（浜寺・諏訪ノ森および淡輪）になっていたが、沿線地域の大半は近世以来の繊維産業地が近代工業地帯として発展をとげる反面、郊外の大住宅地の開発の余地に乏しかった。ようやく大正一一年（一九二二）九月に大阪高野鉄道を合併し自社高野線としてからその沿線の泉北平野東南部の住宅地開発が可能になったが、南海経営下で最初に初芝住宅地が分譲されたのは実に昭和一〇年（一九三五）五月という後発ぶりであった。

箕面有馬電軌に約一か月遅れて明治四三年（一九一〇）四月中旬開業した京阪電鉄は、創立期から昭和戦中までに限っていえば、関西の企業でありながら、その経営首脳陣が社長以下役員のほぼ全員を東京人ないし東京在住者で占めるという構造的特質からして、京・阪両都市間連絡輸送のスピード・アップを最大の関心事とし、沿線の中間地帯の地域社会についてほとんど無関心という異例の電鉄企業であった。したがって自社沿線における田園都市建設の構想など浮上すべくもなかった。わずかに戦前の京阪による開発の一例として香里住宅地が挙げられるが、これとても同社の創業期の経営首脳陣のうち極少数の大阪系役員の一人桑原政の熱心な工作によるものと伝えられる（太田光熙『電鉄生活三十年』、著者刊、昭和一三年）。

なお、近鉄の前身にあたる大阪電気軌道と大阪鉄道について、前者は大正一三年末に東大阪土地建物㈱を合併したのを手始めに昭和初期にかけて小阪・額田《ぬかた》・生駒・菖蒲《あやめ》池など沿線各地で住宅地開発を本格化、また後者はやや遅れて昭和七年三月に土師《はじ》ノ里で土地住宅分譲を開始したが、同社の財政事情から先行他社に較べ小規模にとどまったことを付記しておこう。

■初出一覧■

【序章】

鉄道文化と近代社会——鉄道日本文化史への試論——

鉄道史学会編刊『鉄道史学』2号（一九八五年八月）

【Ⅰ章】

明治初期わが国一知識人による鉄道体験——江木鰐水の日記から——

追手門学院大学経済学会編刊『追手門経済論集』9巻2号（一九七四年一一月）

維新政府官僚安場保和の鉄道初体験と日本鉄道会社の設立

同右39巻2号（二〇〇四年一二月）

【Ⅱ章】

「陸蒸気」呼称考——「陸運河」としての一面——

追手門学院大学編刊『追手門学院大学創立三十周年記念論集　経済学部篇』（一九九七年三月）

明治中期西播地方の鉄道民俗——和辻哲郎少年の体験から——

同志社大学人文科学研究所編刊『社会科学』47号〈仲村研教授追悼号〉（一九九一年三月）

【Ⅲ章】

本邦鉄道発達の文化史的考察——柳田国男の所見を中心に——

鉄道史学会編刊『鉄道史学』10号（一九九一年一〇月）

わが国の鉄道史と「観光」の理念——巡礼・遊覧・観光——

同右13号（一九九四年一二月）

本邦鉄道事業の成立・発達史に見る伝統文化的構造——日本型「巡礼」交通習俗の近代化——※

追手門学院大学編刊『追手門経済・経営研究』4号（一九九七年六月）

【Ⅳ章】

わが国近代教育の進展をささえた鉄道の文化的役割

追手門学院教育研究所編刊『教育研究所紀要』8号（一九八九年三月）

近代日本小学校国語教育における「鉄道」教材化の諸相

同右9号（一九九〇年三月）

【Ⅴ章】

日本の駅――その歴史と再生――　建設コンサルタンツ協会編刊『Consultant』224号〈特集　駅〉（二〇〇四年七月）

「聖」から「俗」へ――阿賀神社と湖南鉄道太郎坊駅改築一件――　八日市市史編さん室編刊『市史編さん便り』10号（一九八一年一一月）

終点の無い鉄道線路――箕面電車の初期軌跡はエンドレス――　大阪春秋社編刊『大阪春秋』113号（二〇〇三年一二月）

長谷川如是閑の大阪郊外文化論――南海鉄道沿線に住んで――※※　南海道総合研究所編刊『南海道研究』108号（一九八六年五月）

戦前日本の田園都市開発と電鉄企業――ニュータウン建設の先駆――　大阪春秋社編刊『大阪春秋』96号（一九九九年九月）

※本書収録に当たり大幅に加筆した。

※※本書収録に当たり題名を変更した。

あとがき

鉄道というものは、たかだかヨーロッパ近代文明の所産に過ぎないから、わが国古来の長い歴史上の尺度ではごく新らしい交通機関といえよう。たしかに、今からわずか四〜五〇年前までは、全国的に見て、鉄道はまだ国内陸上交通体系の根幹として「現役で」活躍していた。そうしたことから、これまでアカデミックな日本史学界では、鉄道は久しく研究対象とされることはなかった。

その間、わが国の経済発展のなかであらたに国内陸上交通市場に参入してきた自動車の急激な追い上げ（モータリゼーション）により、それまでの鉄道の市場独占的支配力が弱まり、全国的規模で交通・流通革命が進展した。これに危機感を強めた鉄道企業体（日本国有鉄道・有力大私鉄など）では、みずからの鉄道経営の歴史の中から、経営体質強化・経営新機軸開発のための手がかりを求めて自らの歴史的特質と社会的役割とを総括する年史編纂の動きが拡がり、また地方自治体においても地域社会の開発や活性化への手がかりを探って、各府県・市町村の歴史的形成を再確認するため、地域社会における鉄道の役割の解明を主要な柱の一つとする地方史編纂が広く行われるようになった。

それらの大がかりな修史事業に実質的にたずさわった近代日本史・交通史専門の研究者グループや郷土史家たちによって鉄道史研究が、ほぼ全国的に進められた。いいかえれば戦後経済の高度成長にともなう国内交通市場の構造変動にともない、鉄道の社会的存在意義がようやく日本史学界で政治・社会・経済・産業・経営・企業者・技術などの各面において問い直され、鉄道史として総括されるようになった。

そうした時流に呼応して、上述の中央・地方での鉄道修史事業に関わった各分野の研究者たち（著者もその一人）を中心に、全国的に同学の士に呼びかけ昭和五八年（一九八三）八月、わが国ではじめて「鉄道史」を冠称する「鉄道史学会」が設立、同五九年八月に同学会機関誌『鉄道史学』を創刊したことで、鉄道史学独自の研究組織がここに確立したのである。

さて、かねてより柳田国男の著作物から鉄道の文化史的研究の有意性と可能性とを感得していた著者は、これより前に勤務先の大学からの始めての海外出張でヨーロッパ大陸各国を巡歴・視察し、その時の異文化体験に触発され、本著序章で述べたとおり「鉄道文化」というコンセプトに逢着し、以来胸奥にあたためていたので、鉄道史学会の設立を好機として同学会の活動の中でこれを本格的に解明することとした。

そして、その後、同学会の年次大会などで「鉄道文化」の視角でいくつかの研究発表を行ない、時にはそれを共通論題として年次大会をオーガナイズし、それらの学会報告をいずれも機関誌上に掲載し、業績として積み重ねていった。また、同学会の中核的メンバーを集めて「鉄道と文化」というテーマでの座談会をセッティングし、その速記録を整理して『鉄道と文化』の書名で昭和六一年（一九八六）七月に刊行し、多くの読者に好評を以て迎えられたのである。

さて本著は、著者のそうした文化史的視角に立つわが国の鉄道史に関する論考・エッセイを適宜にとりまとめたもので、記述内容に精粗はありながら著者のコンセプトはしっかり文脈に織り込まれているので、読者のご理解を頂ければ幸である。

本著は、著者の単著とは申せ、実に多くの同学の師友各位のご指導・ご支援によって成り立ったものであることは、申すまでもない。そのご学恩にたいし玆に厚く御礼を申し上げる次第である。そして、「鉄道文化」に関する研究はまだまだ開拓の余地が広大であるため、これからもなお研究を進めていく所存であるので、今後とも宜しくご高配のほど、お願い申し上げたい。

なお、本著刊行の案件は実は二十年余り以前から著者と出版社編集担当の林秀樹氏との間で進められていたが、著者の遅筆・怠慢により膠着状態が続いていた。毎年新春に際し届けられる林氏の年賀状に「今年こそは」の添え書きを眼にして、屠蘇の酔いも醒めること幾とせか。そして昨年春、著者が勤務先大学を停年退職したころは、林氏の太い堪忍袋の緒もほとんど切れかかっていた筈である。そこで、退職後も相変らず忙しい日々の僅かな閑をぬすんで、夏の始め、京都の出版社のヤケに高い敷居をまたいで、お詫びの挨拶を申し上げ、ようやく前方「青信号」を確認して出発進行となった。「文化史」行の鉄道列車が長年月停車している間も、何とか発車したあとも、いろいろご心配ご迷惑をかけた思文閣出版の林秀樹氏に、あらためて厚くお詫びするとともに、心から御礼申し上げる次第である。

平成一九年一月

著　者

索　引

【人　名】

【鉄道関係】

ゆ

よ

ら

り

れ

ろ

わ

【地　名】

あ

い

う

お

か

【一般事項】

◎編者略歴◎

宇 田　正（うだ・ただし）

昭和7（1932）年2月，大阪市で出生．大阪大学（文学部・法学部）卒．大同生命保険相互会社本社勤務のあと大阪大学文部事務官を経て同学経済学部助手となり研究者生活に入る．昭和41（1966）年4月，新設の追手門学院大学経済学部専任講師に就任（日本経済史担当）．以後，助教授・教授として在勤．その間，同大学付属図書館長・同大学評議員・同大学院経済学研究科長に併任される．平成18（2006）年3月，同大学院を定年退職．経済学博士(大阪大学)．追手門学院大学名誉教授．鉄道史学会・市場史研究会・交通史研究会に所属．

主著『近代日本と鉄道史の展開』（日本経済評論社，平成7［1995］年5月刊）

鉄道《てつどう》日本《にっぽん》文化《ぶんか》史《し》考《こう》

2007（平成19）年3月20日発行

定価：本体5,500円（税別）

著　者　宇田　正
発行者　田中周二
発行所　株式会社　思文閣出版
〒606-8203 京都市左京区田中関田町2-7
電話 075-751-1781（代表）

印　刷
製　本　株式会社 図書印刷 同朋舎

ISBN978-4-7842-1336-8　C3021